清水江研究丛书 第二辑　张应强 / 主编
中山大学历史人类学研究中心 / 编

江河、商镇与山寨

王彦芸 —— 著

都柳江下游的
人群互动
与区域结构过程

社会科学文献出版社
SOCIAL SCIENCES ACADEMIC PRESS (CHINA)

本书的研究和出版承蒙

中山大学历史人类学研究中心承担的国家社科基金重大项目"清水江文书整理与研究"（11&ZD096）

教育部人文社科重点研究基地重大项目"山地、流域与族群社会：西南民族地区的生态、文化多样性与社会变迁研究"（17JJD850004）

国家社会科学基金西部项目"南岭走廊都柳江流域多元族群互嵌与文化交融研究"（18XMZ044）

资助

总　序

以一条江来命名一套研究丛书，确实需要做些说明。

贵州东南部的清水江，是洞庭湖水系沅水上游支流之一，亦名清江。清雍正年间设置的"新疆六厅"，其中就有因江而名的清江厅。历史上因江清而名的江河或相应治所不在少数，至今湖北西部仍有清江；民国初年改清江厅置县，也因与江西清江县重名而改名剑河县。清水江之名则渐至固定，用以指称这条源出贵州中部苗岭山脉、迤逦东流贯穿黔东南苗族侗族自治州多个市县的河流。

清水江是明清时期被称为"黔省下游"广阔地域里的一条重要河流，汇集区域内众多河流，构成了从贵州高原向湘西丘陵逐渐过渡的一个独特地理单位。特别是在清水江中下游地区，气候温暖、雨量充沛且雨热同期的自然条件，非常适于杉、松、楠、樟等木植的生长。是以随着明代以来特别是清雍正年间开辟"新疆"之后的大规模区域经济开发，清水江流域尤其是中下游地区，经历了以木材种植和采运贸易为核心的经济发展与社会历史过程。以杉树为主的各种林木的种植与采伐，成为清水江两岸村落社会最为重要的生计活动，随之而来的山场田土买卖、租佃所产生的复杂土地权属关系，杉木种植采运的收益分成以及特殊历史时期发生于地方社会的重大事件等，留下了大量契约文书及其他种类繁多、内容庞杂的民间文献。基于对清水江流域整体性及内在逻辑联系考虑，我们把这些珍贵的主要散存于清水江中下游地区的汉文民间历史文献统称为"清水江文书"，这一命名得到

i

江河、商镇与山寨：都柳江下游的人群互动与区域结构过程

了学界的普遍认可和采用。不过需要进一步说明的是，与其说这种整体性及内在逻辑联系是一个客观事实或既有认识，毋宁说是一种理论预设，正需要通过精细个案研究去加以探索与论证。这可以说是组织这套丛书的一个最单纯直接的因由，也是本研究丛书出版希望可以达致的一个目标。

具有现代学术意义的对于清水江流域的深度关注和系统研究，吴泽霖先生或为开先河者，1950年代完成调查并成书的《贵州省清水江流域部份地区苗族的婚姻》是重要代表作。而后1960年代由民族学者和民族事务工作者所进行的少数民族社会历史调查，也直接在清水江下游的苗侗村寨收集整理了一定数量的民间文书，并于1988年整理编辑出版了《侗族社会历史调查》。正是在这些已有的学术探索和积累的基础之上，笔者开始关注这个区域的材料和问题，并在2000年真正进入清水江流域开展调查研究工作。如果说两三年成稿、后经修订出版的《木材之流动：清代清水江下游地区的市场、权力与社会》，是对区域社会文化发展历史进程的综观式考察，那么其后继续推进的相关学术工作，包括清水江文书的收集、整理与研究，以及指导研究生在清水江两岸及更大地域范围的苗乡侗寨开展人类学田野调查等，则可视为既带有某种共同关怀，又因田野点不同或研究意趣迥异而进行的学术尝试。

或许，"清水江研究"可视为一个学术概念，一种其来有自的学术理念传承发展的研究实践，是围绕共同主题而研究取向路径各异的系列工作成果，也是在特定地域范围内密集布点开展深入田野调查，同时充分兼顾历史文献收集解读的研究范式探索。事实上，要想对这些论题多样、风格各异的研究进行总括性的介绍与评述，不仅徒劳而且多余，其间确有误解误读乃至抹杀不同研究独到见解及学术贡献的可能风险。因此，围绕以"清水江研究"名之的这套丛书，余下的就是这个研究群体在实践、交流、互动过程中遵循

的原则或认可的价值，以及一些不同研究渐至形成的共识，可在此言说一二。

当我们把"清水江研究"看作一个整体，自然首先是清水江流域可视为一个整体。流域绝非一个纯粹的自然地理概念，流域的历史亦非单纯的自然史，而是与人类的活动交织和纠缠在一起。是以当我们在清水江流域不同地点开展田野工作，这些工作本身即包含了某种内在的共同性。这是显而易见的，构成了我们以为必然存在的整体性的最基础部分。这是流域内干支流水道网络形成的自然条件影响（支持或约束）人们实践活动的基本方面。其次，从政治、经济、社会、文化等层面，我们也不难看到，特定地域在其历史发展进程中形成了或者说呈现出某些共同的特性。如果说"新疆六厅"的设置，标志着地域社会进入王朝国家的政治体系，那么以杉木贸易为核心的区域经济社会生活，更是充分地表现出一种共同性和一致性。当原有的社会组织、社会制度在共同面对王朝国家的制度性介入，以及经济生活中出现一些适应市场机制的制度规范的时候，我们也看到了社会文化层面的某些同步改变与整合。这是一幅生动而丰富的历史画卷，如果说国家治理和市场经济共同构成了画卷材料的经纬或质地，那么杉木的种植与采运则是清水江故事的基本底色。

这样的一种整体性也具体体现在每个基于精细田野调查与深度文献解读的个案研究中。诚然，每项具体研究都自成一体，都有其自身的整体性，且这种整体性是由各自的问题意识以及相关材料的收集和运用所决定的。无论是聚焦山居村寨与人群以杉木种植为核心的经济社会生活，还是着重考察临江村落木材采运贸易的制度运转或人群竞争；也无论是对一个特定苗寨侗村日常生活深入细致的观察与剖析，还是多个相邻相关村寨复杂人群构成及相互关系的历时性比较；亦无论是从婚姻缔结及婚俗改革等传统主题入手探讨社会文化变迁，还是洞悉传统社会组织延续与转

江河、商镇与山寨：都柳江下游的人群互动与区域结构过程

型对当下社会生活的意义赋予等，都无不明显呈现出各自的整体性。实际上，这也都是由整个流域整个区域的某种内在整体性所决定的。特别是当我们把"清水江研究"这样一个概念，扩展到超越了清水江流域，而包括了相邻的都柳江流域、舞阳河流域乃至下游的沅水干流等其他一些相关地区的时候，背后所考虑的其实也正是由清水江研究所引出的一些基本问题及某些内在的关联性或者说一致性。

编入"清水江研究丛书"、主要基于不同乡村聚落长期深入的田野调查的这些研究，在某种程度上可视为中国传统人类学关于乡村社区研究的一种延续。这一传统可以追溯到被誉为社会人类学中国时代的20世纪三四十年代。吴文藻先生曾强调，社区研究应结合空间的内外关系和历史的前后相续。正如有学者在回顾和反思后来的一些研究时所指出的，在实际的研究过程中往往存在不无偏颇的情况，即将中国乡村社区看成是不太受外界影响的一个整体，以致缺乏对乡村社会的历史性以及内外关系体系等的整合性考虑。在这个意义上，"清水江研究丛书"所涉及的不同村寨，虽说它们都是清水江流域整体的某些局部，但这样的一些局部，又是镶嵌在整个区域社会乃至中国社会文明的一个更大的系统之中的。故此，这些研究实践所带出的关于清水江流域的总体认识，同时提供了看待整个清水江流域如何进入中华文明系统的独特视角。这绝非简单的局部与整体关系、局部如何说明和构成整体、整体又如何在局部里面得以体现的问题，实际上涉及我们所践行的历史人类学研究如何兼顾内外关系和过去现在的方法论视角。

田野工作的重要性已无须再予强调，富有挑战性的是不同的田野点都或多或少地保留了清代以来的各类民间文献。当结合这些文献资料和田野调查以了解某一历史过程中的具体事件及特定人物时，不仅作为史料的各种文献的建构过程值得进行深入的发覆，而且作为历史主体的人的活动，以及历史事件在他们身上留下的痕迹

等,都成为田野调查时需要高度的敏感性才能有所觉察和了解的。也因此之故,将过去与现在联结起来的历史民族志就成为"清水江研究"的基础性工作。它不仅是书写村落社会历史甚或"创造"其历史的独特方法,而且是探索和丰富历史人类学取向的有学术积累意义的研究实践。相信这些立足于精细个案及丰富材料,又富含区域和全局关怀的非常有层次感的民族志,都从不同的侧面充分展现了人、社会、自然关系的复杂性与多样性。

"清水江研究丛书"作为一个研究团队在中国历史人类学研究十分难得的试验场的系列工作成果,不能不说也得益于非常系统而完整的清水江文书的遗存。这一由民间收藏、归户性高、内在脉络清晰的民间文书,显然不只具有新史料带出新问题这种陈旧观念所能涵纳的一般意义,其更重要的价值在于提供了完整看待一个地方社会发展历程的全新眼光和别样视野,带给研究者一个回到历史现场的难得机会,帮助我们把探索的触角延伸到非常生动具体的过去,回到文书所关涉的那样一些特定历史时刻的社会生活之中。尤其是在清水江文书呈现出来的文字世界里,既可看到地方人群对主流文化的认同,也可见到在与文化他者的复杂关系中对自身主体性的确立。因此之故,结合深入细致的历史田野工作,我们可以真切感受到清水江文书中包含的极具地方性的思想意识和历史观念,同时也获得了探索特定地域社会动态发展极富价值的历史感和文化体验。

不难发现,在不同专题研究的民族志材料中,均以具体而鲜活的人的历史实践活动为中心,并且饱含研究者真实而丰富的同情之理解。我们的研究都建基于一个个既有共性又个性鲜明的村寨的田野工作,尤其是其中具体的人的实践活动,是探寻国家制度影响、了解不同人群互动交融、理解社会文化历史建构的根本着手点。在某种意义上来说,田野工作的深度不仅关乎对作为一个整体的区域社会的了解认识,更直接影响到立足历史文化过程生动细致描述的

江河、商镇与山寨：都柳江下游的人群互动与区域结构过程

历史民族志的独特价值和魅力展现。可喜的是，在"清水江研究丛书"中，在研究者为我们呈现的栩栩如生、极富画面感的历史情境的描述中，不仅可以见到研究者与对象社会人群真情实感的互动与共鸣，还饱含了研究者对对象社会人群思想观念和表述习惯的充分尊敬和理解。或许，正是这样细致有力量感的民族志决定了这些研究的基本学术价值。至于是否在此基础上建立和发展起有关西南地区甚或中国社会历史文化的新视角和新范畴，以及在这样带有方向性的学术努力中贡献几何，则作者自知，方家另鉴。

张应强
2018 年初秋于广州康乐园马丁堂

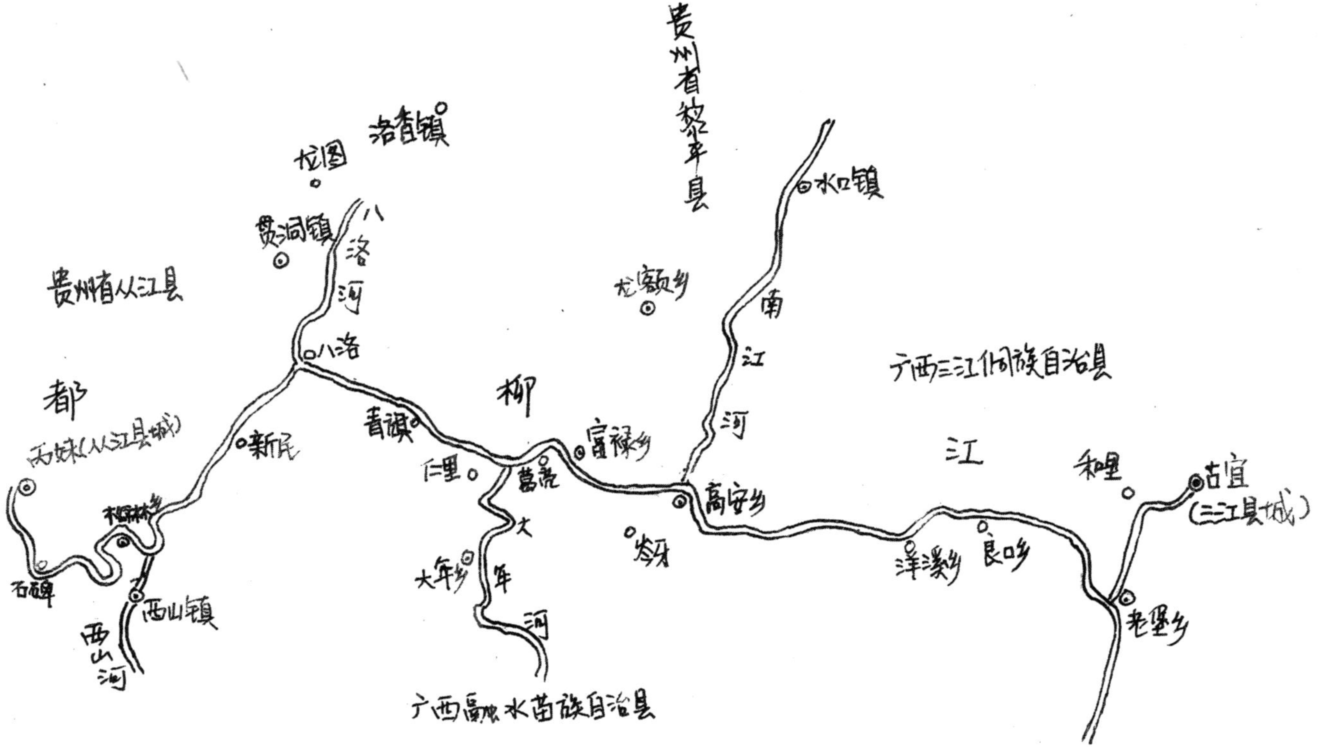
贵州省黎平县
洛香镇
龙图
贵洞镇
八洛河
贵州省从江县
八洛
都
丙妹（从江县城）
新民
青旗
柳
富禄乡
龙额乡
水口镇
南江河
广西三江侗族自治县
江
和里
古宜（三江县城）
高安乡
仁里
岑牙
大年乡
大年河
洋溪乡
良口乡
老堡乡
石碑
西山镇
西山河
广西融水苗族自治县

目 录
CONTENTS

导　言 / 001

第一章　都柳江流域开发与富禄商业化 / 036
　　第一节　都柳江航道疏浚与水道商业网络 / 036
　　第二节　汇聚富禄的人与物 / 046
　　第三节　"富禄"：时空之下的多重含义 / 066
　　小　结 / 087

第二章　富禄移民社会整合与关系网络 / 091
　　第一节　"萍踪莫问家何处"：移民社会整合 / 091
　　第二节　富禄市场中的移民商家 / 103
　　第三节　私人关系与地域统合 / 115
　　小　结 / 133

第三章　"九域山、十段河"
　　　　　——富禄的周边世界 / 138
　　第一节　坡与岸的共同记忆 / 138
　　第二节　高坡的日常生活与下山禁忌 / 151
　　第三节　山下的世界 / 164
　　第四节　"九域山、十段河" / 174
　　小　结 / 183

第四章　交错的庙宇空间
——观念流动与多重象征 / 188
第一节　"诸神林立"：葛亮的庙宇记忆 / 188
第二节　个体叙事、仪式专家与文化再生产 / 215
第三节　若隐若现的三王庙 / 224
小　结 / 241

第五章　"区域的再结构"
——以对富禄花炮节的观察为中心 / 247
第一节　一个妈祖诞与三个花炮节 / 247
第二节　花炮节：仪式与过程 / 255
第三节　未完成的花炮节 / 276
小　结 / 279

结　论 / 282

附　录 / 292

参考文献 / 297

后　记 / 306

图目录

图 1-1　葛亮寨 / 068

图 1-2　1945 年水灾前的富禄镇 / 075

图 1-3　2006 年富禄乡街道格局 / 077

图 1-4　富禄乡复兴街 / 083

图 1-5　富禄乡和平街 / 084

图 1-6　今日的富禄码头 / 085

图 2-1　富禄葛亮寨闽粤会馆 / 098

图 4-1　葛亮寨三月廿三花炮节祭祀天后 / 192

图 4-2　葛亮寨孔明井 / 196

图 4-3　葛亮寨孔明庙 / 201

图 4-4　葛亮寨孟获庙 / 204

图 4-5　孔明井边石头上的两个人像 / 204

图 4-6　富禄侗寨萨坛 / 207

图 4-7　三江县梅林乡新民三王亭 / 232

图 4-8　贵州从江县八洛村三王庙 / 236

图 4-9　广西三江县良口乡和里三王庙 / 238

图 5-1　花炮制作 / 258

图 5-2　富禄花炮节三个花炮 / 259

图 5-3　代表侗族的芦笙图案花炮旗 / 261

图 5-4　代表"三月三"的花炮旗 / 261

图 5-5　代表苗族的鱼与稻穗花炮旗 / 262

图 5-6　富禄花炮节临时性神堂 / 265

图 5-7　2012 年富禄花炮节上高岩寨表演的"抬官人"仪式 / 266

图 5-8　葛亮花炮节送花炮仪式 / 272

导　言

一　田野与问题缘起

我的田野在都柳江，初识都柳江时，我只是一个旅行者。那时的我只愿在旅途中看些好风景和奇怪的风土人情，2005年我背着旅行包沿着都柳江一边游走一边看，从上游贵州省黔南三都、黔东南榕江，直到下游从江，一路上对着青山绿水梯田木屋感叹不已。那个时候我带着人青春时总会有的迷茫，希望去到人迹罕至的地方，也不知为何，当时的我觉得都柳江就是这么一个与世隔绝的地方，可是一边走一边看，我却发现，原来都柳江是走不尽的。多年以后我进入了人类学的领域，带着学理的视野再次来到都柳江，更进一步确认了当年那样的感觉，都柳江确实是走不尽的，在这条河上下，人群、货物、观念在不同的历史时期时刻流动。

都柳江位处南岭走廊，发源于黔南独山县拉林乡附近的磨石湾，流经贵州黔南州三都和黔东南州榕江、从江等地，并跨越黔桂两地，下游穿梭于广西三江县境。都柳江两岸被峰峦叠嶂之群山包围，河谷则分布着大大小小的平地坝子，良好的水利、土壤和气候条件使得大量人口在山地或河谷地带栖息，形成了坐落于山间、河谷规模不一的"寨子"，都柳江水在河谷蜿蜒穿流，最终汇入西江、珠江，直至入南海。清代自雍正时期始，中央王朝为加强对西南地区的控制，对都柳江河道进行了疏浚，打通了联结下游的水路交通，将柳江流域纳入由水道联结的新的政治经济秩序之中，逐渐形成了由江河体系及陆路交织的区域市场网络。

江河、商镇与山寨：都柳江下游的人群互动与区域结构过程

自河道疏浚之后，人和物开始在都柳江上下流动，其中，以闽粤籍为主的商业移民陆续自下游溯珠江、西江而上，于沿河商镇定居经商，而我的田野点，即是在此背景之下兴起的都柳江边一商镇——富禄乡。富禄乡今属广西三江侗族自治县，地处湘、桂、黔三省区交界处，由于水陆交通优势，在现代公路兴起之前，富禄乡一直是都柳江下游非常重要的商业集市，自称"客家"的商业移民于江边商镇居住，与周边苗侗居民一起构成了该地族群的丰富性。

今天在富禄，不同人群说着不同的方言，侗话、苗话、桂柳话、客家话是几种主要的语言，人群的交往早已不局限于市场和商贸，上述整个流域的漫长历史也隐于当下，化为富禄庸常而热闹的生活画面。尽管富禄人群的祖辈来自五湖四海，但几乎所有人都会认同这里即是他们生活的"地方"，最初引起我关注的，正是人们对"地方"的感知。从我田野的住所，每天推开窗看到的就是流淌的都柳江水、沿河的侗寨、隔江相望的富禄街道（即过去的富禄商镇）、高坡的苗寨，不同的人群既保持着各自的文化特性与身份，又在日常生活交往中相互交织。历史似乎发生过，走在村寨里，至今仍能看到过去因人群往来流动而遗留在寨子中的诸多错落安置的庙宇，它们甚至成了当下区域内共同信仰祭拜的对象；历史又像不曾发生，苗侗"款"组织之下的社会构成、人群分类、地方秩序，在随时间变化的同时又似乎遵循着一套相对稳定的"秩序"与"规则"。因此，当都柳江河道疏浚之后，生活在同一地域的不同人群如何建立和协调彼此的关系，从而联系在一起形成我们今天所见的"区域"？"区域"如何得以呈现？又如何在不同的时间中发生变化？这些成为我不断思索的问题。

20世纪80年代以来，"区域"在历史学界和人类学界成为一个兴趣集中且持久的研究主题，而从不同学科出发关注点又有所侧

重。历史学领域的区域社会史研究,背后的问题关怀在于如何对近代中国历史的整体演进做出更为合理的解答。其间的诸多争论仍然属于不同历史观的对抗,是"自上而下"抑或"自下而上",是"鸡零狗碎"抑或"细致而微"。① 而人类学方面,区域研究是超越中国传统村落认识整体中国文明的重要途径,自施坚雅提出基层市场体系之后,区域也成了人类学研究中不可忽视的问题,学者们也在寻找除市场以外可用以解释区域的概念,如台湾学者通过研究"祭祀圈""信仰圈"对地域社会进行剖析,形成了若干区域研究范式。在试图对中国社会做进一步理解的过程中,历史学与人类学在各自的学科理论脉络中彼此关注,学者们发现彼此之间有着越来越多的共同旨趣。在结合历史学与人类学的基础上,一些历史学者开始提出一种有着人文主义倾向的、与人有关的区域概念,② 区域中时间与空间上的疆界都因为人的活动而具有流动性,并且提出要去注意区域之中人的文化表述。③ 而人类学界也将视野投向历史上的他者,不仅跟随人的活动介入更大的地理范围之中,而且更进一步强调这一历史上他者的能动性,即文化的创造力,并在观念层面反思不同文化和不同时间观对区域历史的影响。在这个基础上,对区域研究的关注便集中在区域的结构或再结构过程以及在此过程中的文化创造方面。

---

① 刘志刚:《跨越"区域"的困惑》,《黑龙江史志》2008年第10期,第12页。
② 黄国信、温春来、吴滔提出历史人类学所研究的区域是随着作为研究对象的人的流动和作为研究者问题意识的流动而流动的,研究者不能过分拘泥于僵化的时间或地理界限,应以人为中心,以问题为中心,并超越所谓"国家-地方""普遍性知识-地方性知识""大传统-小传统"之类的二元对立。参见黄国信、温春来、吴滔《历史人类学与近代区域社会史研究》,《近代史研究》2006年第5期,第46页。
③ 认为区域可视为一个有意识的历史性结构,我们可以通过包含于区域构建之中的文化表述来加以把握。参见 David Faure & Helen F. Siu, eds., *Down to Earth: The Territorial Bond in South China* (Stanford: Stanford University Press, 1995), p. 1。

江河、商镇与山寨：都柳江下游的人群互动与区域结构过程

而对上述问题的思考则来自实际的田野，并贯穿着整个田野工作。2009年，我开始在贵州省从江县八洛村进行田野调查，这个如今位于都柳江沿岸只有百来户人家的小村寨，历史上在该区域扮演过重要的角色，雍正年间因都柳江航道疏浚而来的商业移民与货物转运，使得它在区域市场网络的形成和发展中举足轻重，八洛闽粤商业移民介入村落之后所形成的超越村落的移民社会网络，商品的流动性及市场联系等，都在一个较为宏观的层面提醒我，不能将今日所见的"地方社会"视作封闭与孤立的存在，而应放置于更大的区域联系中去理解。特别是当我关注到八洛与都柳江下游更为重要的商品集散地——富禄之间的紧密联系时，这种区域的整体感更为突出。因此，如何立足于田野点的材料去呈现和界定"区域"，就成了我在展开深入细致的田野调查的过程中要去面对和思考的问题。通过田野工作以及深入参与地方生活，我发现，已有的区域研究中研究者从问题意识出发，将"区域"视为一个有边界的自然地理范围，再在这一空间内探讨区域社会的诸命题似乎难以呈现真正意义上的地方社会，该方法虽然有利于学者深入对某一问题的探讨，却难免忽视了"区域"本身作为一个有意识的历史性结构所具有的复杂性，尤其是存在着多种族群和文化类型的地方社会中，"区域社会"建构过程中的动态性与多层次性也就难以呈现。特别是当我身处田野之中时，上述学理范畴的"区域社会"更变得难以触摸。

如何理解"区域"概念？区域结构过程中所涉及的文化再创造又如何被理解？我希望在田野中进一步寻找答案。因此，我花了一段时间在都柳江上下游进行考察，获取一些区域社会文化的整体印象，希望借田野之行，以及这种在空间上的拓展让自己避免那种相对平面和单一的区域观。实际上，刚进入田野的我，依然希望找寻一种边界清晰的区域整体概念，希望找到那种在区域中具有绝对支配性的人群整合机制，看到整齐划一的区域社会，这种来自学术

的轻松想象也许可以让我按图索骥心安理得地将田野工作进行下去，最后完成学术文本，但是，无论我将自己的田野天线调成什么样的频率，都无法让这种想象成为现实。换句话说，在田野，我看不到那样的"区域"，于是，我老老实实地去看人们的生活，听人们回忆过去。

渐渐地我接受了一个自己不太愿意承认却又真真切切的事实：都柳江两岸的人群是在不同的层次上发生着联系的，这些不同层次来自都柳江流域河流的流动、货物的交换以及文化的杂糅，而人群间的联系又因侧重的机制不同，所呈现出来的地域范围又有所不同。这个事实并未使我眼前一亮，形成一个关于都柳江下游复杂区域构成的清晰认识，但却让我了解到了"区域"概念之下最接近真实生活的一面。简言之，田野调查中的种种观察，不仅提醒我要以一种多向度的视角看待区域，也让我感到了原本就存在于区域间的某种张力，我隐隐感到，如果可以捕捉到这种张力，那么就可以帮助我们理解区域整合之下文化现象背后的文化动力。

结束都柳江下游沿岸的考察之后，我来到广西三江侗族自治县富禄乡安顿下来。每个人或许都和一个地方有着某种古怪的缘分，对我来说，富禄就是那个地方。我第一次与富禄不期而遇是在2008年。那年夏天，我第一次与中山大学人类学系本科实习小组一起进行田野调查，从广州乘坐火车抵达广西三江县城，再转乘汽车前往贵州从江县。我头脑中构筑的田园诗意般的旅程，在三江至从江之间某个公路塌方处被生生掐断了；为了继续前进，我们不得不走到都柳江边，回归最原初的交通方式，乘船逆流而上，在江上行进一段路程之后，我们再一次上岸换乘汽车。旅程至此，一队人马开始焦躁，对目的地的极度渴望显然冲破了所有人的最后一丝理智，大家登上了在岸边能看到的第一辆汽车，除了重返现代交通工具的庆幸与喜悦，没有人想起过问一下这辆车开往何处，于是，客

江河、商镇与山寨：都柳江下游的人群互动与区域结构过程

车走到一半，把我们拉到了富禄，然后撂下了。当我们一群人带着大包小包行李被撂在富禄乡时，我才发现这跌宕起伏的路途远没有结束，我们被告知需要搭乘私人小面包车，才能抵达最终的目的地从江县城。显然，没有一个富禄小面包车司机会对这一单极好的生意在价格上心软，面对我们的软磨硬泡，他们只是还以悠闲的笑容和沉默，而我们也并未妥协，最终还是苦等到了班车，离开富禄绝尘而去。

在富禄经历了传说中的"卖猪仔"后，我得到了一种印象，那就是公路边的聚落一般民风彪悍，颇具"商业头脑"，每每提到富禄，便是带着某种程度的胆怯，就连之后田野点选在富禄时，和我一起经历过那次"旅行"的朋友们总会露出一点幸灾乐祸又神秘的微笑。

然而学术机缘又让我在若干年后回到了富禄。2009年我在富禄上游大约15公里的贵州从江县八洛村进行田野考察，发现我要面对和思考的问题越来越多地延伸到富禄时，我察觉到，富禄之行势在必行。当时，单单是这个念头，已让我压力不小。也许是因为这样的压力作祟，当我又一次来到富禄时，走在富禄雨中湿滑的小道上，竟然脚力不稳跌了两个重重的跟头。不仅如此，在富禄住下的那个夜晚，我竟从楼梯上再次踩滑栽下去，半天爬不起来。在我躺在地上短暂的几分钟里，我产生了我与这里"气场不符"的恼火情绪。经过短暂的几天田野工作后，我离开富禄回到了八洛，再也没回去过。

然而在研究过程中，富禄却不断地闯入我的视野，它不仅是都柳江下游地区颇为重要的集市，而且汇集了颇多的关键要素，活跃着更加复杂的人群。在我以"区域开发、商业移民与村落社会"为题的硕士论文完成之后，我意识到这仅仅是理解地方社会的一隅，若要真正对都柳江下游地区乃至整个流域进行探析，无论如何也无法逃避富禄，更何况富禄至今仍在举行的花炮节、仍被祭拜的

导　言

天后宫，还有有意思的历史传说，时时撩拨着我的思绪和好奇心。当我将博士研究的田野点定在富禄后，我突然意识到，这次是真真正正要"走进富禄"了。

因为之前我对富禄又爱又恨的情绪，我不能说自己是一身轻松来到富禄的，由于之前的田野工作都集中在贵州省内，因此原有的人际关系几乎全都失灵，让我陷于一种巨大的陌生感之中。此前勉强学会使用的蹩脚的从江方言，在富禄根本无法派上用场，最后发现说普通话倒更容易沟通。我只有一边托朋友的朋友帮我介绍相熟的人，一边厚着脸皮给广西师范大学中文系已退休的朱慧珍老师打电话。朱老师老家就在富禄，并已为自己的家乡写了一本《富禄百年》，[①] 介绍富禄的客家人及地方历史。朱老师对我这个素未谋面的学生十分友善，热心地帮我介绍富禄的情况并帮我联系熟人，让我对富禄产生了不少亲切感与安全感，我也因此得以认识了我日后的关键报道人。除了以上这些努力，厚着脸皮在镇上四处乱逛几乎是所有人类学研究者进入田野初期的必经阶段，至今当我想起走在街上或寨中当地人陌生的眼光砸在身上的时候仍感觉十分别扭，如果要我说进入田野过程什么最为困难，我想即是自己仿佛展览品一样的场景，然而也正是经过这一尴尬的阶段后，我开始在富禄稳定下来，变成了当地人最熟悉的陌生人。我的主要落脚点有两个，一个是在富禄街道，另一个是上游一公里处的富禄乡葛亮侗寨。随着田野考察渐入佳境，乡政府的工作人员开始逐渐了解我的来意，而当时的葛亮寨支书梁青海和他的家庭更是无私地接纳了我，给予了我整个田野工作过程中最大的支持。当我在富禄有了归属，才发现它并没有那么"可怕"，相反，富禄是温暖的。

[①] 朱慧珍:《富禄百年——客家人与少数民族共生共荣关系考析》，广西民族出版社，2007。

江河、商镇与山寨：都柳江下游的人群互动与区域结构过程

我也开始更多地了解富禄。富禄位于都柳江下游，当都柳江流经富禄以后，就被当地人称为"溶江"。选择这里为田野点的原因有几点：富禄至今仍有部分闽粤籍商业移民的后代，曾是我关注移民社会时所涉及的人群；富禄自清雍正年间对都柳江进行河道疏浚之后，一度是下游地区非常重要的商埠，是盐、布匹、木材、桐油等重要物资的集散交易场所；这些物品流动的背后也是人的流动，历史上自福建和广东溯江而上的人群，逐渐来到这样一片原本处于王朝视线之外的土地，给都柳江流域人群与文化带来了新的构成要素。

如今，我们仍然可以看到不同的人群在不同历史时期接触交往的过程中所遗留下来的诸多文化符号。比如，曾经由商业移民建造的、如今半为倾颓的闽粤会馆妈祖庙，还有至今仍被侗族居民所笃信的孔明传说，甚至还能看到不同庙宇的混存状态——在富禄乡的葛亮寨，天后宫、关帝庙、孟获庙、孔明庙与萨坛彼此相安无事共存共生，另外还有都柳江流域常出现的三王庙在不同的村落中呈现出不同的形制等。这些留存于人们记忆中和真实存在于村落空间中的遗留物，真正在第一时间激发了我的好奇心。我一方面想追寻历史上的商业移民们是在什么样的背景下来到这里，如何经营自己的家园，如何通过市场的交换机制、信仰仪式的象征机制、亲属关系上的婚姻机制，甚至借助来自国家层面的力量，去整合出一个多面向的社会单位；另一方面也想去了解，在上述这样一个过程中，随着各种物资的流动和人的流动，都柳江沿岸多元人群、不同的文化类型，又是以怎样的方式互动、杂糅，形成当下我们所见之特有的社会生活秩序和文化现象，从而最终体现在今天整合了的区域文化和人群活动之中。

我的田野工作分为两个阶段，第一阶段为2011年8月进入都柳江下游富禄地区（包括富禄及周边村庄）开展田野调查，这一阶段的田野工作于该年11月结束。第二阶段是2012年3月再次进

导　言

入富禄，进行为期一年的田野工作，通过参与观察搜集到了宝贵的一手材料。此外，当地所遗留保存下来的各类民间文书也是我得以利用的珍贵材料，如地契、碑刻等，对理解当地社会不同人群的关系，以及理解在不同的时间和空间之下的社会互动有着非常重要的帮助，有利于我去追溯在这里发生过的故事，追溯、还原当地人记忆中被遗忘的部分，同时对这一现象做出阐释。还有一类材料是正式出版或内部印刷的地方志、民族调查研究报告、档案和相关文史资料，这些材料帮助我在一个更大的视野内进一步解读当地社会，将地方放置在历史背景下思考。在这类材料的获取过程中，我得到了当地政府、县志办和档案馆的极大帮助，非常顺利地完成了田野材料的收集。

基于上述田野工作以及相关资料，本书的问题也随此产生。都柳江航道疏浚原是清代中央王朝开辟新疆域、加强西南地区控制的重要组成部分，航道的开通，其意义不仅仅为中央王朝在都柳江流域建立起了统治秩序，更值得关注的，是航道对都柳江流域内经济交换、社会关系、生活方式等各个面向所产生的冲击与影响。航道疏通后，富禄因其有利的交通位置逐渐成为区域内商品转运之要埠，以闽粤籍为主的商业移民自下游溯江而上，进入富禄经商并最终定居下来。以富禄为中心，都柳江水道与纵横交错的陆路网络由贸易与人群活动联系成为一个整体，新的区域社会秩序与内部关系在移民与当地居民的互动过程中被建立并被不断调适。

本书将以"河道疏浚"作为开端，探讨当河流将不同的人、物、观念等诸要素汇集在一起后，移民与原本居住在都柳江下游流域的苗族、侗族居民如何应对变化、彼此协调，呈现人群间接触、冲突与融合的复杂区域社会动态过程。一方面，水道的疏浚的确带来了区域市场的形成，围绕市场活动而产生的人口迁徙、货物流动，给社会生活带来诸多变化；而另一方面，所谓被开发的都柳江

江河、商镇与山寨：都柳江下游的人群互动与区域结构过程

流域实已包含了地方社会的秩序与逻辑，这些传统的社会结构与文化逻辑仍在发挥着作用。同时，移民与当地人背后不同文化体系的相互碰撞，也在区域社会的形成过程中发生着有趣的变化。本书希望将地方社会和人群纳入其中，梳理因河流而联结起来的多元人群的复杂历史，进而在一个侧面探讨都柳江流域因人的活动而带来的文化层叠、族群互动，以及观念的流动诸现象。

具体而言，本书希望讨论当移民进入都柳江流域，人们的活动范围和视野如何在地理空间上拓展；不同人群怎样通过多面向的社会机制联系起来，如市场的交换机制、仪式的象征机制、亲属关系上的婚姻机制、来自国家政治的强制力等；这些不同的机制对不同的人群整合和区域的动态变化又产生了怎样的影响，尤其是当商业移民与当地苗侗居民不同文化观念相遇后，人们又如何在文化上形成今天我们所见的地方文化以及文化区域。

二 学术回顾与理论思路

在人类学领域中，一直存在一个需要人类学家去面对和回应的难题，那就是人类学家以小聚落或有限的人群为研究对象所做的小规模个案研究，能否让我们通盘了解某种文化，而对这一问题的继续追问逐渐演变成如何通过具体的地方社会窥视整个文化图景。从人类学主要的研究方法"跨文化比较"出发，西方人类学发展出一系列基于"非西方"与"他者"文化的，且有明显区域指向的相关研究，产生了非洲研究、北美印第安研究等类别，并形成了一系列学科基础研究的相关理论。而基于对这一问题的持续关注与兴趣，人类学家以及相关学科的学者都在尝试提出联结小聚落与大社会乃至国家的见解，如马林诺夫斯基提出的库拉圈交换体系,[1] 利

---

[1] 〔英〕罗尼斯拉夫·马林诺夫斯基：《西太平洋的航海者》，张云江译，中国社会科学出版社，2009。

导 言

奇有关缅甸北部高地政治体系的区域性研究,[①] 社会学家雷德菲尔德所提出的大传统、小传统或城乡连续体的概念。[②] 随着20世纪60年代兴起的学科反思与研究领域上的推进,人类学家的区域研究也随之拓展,全球化背景,区域间的人、物流动以及与之相关的族群互动等大大丰富了区域研究的相关内容,然而总体观之,对于以个案研究为基础的人类学来说,区域研究仍是从特殊走向整体的重要途径。在对中国社会的研究中,早期的中国学者也面临同样的困惑,对民族众多、人文类型丰富的中国社会而言,基于某个具体的地方社会的分析能否反映宏观中国?为了解答这一问题,20世纪30~40年代,受英国功能主义理论的影响,费孝通、林耀华等学者开始中国的社区研究,"目的确是要了解中国社会,而且不只是这个小村所表现出来的中国社会的一部分,还有志于了解更广阔更复杂的'中国社会'",[③] 在几代中国人类学家的努力下,基本形成了"民族走廊""西南民族""珠江三角洲"等相关区域研究成果,且相关内涵也随之不断推进。这些西方学者和中国学者所做的经典研究对后来的探索产生了重要的启示作用,为进一步针对区域社会研究提出具体可行的研究架构奠定了理论基础。

针对中国乡村社会所呈现的复杂性,20世纪50年代,弗里德曼利用史料、旧的社会调查资料,对明清以后至民国时期中国东南沿海地区的宗族组织进行结构分析,并探讨国家与社会组织的关

---

① 〔英〕埃德蒙·R. 利奇:《缅甸高地诸政治体系》,杨春宇、周歆红译,商务印书馆,2010。
② 雷德菲尔德提出了分别以城市为中心的"大传统"(great tradition)和以乡村为中心的"小传统"(little tradition),认为代表乡村社会的"俗民文化"(folk culture)是与都市文化相互对立的。参见 Redfield Robert, *The Little Community and Peasant Society and Culture* (Chicago: The University of Chicago, 1989)。
③ 费孝通:《乡土中国》,生活·读书·新知三联书店,1985,第94~95页。

江河、商镇与山寨：都柳江下游的人群互动与区域结构过程

系。[①] 他认为，中国东南地区的宗族组织比其他地区发达，原因是该地区是一个远离国家权力中心的"边陲地带"。他将宗族视为一种地方性的社会组织，形成影响颇深的"宗族研究范式"，同时也指出中国社会的人类学研究，应在一个更大的空间范围和更广的历史深度中，探讨社会运作的机制。这些方法，对于以往对中国社会的社区研究不啻为一个补充。

20 世纪 60 年代初，施坚雅将基层市场理论引入中国研究，提出以基层、市场来衔接地方社会与国家，使人类学的区域研究有了进一步的发展空间。要理解中国社会文化的变迁过程，就应该从乡村的市场体系着手，通过分析市场结构的空间模式，才能够了解中国聚落的分布及居民的活动空间。[②] 他在研究中深入思考了人们究竟通过什么联系成为一个社会。为了解答这一问题，他开始利用地理学的空间观念。这与当时地理学所关注的问题不谋而合，即如何寻找一个普遍适用的法则来解释聚落的大小、数目和空间分布，一些地理学家提出了中地体系（central place system）的观念，[③] 这一观念被引入对四川盆地聚落的空间、市场分布的研究中。基层市场理论帮助我们很好地理解了中国社会结构与地方组织，施坚雅将市场体系的观念加以扩大，把整个中国大陆当作一个研究对象，中国被分为九个自然区域，借以分析这些区域发展与经济的发展运作关系。这些观点完善和精细化了区域体系理论，并提出了一种对中国各大区域之间的经济联系与社会互动的解释框架。[④]

---

① 〔英〕弗里德曼：《中国东南的宗族组织》，刘晓春译，上海人民出版社，2000。
② 〔美〕施坚雅：《中国农村的市场和社会结构》，史建云译，中国社会科学出版社，1998。
③ 中地体系理论认为，土地平坦、交通便利、资源分布平均、居民都有相同的购买力，都是斤斤计较的理性经济人。因此，货物的流通会有一定的范围。在这样的情况下，聚落的分布应该是呈六角形的一种形态。
④ 〔美〕施坚雅：《中华帝国晚期的城市》，叶光庭译，中华书局，2000。

导　言

　　施坚雅的研究激发了人类学界的诸多思考，在讨论的过程中学者们又进一步反思基层市场体系的适用性。他的学生把市场体系的理论拿到台湾来进行验证，却提出了"文化崎区"的现象，指出人们可能因为文化的差异性而跑到更远的地方进行交易，进一步指出"崎区现象"是文化层面的而非地理的，从而对施坚雅的解释原则提出了质疑。① 同时，学者们也提出，施坚雅虽突破了行政边界的桎梏，但同时忽视了"国家"对区域形成的影响，且各区之间的联系实际超越了市场这一单一范畴。② 上述质疑与反思，一方面为基层市场体系理论做出了有益的补充，另一方面也刺激学者们用新的概念来解释区域社会的运作，而以信仰和祭祀仪式为出发点的区域社会研究就成了区域研究的另外一个重要的视角。

　　20世纪60年代中后期以后，一些英美人类学者将台湾和香港作为研究点致力于对中国社会结构的区域研究。他们不仅在检验既有的市场理论和宗族理论，也试图从民间信仰出发开展区域研究的田野工作，探讨区域身份和意识的建构，如武雅士、③ 王斯福、④ 华琛⑤等通过神明祭祀和祭祀仪式的研究考察乡村社会结构与变迁，展现了在中国乡村中民间信仰与仪式如何体现国家秩序，又如何建立和维系乡村社会秩序。

---

① Lawrence W. Crissman, "Marketing on the Changhua Plain, Taiwan," in W. E. Willmott, ed., *Economic Organization in Chinese Society* (Stanford: Stanford University Press, 1972).
② 陈倩:《美国汉学界区域研究评述：以施坚雅模式为中心》,《理论界》2007年第4期,第211页。
③ Arthur Wolf, *Gods, Ghosts and Ancestors* (Stanford: Stanford University Press, 1974).
④ 〔英〕王斯福:《帝国的隐喻——中国民间宗教》,赵旭东译,江苏人民出版社,2009。
⑤ James L. Watson, Evelyn S. Rawski, *Death Ritual in Late Imperial and Modern China* (Berkeley: University of California Press, 1990).

江河、商镇与山寨：都柳江下游的人群互动与区域结构过程

　　而受人类学家在台湾研究的影响，1971年张光直教授提出"浊水、大肚溪流域计划"时，中研院民族所的一些学者开始使用日本人冈田谦"祭祀圈"的概念，① 用于讨论浊水溪和大肚溪的人群如何去适应环境，如何发展出他们的文化，社会如何运转。学者们关注的空间，从小村落扩展到更大的地理范围中。其中，许嘉明用祭祀圈的概念研究彰化平原福佬客的聚落分布，主要关注祭祀圈背后的地方组织，探讨闽客之间的关系，旧的地缘团体如何解体，新的团体又如何建立。② 施振民综合了"浊大计划"中有关彰化平原的材料，明晰了祭祀圈所涵盖的人群，他认为祭祀圈既是研究共时性的地域组织、宗教组织、人群分布的重要参考，也能为了解贯时性的聚落形成与发展提供依据。③ 庄英章在林杞埔的研究中，通过祭祀圈的概念分析竹山镇的宗教活动和地域组织，通过调查自然流域、水利系统和交通要冲等要素，从自然环境角度而非人的因素来诠释祭祀圈。④ 林美容将祭祀圈定义为"为了共神信仰而共同举行祭祀的居民所属的地域单位"。⑤ 学者们纷纷运用这一概念进行研究，透过研究民间的信仰和祭祀活动，来追溯一定时间和空间内

---

① 冈田谦20世纪50年代在台北士林做农村聚落研究时，提出"祭祀圈"的观念。他提出祭祀圈即共同奉祀一个主神的民众所居住之地域，台湾北部农村祭祀活动中的中元普渡所形成的大祭祀圈，是由数个祭祀土地神和妈祖的小祭祀圈所组成。冈田谦进一步提出祭祀圈和婚姻圈、市场交易圈的范围大致上是重叠的，要了解台湾村落之间地域团体或家族团体，必须从祭祀圈问题入手。参见〔日〕冈田谦《台湾北部村落之祭祀圈》，陈乃蘖译，《台北文物》第9卷第4期，1960年，第14~29页。
② 许嘉明：《彰化平原福佬客的地域组织》，《中央研究院民族学研究所集刊》第36期，1973年，第145~190页。
③ 施振民：《祭祀圈与社会组织——彰化平原聚落发展模式的探讨》，《中央研究院民族学研究所集刊》第36期，1973年，第191~208页。
④ 庄英章：《林杞埔——一个台湾市镇的社会经济发展史》，上海人民出版社，2000。
⑤ 林美容：《由祭祀圈到信仰圈——台湾民间社会的地域构成与发展》，《第三届中国海洋发展史研讨会论文集》，台北：中研院三民主义研究所，1988，第95~125页。

的人群互动关系和历史过程。

祭祀圈的构架逐渐也受到了挑战,例如认为祭祀圈无法全面地分析整个社区的所有宗教组织与活动,并且受概念共时性的限制,忽略了其随时代社会变迁而发展的特征。为了弥补"祭祀圈"概念的不足,台湾学者又提出了"信仰圈"的概念,以继续解释台湾汉人以宗教的形式来表达社会联结性的传统,"信仰圈所涵盖的地域范围通常超越最大的地方社区的范围,即超越乡镇的界线",[1]区分了"信仰圈"与"祭祀圈"二者之间的差异,强调"信仰圈"是区域性的,而"祭祀圈"则是地方性的,"信仰圈"是在"祭祀圈"的基础上发展而来。

但是,关于"祭祀圈"和"信仰圈"的大部分研究仍然将其当作不言自明的概念,以之指涉寺庙或神明信仰所涵盖的具体的地域范围,且学者们旨趣各异,无法形成一种研究的范式。"过分依赖这一理论架构所揭示的相当确定的社会结构与地域性权力支配关系,可能会使研究者轻视甚或无视由更多社会因素影响而构成的区域社会历史过程,从而误解或歪曲区域社会开发进程中所产生的社会文化转型和社会结构特征。"[2]

基层市场体系理论被提出之后,使得20世纪70年代区域分析至少沿着两条不同的路径开展。一个是继续基层市场体系理论的脉络去探讨其他地区的不同类型或变形。如史密斯(Carol A. Smith)所主导的区域分析进一步探讨了区域中的不同层级和复杂性,提出区域或者市场体系的形成,不仅仅只是讨论经济或社会哪一个更为关键,而是他们之间的关系才是重点。"对他而言,依市场而来的区域体系,虽可呈现人、物、知识、服务的流动模式及区域系统的

---

[1] 林美容:《由祭祀圈到信仰圈——台湾民间社会的地域构成与发展》,《第三届中国海洋发展史研讨会论文集》,第95~125页。
[2] 张应强:《木材的流动——清代清水江下游地区的市场、权力与社会》,生活·读书·新知三联书店,2006,第6页。

江河、商镇与山寨：都柳江下游的人群互动与区域结构过程

结构与过程，但区域体系的各个层面如何整合一起，才是关键。"①而后罗威廉（William T. Rowe）又在史密斯的基础上发展了基层市场体系理论，提出区域并非指一个由某些关键因素比如语言、宗教或大宗货物具有连续性或一致性而形成的地区，而是由一些变动着层级地位的地区所组成的系统，这一区域系统由于各地比较紧密并且互相依赖的交换关系而联系在一起。②罗威廉强调了区域是由交换关系联结起来的相当动态的空间范围。另一个是在特纳的仪式象征理论影响下的发展，③特别是由韦伯那（Werbner）对中非洲区域性仪式的探讨，他通过研究中非洲经历殖民统治后而流行的苦难祭典（the cult of affliction）的地区，发现这样的区域性仪式中心，不仅不是政治经济体系的中心，也超越和模糊了行政和国家的界限。④

后来学者回顾这两种区域研究的取向，认为二者都过分强调了经济或文化结构的层面的影响，而没能呈现文化本身的转化弹性与个体作为历史能动性（agency）或行动者（agent）的创造性地位，自然也无法处理文化本身的历史化过程如何得以超越延续与断裂二元化的问题。⑤简单说来，这个时期的区域研究，无论从市场的视角还是信仰的视角，都倾向于将区域视作边界清晰并在一定程度上具有同质性的空间范围，两种视角的相对独立性也削弱了他们对于某一个具体区域的解释力。对于区域研究的这一反思，启发了对都柳江下游以富禄为中心的区域社会研究的思考，提醒我以多维的且立体的视角去理解区域社会。

实际上，关于区域社会所引起的思考并非仅限于人类学学科领

---

① 黄应贵：《人类学的视野》，台北：群学出版有限公司，2006，第 203 页。
② Linda Cooke Johnson, *Cities of Jiangnan in Late Imperial China* (New York: State University of New York Press, 1993), p. 5.
③ 特纳的理论透过仪式过程的分析，解释了仪式如何整合了一个混乱、流动乃至冲突的社会，而达到社会凝聚及维持社会秩序的目的。
④ Richard P. Werbner et al., *Regional Cults* (New York: Academic Press, 1991).
⑤ 黄应贵：《人类学的视野》，第 205 页。

导　言

域，不同的学科在不同的理念与范式支持下，对区域以及区域社会进行了诸多研究，而针对中国社会的区域研究来说，历史学界的区域史研究与人类学对区域社会的关注在一定程度上有着某些共同的旨趣。历史学对于区域研究的关注可以追溯到19世纪后期欧美史学界所兴起的新史学运动，这一运动在法国促生了年鉴学派。新史学运动对西方主流史学进行了反思，提倡多角度、多层次地研究历史，不仅研究个别的事件历史，也要关注民众的日常生活的非事件历史。年鉴学派认为，历史并不只是民族－国家为核心的政治史研究，也是经济与社会的历史研究。年鉴学派更倡导史学从其他学科领域中吸取有益部分，从而提出更有意义的问题。这一时期的新史学运动和年鉴学派虽然并没有直接倡导区域史的研究，但其理念却为区域史研究打下了基础。

20世纪四五十年代，区域研究开始在地理学、史学、人类学、社会学等领域得到迅速发展，而区域史研究也不断吸取其他学科的理论和方法进而发展和变化。1946年，费正清开始在哈佛大学对中国进行区域研究，在他主编的《剑桥中国晚清史》一书中，对满、汉、蒙、疆、回地区进行了研究，并进一步将以上区域进行分解。而自70年代以来，美国人类学界对以往流行的西方中心主义史观产生了批判性反思，在这一思潮的影响下，费正清的学生柯文提出了"中国中心观"，柯文认为如果真正以中国中心为取向进行历史研究，就应该将中国在空间上分解为比较小的、比较容易掌握的单位，"采取这种做法的主要依据是因为中国的区域性与地方性的变异幅度很大，要想对整体有一个轮廓更加分明，特别更加突出的了解——而不满足于平淡无味地反映各组成部分间的最小公分母——就必须标出这些变异的内容和程度"。[①]

柯文所提出的观点以及上述施坚雅在这一时期的研究，都不同

[①]〔美〕柯文：《在中国发现历史》，林同奇译，中华书局，1989，第142~143页。

江河、商镇与山寨：都柳江下游的人群互动与区域结构过程

程度地推动了中国区域史研究，有学者指出，施坚雅与柯文的"表述有一共同点，即仍然保持着从局部看整体的观念——这也是中国本土地方史研究的一个基本理念——这使得它更易于被庞大的地方史研究群体所接纳和传播"。[①] 随着区域史研究理论、方法在中国的传播，80 年代末，一些从事社会经济史研究的学者开始对区域史相关的理论问题进行了探讨，而 90 年代以后，区域社会史研究开始逐渐取代区域社会经济史研究而成为研究的重点。区域研究对于历史学的意义在于突破了 18 世纪民族－国家兴起以来奉国别史为圭臬的桎梏，历史学所进行的区域史研究，其旨趣仍是希望通过地方的视角去重新理解中国。区域史研究的"区域"就赋予历史研究一定的空间，可以说，"区域"是一个相对的概念，研究区域的目的是通过小的地域社会，追求大历史，历史学者试图通过对区域史的研究，探讨区域史意义上的历史理解，是否可以与国家史意义上的历史理解有所不同。[②]

从 80 年代末开始，历史学界以国家与社会关系作为分析模式，从单纯的基层社会研究转向为以基层社会研究为切入点关注国家与社会之间的复杂关系，认为区域社会的建构过程应该通过对国家与社会关系的梳理而得到理解，然后再进一步理解这一过程在整个国家的整合过程中的作用。在社会史学界，杜赞奇在其对华北农村几个村落的研究中提出了国家权力与区域——地方权力网络糅合的解释模式，他运用权力文化网络的概念来解释中国国家和地方社会，[③] 他所指的权力文化网络是广泛意义上而言的。而后，中国学者也积极

[①] 戴一峰：《区域史研究的困惑：方法论与范畴论》，《天津社会科学》2010 年第 1 期，第 128 页。
[②] 赵世瑜：《小历史与大历史——区域社会史的理念、方法与实践》，生活·读书·新知三联书店，2006。
[③] 〔美〕杜赞奇：《文化、权力与国家——1900～1942 年的华北农村》，王福明译，江苏人民出版社，2010。

导 言

将这种模式运用于社会史研究,把文献资料和田野调查结合起来,通过对各种国家行政制度在基层社会的运行、实施情况来探讨国家权力与乡村社会的互动,如刘志伟通过考察明清时期里甲赋役制度在广东地区的实行情况,探讨了代表国家力量的地方政府与基层社会之间的复杂关系及其变动趋势。[①] 陈春声讨论区域研究价值时提到区域历史内在脉络可视为国家意识形态在地域社会的各具特色的表达,同样地,国家的历史也可以在区域性的社会经济发展中"全息"地展现出来。[②]

在上述研究的过程中,学者们强调应全方位立体考察地域社会,从特定地域的生态环境、文化资源、权力网络、社会生活等方面,力图展现这一地区的立体全景,并且在历时性的研究中,融入社会学、人类学、地理学等学科的理论与方法,注重结构与功能的共时性分析。学者们在这样的理论脉络之下纷纷开展研究,如王振忠对明清徽商的土著化过程与盐业城镇的发展,以及与东南文化变迁的关系进行了分析。[③]

从民间信仰和传说的角度探讨国家与社会的关系也引起了不同学科学者的兴趣,如陈春声对三山国王信仰的研究、[④] 刘志伟对珠江三角洲地区的北帝信仰的研究、[⑤] 赵世瑜关于国家正祀与民间信

---

① 刘志伟:《在国家与社会之间——明清广东里甲赋役制度研究》,中国人民大学出版社,2010。
② 陈春声:《走向历史现场》,《历史田野丛书》总序,生活·读书·新知三联书店,2007。
③ 王振忠:《明清徽商与淮扬社会变迁》,生活·读书·新知三联书店,1996。
④ 陈春声:《三山国王信仰与清代粤人迁台——以乡村与国家关系为中心》,周天游主编《地域社会与传统中国》,西北大学出版社,1995,第118页;陈春声、陈文惠:《社神崇拜与社区地域关系——樟林三山国王的研究》,中山大学历史系编《中山大学史学集刊》第二辑,广东人民出版社,1994,第90页。
⑤ 刘志伟:《神明的正统性与地方化——关于珠江三角洲地区北帝崇拜的一个解释》,《中山大学史学集刊》第二辑,第107页。

江河、商镇与山寨：都柳江下游的人群互动与区域结构过程

仰的互动的研究。① 这些研究的兴趣主要在于通过考察地方性神明为寻求正统性所做出的种种努力，来探讨中国传统国家如何通过文化控制来达到国家权力向基层社会渗透的目的。其中，也有利用人类学的方法，注意将文献文本与口传文本等进行比较，以重新阐释这些民间传说的文化意义，如刘志伟对珠玑巷传说等加以分析，解释了宗族建构与国家体制的关系，展示了地方社会被国家力量渗透的过程。②

历史学界通过区域与地方的研究呼吁"眼光向下"的历史观。人类学试图跳出小社会从而拓展研究视野，强调对不同时间中的他者的关注，将时间纳入问题的探讨之中。萨林斯对南太平洋地区殖民遭遇进行论述时提到：人类学家所称的"结构"既是文化秩序的象征性关系，也是一种历史事物。反过来，文化的图式也以历史的方式进行安排，因此，文化在行动中以历史的方式被再生产出来。③ 特别是以中国社会作为研究对象的人类学家和社会学家们认识到中国不同于一般人类学意义上的无文字社会，中国传统社会中凸显的文字传统成了研究中国社会时无法逃避的关键要素，因此，人类学者强调历时性与共时性分析的结合，人类学与历史学发现彼此之间在旨趣上有越来越多的共同之处。

在对区域概念探讨的过程中，无论是历史学者抑或人类学者都强调，人是区域研究中最为重要的要素，"区域是一个与人相联系的概念，所以当与人联系在一起的时候，区域是一个流动的东西，'身份认同'这一类问题就变成了'区域划界'的问题"。④ 陈春

---

① 赵世瑜：《国家正祀与民间信仰的互动——以明清北京的"顶"和东岳庙的个案研究》，《北京师范大学学报》1998 年第 6 期，第 18 页。
② 王鹤鸣等编《中国谱牒研究》，上海古籍出版社，1999。
③ 〔美〕萨林斯：《历史之岛》，蓝达居等译，上海人民出版社，2003。
④ 张俊峰、殷俊玲：《首届区域社会史比较研究中青年学者学术讨论会综述》，《历史研究》2005 年第 1 期，第 179 页。

声通过对韩江流域的研究,提出的"泛韩江流域"的概念,就涉及身份认同、移民、地域等方面,并提出了几个亟待解决与思考的问题,即研究者用于描述区域历史的标签,在什么样的意义上反映了地方社会的特质;如果真的有这样的特质存在的话,又是如何使用区域这一分析概念的。①

程美宝认为我们今天在处理所谓的"区域史"时,目的绝对不是提出"新"的或"更正确"的划分,而是在于明白过去的人怎样划分,在于明白这段"划分"的历史。②"读着历史文献,研究者大抵可以了解士大夫的地域意识,但更难掌握的是,大多数目不识丁的老百姓的地域意识。研究者可以在平面的地图上按照自己的需要划分区域,可以在立体的历史时空里根据文献划分区域,但必须时加警惕的是,研究对象脑海中的区域观念,并不一定与研究者划分的区域范围叠合。"③ 这些对区域研究的反思,说明了区域的概念需要进一步完善。

如上所述,学者们逐渐强调区域研究中与人相关的活动,以及关注到从当地人主观意识出发的区域观念。然而,当我们深入一个复杂社会时就会发现,人群的组成往往并非单一的,而是呈现族群的多样性。都柳江畔的富禄地区汇聚了被称为"客家人"、"侗族"和"苗族"的诸多人群,族群的多样性一方面为区域研究带来了

---

① 陈春声:《韩江流域的社会空间与族群观念》,《"区域再结构与文化再创造:一个跨学科的整合研究"学术讨论会论文》,台北:中研院民族学研究所,2005。
② 程美宝进一步说明了此处"历史"一词的内在含义,她认为历史至少有两种含义。一是人们对自己所认同的地域文化所制造或熟悉的历史叙述,这样的叙述表现了叙述者的主观信念,是事实和传说的择取与结合,掺杂着叙述者个人的好恶和偏见。二是不可忽略的历史,是这类历史叙述的构造的历史,理解这段制造历史叙述的历史过程。参见程美宝《地域文化与国家认同——晚清以来广东文化观的形成》,生活·读书·新知三联书店,2006,第31页。
③ 程美宝:《区域研究取向的探索——评杨念群著〈儒学地域化的近代形态〉》,《历史研究》2001年第1期,第127页。

江河、商镇与山寨：都柳江下游的人群互动与区域结构过程

丰富性与深入的空间，但同时也对"区域"的界定造成了困难，这种困难来自不同族群间身份认同差异与文化差异。当"区域"成了一个与人相关的概念后，由族群多样性所带来的族群理论问题就显得尤为重要了。

族群理论最早可追溯到利奇在对上缅甸高地所进行的调查，他发现这一地区族群成分的复杂性，有掸人、克钦人、傈僳人、崩龙人；若在地形上做区分，又可分为山地人和平原人。利奇发现，从客观的文化标准来区分族群是困难的，因此，他提出了一个关键的问题：人群的界定究竟是外来者的划分，还是当地人的主观认同？之后的学者，如巴斯在这一问题之下进行了深入的思考。巴斯吸收了利奇把文化作为社会认同的象征的观点，将族群视为一种有边界的社会组织，族群区分的标准不是客观的文化要素，而是带有社会性的文化建构。巴斯强调族群身份在族群区分上的重要性，且强调，边界才是族群认同的核心，而不是文化要素。换句话说，"边界"是巴斯界定族群的方式，文化只是对边界的意义系统进行维持的工具，这表现在不同文化的人群在接触时对自己文化特点的强调。[1] 在巴斯的论著中，他通过对"族群边界"概念的界定，讨论了族群的范围，以及界定范围的基础，这为以后的人类学族群研究提供了一些共同的论点。

巴斯的边界理论对人类学中的族群研究影响甚广，在这之后，学者们都在这一理论框架下进行运用和拓展，上述讨论仍存在一些悬而未决的问题，如既没有在族群变迁及融合等问题上给出整合与动态的解释，也没有进一步理清族群中个人和群体的关系，且以"边界"来界定族群，不仅将"文化"从族群讨论中剥离，也使族群研究容易忽略"文化"与"族群"的关系。[2] 学者们逐渐意识到

---

[1] Fredrik Barth, *Ethnic Groups and Boundaries*, *Introduction* (Long Grove, Ill: Waveland Press Inc, 1998), p.9.

[2] Hans Vermeulen et al., *The Anthropology of Ethnicity: Beyond "Ethnic Groups and Boundaries"* (Amsterdam: Het Spinhuis.), p.3.

导 言

文化在族群研究中的地位,开始思考"边界"如何被界定,呈现怎样的文化差异,并试图将文化带入族群研究之中。1994 年,巴斯与汉斯·韦尔默朗(Hans Vermerlen)及克拉·格沃斯(Cora Govers)合编了一本论文集。在这本论文集中,巴斯与其他学者意识到了文化在族群研究中的重要地位,开始思考"边界"如何被界定,而又呈现怎样的文化差异,试图将文化带入族群研究之中。后来的学者也继续对"边界"提出了不同的思考,如安东尼·科恩(Anthony P. Cohen)等对于边界的讨论放在了认同之上,将边界视为"看与知的方式"(ways of seeing and knowing),[①] 而在 2000 年出版的同一书中,巴斯又再一次地重新审视自己所提出的族群边界理论,认为先前的族群理论太强调区分,所呈现的是以西方为中心的世界观,如果从当地人自己的视角出发,他们看待的边界可能会更强调联结。[②]

对于中国的族群研究而言,在中华民族多元一体格局下,族群现象因多样性与流动性而更显复杂。我国学界对族群的研究中,较有代表性的是王明珂。他在《华夏边缘:历史记忆与族群认同》一书中,通过中国人"族群边缘"的形成与变迁,试图回答"什么是中国人"这一问题。[③] 王明珂看到了资源在维持边界上的重要性,也关注到了边界本身所呈现的动态性,凸显了边界本身的历史意义。而在《羌在汉藏之间:川西羌族的历史人类学研究》一书中,王明珂又通过对"羌族"这个群体的历史变迁来考察华夏边缘的历史变迁。具体的论述中,他把历史记忆在族群作用中的地位凸显出来,强调族群认同在资源竞争方面的重要作用,不同族群为

[①] Anthony P. Cohen et al., *Signifying Identities: Anthropological Perspectives on Boundaries and Contested Values* (London: Psychology Press Ltd., 2000).

[②] Fredrik Barth, "Boundaries and Connections," in Anthony P. Cohen et al., *Signifying Identities: Anthropological Perspectives on Boundaries and Contested Values* (London: Psychology Press Ltd., 2000), p. 17.

[③] 王明珂:《华夏边缘:历史记忆与族群认同》,社会科学文献出版社,2006。

江河、商镇与山寨：都柳江下游的人群互动与区域结构过程

了竞争资源而在不断保持或拓展自己的生态边界，在这个过程中造成了边界的变迁。王明珂将羌族研究置于华夏"中心"与"边缘"的框架之下，指出族群所呈现的边缘可能是模糊的与不确定的，进而强调应在"本土情境"（local context）之中讨论族群问题；① 麻国庆则将族群问题放置到文化互动的场景中，观察到族群内部的差异性甚至会大于族群间的差异，② 族群之间的互动在一定的地域范围内会整合出一种互相认同的超越族群的地域文化，从而反思了巴斯由界线概念界定族群的限制。近年来，更有学者建议应当重视族群发展过程中过渡性的中间地带，如农耕与游牧、山地与平原，探讨其开放性与闭合性之间的关系，并重新审视这一地带族群迁徙的模式及文化认同形成和发展的过程，进而在文化的复杂性上去理解处在变动和迁徙中的族群关系及其心态，③ 这一说法，实际上强调在人群流动与文化交互性的情境下去理解族群文化认同形成的机制。另外，历史学者则通过文献中的族群标签，探讨山地人群如何被放置在王朝统治话语之下，从而理解国家政治控制和文化扩张、土著人群的身份与角色的演变以及相关的社会历史文化过程，对族群的形成过程进行追溯，提醒我们避免标签化的族群研究。

在族群理论不断发展的脉络之下，学者们也尝试着在区域研究中关注族群与文化认同。陈贤波通过对明代以来都柳江上游土司政治与族群历史进行研究，对都柳江上游的地方社会秩序演变进行了梳理，并讨论了土司政治影响下的族群历史和文化认同的变化。④

---

① 王明珂：《羌在汉藏之间：川西羌族的历史人类学研究》，中华书局，2008，第76页。
② 麻国庆：《全球化文化的生产与族群认同》，中南民族大学民族学与社会学学院编《族群与族际交流》，民族出版社，2003，第34~35页。
③ 赵旭东：《适应性、族群迁徙与现代的文化认同》，《广西民族大学学报》（哲学社会科学版）2012年第3期，第2~9页。
④ 陈贤波：《土司政治与族群历史——明代以后贵州都柳江上游地区研究》，生活·读书·新知三联书店，2011。

导　言

而近年来台湾学者的研究试图通过当代正在发展的区域体系或地方社会，由同一区域里面不同族群文化或来自不同地区的人所建构的不同区域认同，来重新检讨并寻找新的族群与认同概念。如黄应贵以陈友兰溪流域的布农人为例，认为当不同族群的人交错生活在一起时，界线不再是清晰可辨的，他们所建构的区域认同或族群认同，不再以"边界"来认定。[①] 苏弈如、黄宣卫也通过对撒奇莱雅（Sakizaya）人的研究看到，撒奇莱雅人如何在族群边界暧昧不清的情况下，运用文化创造维系族群意识，并完成正名运动。[②] 这些研究将重点放在了族群文化边界的建构之上，且试图弱化"族群边界"概念所强调的族群间的分野，通过对区域社会的观察，关注到了复杂社会中族群相互之间联结的重要性。

既有的成果为我的研究提供了有益的借鉴，清代都柳江的河道疏浚为富禄的人群构成带来多样性，在族群相互接触的过程中，一方面，不同族群之间，以及居住高坡的人群与居住河边的人群间，因彼此间的文化差异而存在着一定程度的隔阂与张力；然而另一方面，随着时间的推延，不同族群经过文化的再创造，接纳或采借了彼此信仰中的部分内容，并在共同的年度节日仪式中共享某些意义。以上学者们关于族群的研究，促使我也去思考在区域结构过程中所呈现的族群关系与认同，人们如何对自身进行定位，又如何运用文化的手段去进行调适与互动。此外，通过将族群问题带入区域研究的探讨之中，也可帮助我们深入理解与"人"紧密相关的区域概念。

关注人的活动以及人们行为背后的文化逻辑与观念世界向来是人类学研究的旨趣所在，自涂尔干之后，人类学对于社会结构给予

[①] 黄应贵：《反景入深林——人类学的观照、理论与实践》，商务印书馆，2010，第194页。

[②] 苏弈如、黄宣卫：《文化建构视角下的Sakizaya正名运动》，《考古人类学刊》第68期，2008年，第79~108页。

江河、商镇与山寨：都柳江下游的人群互动与区域结构过程

了特别的关注，"结构"一词也成了社会科学中最为关键的一环，在人类学理论脉络中占据着重要位置。然而结构概念背后一直存在几个值得追问的问题：一是"与结构相对的是我们目前称之为人类行动或施为"，[①] 结构概念如何处理社会生活经验的种种事件；二是结构意味着稳定，而变化则只存在于结构之外；三是结构与文化之间如何对接。田野工作范式的制定，同时也意味着人类学的核心在于处理"整体"，即本质上非时间性实体的社会系统，从共时性的角度对他者社会文化进行研究，"稳定"与"变迁"在人类学领域一分为二，此种情形造成了20世纪人类学与历史学的疏离。然而，人类学学者已逐渐意识到，结构与历史、稳定与变迁之二分不再能够应对日趋广泛联系的世界，如大卫·纽金特（David Nugent）从政治经济学出发批判利奇上缅甸研究，认为在该地历史脉络中，是外部政治经济力量的介入而非内在结构的不稳定导致了社会摆荡；[②] 七八十年代之后的结构反思，认为结构受制于多重意义之网和复杂语境之中，并随时间发生变化，吉登斯提出"结构二元性"和"结构过程理论"（structuration），讨论了结构与实践的互动关系，强调与时间和空间相关的结构之非稳定状态，[③] 萨林斯更明确指出所有的历史都根植于结构之中，而结构也只有通过历史事件才能显现；[④] 海斯翠普也强调配合客观状态的是主观经验世界，时间是"现在"定义的一部分；[⑤] 克努森更是通过对地中海西

[①] 〔美〕小威廉·H. 休厄尔：《历史的逻辑：社会理论与社会转型》，朱联璧、费滢译，上海世纪出版集团，2012，118页。

[②] David Nugent, "Closed Systems and Contradiction: the Kachin in and out of History," *Man* 17 (1982): 508-520.

[③] Anthony Giddens, *Central Problems in Social Theory: Action, Structure and Contradiction in Social Analysis* (Berkeley and Los Angeles: University of California Press, 1979).

[④] Marshall D. Salins, *Islands of History* (Chicago: University of Chicago Press. 1985).

[⑤] Kirsten Hastup, "Fieldwork among friends," in A. Jackson (ed.), *Anthropology at Home*, ASA Monograp 25 (London: Tavistock, 1987).

导　言

部政治事件和结构变迁的具体研究，指出原被视作"传统"与"稳定"的社会，实际也在"大历史"进程中生产历史，从而存在着二元历史一致性的可能性。①

对于中国研究而言，早期的社会科学也将中国乡村视作"封闭"与"孤立"的，而后区域研究的出现在某种程度上弥补了这一缺憾，弗里德曼对明清以后至民国时期的中国东南沿海地区的宗族组织进行了结构分析，施坚雅则通过分析市场结构的空间模式理解中国社会文化的变迁过程。然而，有学者反思这些结构性的分析，认为其既忽略了地方是在一个社会分化、获得权力的机会不平等以及充满文化差异的社会脉络里运作的，也忽视了地方乡民把自己整合到中国政治体系的过程。1990年萧凤霞在关于中山小榄菊花会的研究中，对施坚雅将中国农民视为理性经济人的预设提出了质疑，②并认为个人总是在特定的权力与文化结构的多层关系网络中，运用这个结构中的文化象征和语言，去明晰自己所处的位置，也就创造了自己所处的社会与文化结构。萧凤霞提出的"结构过

---

① 安·克努森：《二元历史：一个地中海问题》，〔丹麦〕海斯翠普编《他者的历史：社会人类学与历史制作》，贾士蘅译，中国人民大学出版社，2010，第92页。

② 萧凤霞（Helen F. Siu）通过小榄地方不同时期菊花会的举办，展现了传统被三个时期的社会精英不断解释与利用的过程，批判地审视了施坚雅、弗里德曼和武雅士所提出的中国人类学研究的三个主要分析框架，指出，施坚雅以可以计算距离的市场及其形成的层级关系来解释中国的社会结构，忽略了市场是在一个社会分化、获得权力的机会不平等以及充满文化歧视的社会脉络里运作的；弗里德曼认为中国东南沿海地区的宗族组织是在功能性的需求下，移民们利用其熟知的中原地区的宗族观念而建立起来的，忽视了本地居民把自己整合到中国政治体系的过程；武雅士从"文化是社会的反映"的观念出发，类型化地将中国民间信仰的神、鬼、祖先对应到现实生活中的帝国官僚、乡村中的外人和同族长辈三类人物，则缺少了理性地将神灵象征与区域性政治经济演变结合起来分析的角度，难以说明仪式象征性之外的工具性，即仪式是特定政治经济条件之下产生新的意义的文化演绎。参见萧凤霞《传统的循环再生——小榄菊花会的文化、历史与政治经济》，《历史人类学学刊》第1卷第1期，2003年，第99~131页。

江河、商镇与山寨：都柳江下游的人群互动与区域结构过程

程"（structuring）试图对之前进行的区域研究做出新的思考，"我们一直以来往往不必要地把结构和变迁这两个概念截然二分。实际上，我们要明白个人在分析研究中所发挥的作用，要了解的不是结构，而是结构过程。个人透过他们有目的的行动，织造了关系和意义（结构）的网络，这网络又进一步帮助或限制他们做出某些行动；这是一个永无止境的过程"。[1] 科大卫对珠江三角洲的宗族社会进行研究时也提到，宗族是明清社会变迁过程的一种文化创造。[2] 结构过程一方面将文化与社会放在一个整体中讨论，另一方面也加入了时间的因素，提醒我们区域的形成实际上是一个动态的过程。

区域研究中的时间性和过程性也受到了其他人类学者的关注。麻国庆教授通过对环南海的研究反思区域研究的方法，强调不可忽略区域网络中各个要素的流动性所蕴含的时间性质，"社会网络的这种复杂的时间性表现为一系列的流动现象，即人口、宗教、民俗、商品，以及更深层次的市场体系、信仰网络、社会组织都在一个区域的范围内流动。也正是这样持续不断的流动，区域的网络才得以形成。在某一共时态中见到的地域网络的相互关系及其特点，反映的不仅仅是特定地域支配关系的空间结构，而更是一个复杂的、互动的、长期的历史过程的流动和扩散"。[3] 针对区域研究的具体做法进行反思，他特别指出，目前的研究多将区域网络作为一种情境或场域，但是"区域网络体现的是社会网络的空间化，多种社会网络及由此而生的象征体系共同构成区域社会的复杂体系。

---

[1] 萧凤霞：《廿载华南研究之旅》，《清华社会学评论》2001年第1期，第181~190页。
[2] David Faure, "The Lineage as a Cultural Invention: the Case of the Pearl River Delta," *Modern China* 15, No.1 (1989): 2-36.
[3] 麻国庆：《文化、族群与社会——环南中国海区域研究发凡》，《民族研究》2012年第2期，第34~43页。

这个体系就像一个万花筒,从不同的角度看会发现不同的区域社会。研究社会网络,就是从社会的整合性因素如何伴随人们的活动在地理空间上形成一个区域的网络入手,考察这种网络下人们活动的结构性"。① 他强调对区域社会的研究必须在两方面给予考察,一是作为网络结构的区域社会体系,二是网络中附着的文化象征。

台湾人类学学者在对区域研究中出现的静态性进行反思时也提出,在区域研究之中,人的移动无疑是一个区域社会建构的动力,但是同时黄应贵强调,"移动也可能只是区域再结构的直接原因,而非结构过程背后的最后原因,却可以让我们把历史学所注重的移民与开拓问题带入,而又可以避免汉人文化中心主义的看法。因以人的移动取代移民与拓殖,便可以提升为社会或区域结构过程的一个普遍性构成"。②

到了 21 世纪,台湾学者重新反思对区域的研究,这时对区域研究进行反思的出发点,主要来源于台湾人类学研究一直存在的一个焦虑,那就是从日据时期以来台湾汉人社会研究与台湾南岛民族研究彼此之间过于独立。"两种分隔的研究传统不仅窄化了研究对象与范围,而且忽略其间互动的重要性,更违反了日本殖民统治前,台湾社会在历史过程中所呈现多族群、多文化,乃至于多元政经力量竞争与连结的特色。"③ 而区域研究正成了突破这一困境的方法,同时学者们希望借由区域研究进一步挖掘文化如何被再创造的理论问题,从而凸显台湾在历史发展过程中所体现的社会文化特性。

2005 年台湾中研院民族学研究所举办的"区域再结构与文化再创造:一个跨学科的整合研究"学术研讨会上,学者们提出将区域体系与文化创造结合起来。这样的探讨"更有助于解决过去

---

① 麻国庆:《文化、族群与社会——环南中国海区域研究发凡》,《民族研究》2012 年第 2 期,第 34~43 页。
② 黄应贵:《人类学的视野》,第 164 页。
③ 黄应贵:《人类学的视野》,第 164 页。

江河、商镇与山寨：都柳江下游的人群互动与区域结构过程

人类学的文化概念或理论所忽视的因社会秩序的扩大而有文化创造与再创造现象，及其背后所隐含文化本身所具有历史化之基本性质"。① 他们也进一步反思在过去汉人社会的研究中隐含的自觉或者不自觉的汉人文化中心主义观点，从而反对使用"区域的形成"这样的表述，因为其中蕴含着将区域理解成为汉人在某地的开发所形成。

在具体做法上，黄应贵重新提出了"生活圈"的概念，② 在现实生活中，生活圈往往是由很多面向又不同性质的空间范围所构成，他以人类学学者在巴厘岛所进行的研究为典型例证，巴厘岛的传统农民，政治活动以 banjar（村落）为单位，经济活动以 subak（灌溉组织）为单位，宗教活动则以 pemaksan（寺庙集会）为单位，而亲属关系与活动则以 dadia（亲属组织）为单位。③ 这些性质不同的单位，代表着空间范围并不一致而又有部分重叠的生活圈，这些构成了当地人日常生活的整体。在不同性质的社会，联结这些生活圈的机制不同，因而各个生活圈所涵盖的范围也存在着差异。生活圈的概念给笔者较大的启发，在都柳江流传着这样一句顺口溜，"要吃饱饭，黄金龙岸；好玩好耍，罗城四把；要吃好酒，龙额水口；要吃好汤，贯洞洛香"。其中所涉及的都是都柳江主航道和深入支流中的地名，其范围几乎覆盖了都柳江下游的整个流域。这种生活化的民间说法让我以多面向去思考将区域联结起来的

---

① 黄应贵：《人类学的视野》，第 164 页。
② "生活圈"是由马渊东一和吉登斯的区域化概念而来，指同一社会类别或个人，依其生命周期而来的日常例行生活上的活动所共同构成的实质或象征性界限或活动范围的地理空间。他们都认为生活圈随着人的活动范围的改变会导致内部权力关系的改变，从而造成生活圈的变迁而导致区域的再结构。马渊东一主要从群体来分析生活圈，而吉登斯则强调以个人生命史来发展生活圈的观念。
③ Clifford Geertz, *Agricultural Involution: The Processes of Ecological Chage in Indonesia* (Berkeley and Los Angeles, California: University of California Press, 1963).

那些具体实践，究竟区域的建构有没有一个具有支配性的机制？抑或是人们在不同的日常生活层面进行整合？各种机制在区域的形成过程中发挥的作用如何？简言之，我将尽可能以多维度的视角去思考区域的建构。

以上不同时期的学者关于区域研究理论的推进，成了本书的基本脉络。在都柳江流域，江河体系的地理环境与山地、平原地区有着明显的差异，河流的流动性和延伸性为讨论区域的形成问题提供了生态与空间基础，此特殊地理空间下的区域社会，造就了更多需要考虑到的复杂因素，例如当我们将施坚雅的六边形空间结构和市场体系理论放置于此进行检验时，往往面临失效的困境，不仅如此，江河体系也并非相对封闭和静态的，与之相关的区域社会，也应视为一项进程，而非稳定状态。因此，本书希望通过观察富禄地方的过去，来探讨江河体系中的区域结构过程。另外，又因为都柳江所处的边陲地带和特殊的历史背景，如中央王朝对这一地区的开发，以及汉族商业移民的进入，都提供了很好的研究契机与切入点，有了时间因素的加入，可以使我们将都柳江下游区域的形成放到一个动态的过程之中，去探讨"有知识"和"能动的"行动者，如何在互动过程中创造性地织造起社会关系的网络，而这些"人的活动"又构成了哪些机制在不同的层面上影响着区域社会。同时，我希望本书可以进一步从文化与象征层面，去讨论生活在都柳江下游流域的不同人群，如何在观念层面进行调适、沟通、彼此镶嵌，进而形成一套有意义分歧但共享的区域社会文化，并呈现区域社会文化融合变迁之过程。

三 章节安排

综上所述，本书希望通过都柳江下游商业移民到来后的商业活动和社会行为，透过看似晦涩和复杂的文化现象，从不同的层次去理解区域的形成，以及探讨区域形成过程中，多元人群关系与文化

江河、商镇与山寨：都柳江下游的人群互动与区域结构过程

互动、观念流动诸问题，从区域社会秩序与文化秩序的建构讨论"区域"概念相关问题。黄应贵对"区域的形成"这样的表述做过反思，认为其中表现出来的汉人中心主义和忽视原住民社会原本就存在的区域颇为不妥，[①] 因此主张以"区域的再结构"来替代"区域的形成"，认为只有从"区域的再结构"出发，才可能把汉人征服前的人类活动纳入其中，看到更多元人群与文化的互动、采借、结合与创造或再创造。借此，我希望表明，当书中运用"区域的再结构"这样的表述时，也包括了这样一种反思的意识。

具体而言，本书以特定时间中，广西三江富禄的商业发展以及人、物流动为切入点，一方面讨论人的流动特别是移民的到来对地方社会产生了何种冲击，移民与苗侗原住民之间互动关系如何，通过哪些社会机制发生联系，不同层面的社会机制在区域建构过程中发挥何种作用；另一方面探索移民自身所带来的文化与苗侗原住民原有文化之间，如何在不断深入的接触中得以调适与沟通，新的区域性"文化传统"如何被重新创造和重新解释，从而最终成为在人们的头脑当中建立起来的区域意识。

在此逻辑基础之上，本书分为五章。第一章以都柳江流域的开发与富禄的商业化发展为主题，简要梳理清代以来都柳江下游的河道疏浚与商业化过程，为富禄叙事的展开铺陈出该地区的历史背景。本书以清代中央王朝在都柳江流域河道疏浚为叙事起点，河道的疏浚将都柳江与下游柳江及珠江水系之西江联结起来，使富禄纳入了更为广阔的市场网络之中。市场的繁荣不仅带来了新鲜的商品，也为富禄带来了陌生人，来自广东、福建的商业移民，自此陆

[①] 黄应贵提出不用区域体系的形成而用区域再结构，"不只假定了区域体系动态发展与过程的普遍性，也假定了现今所知的土地所构成的空间，在已知的历史时间（当然不限于文字书写的历史）范围，均被某些民族或人群所使用或认定为其活动范围过，而不太能是空白的"。参见黄应贵《区域再构与文化再创造》，《人类学的视野》，第215页。

续迁徙至富禄开设商铺、经商定居，贩卖盐、布匹等物品，也将富禄地方的木材与大米等贩运至下游交易，而富禄问题也正是因为人与物快速流动的过程而变得有趣。在富禄，人流动迁徙的历史记忆更多地还保留在移民后代家族记忆或地方人物回忆中，因此本书也将尽可能以此方式呈现地方历史。通过此章，我的用意一方面在于能够理清当下构成富禄丰富族群的原因与历史由来，使读者能够理解汇聚富禄不同人群的社会历史背景；另一方面，则是希望借助此章，对"富禄"这一地名所指涉的不同地域空间进行介绍，试图说明"富禄"这一地名所包含的不同空间，是如何在不同时间中因人的活动而产生，从而为富禄空间格局中的不同属性进行介绍与铺垫。

第二章重点关注在上述区域背景之下进入富禄的商业移民，探讨当商业移民进入富禄后，如何建立与之相关的社会关系网络，其中包括移民自身所进行的社会整合，以及通过市场、婚姻等渠道所建立的社会联合。闽粤籍移民来到富禄之后，为了站稳脚跟谋求更好的生存、加强彼此间的凝聚力，运用了各种文化手段进行社会整合。尤其在地方事务中颇为活跃的赖姓人群，不仅主持了"天后宫"与"闽粤会馆"的修建，还创造了"尖头赖"与"平头赖"的传说，以弱化移民彼此间地域性的差异、建构拟制亲属关系，从而加强闽粤籍移民相互之间的认同。而随着时间的推移，闽粤籍移民又继续在不同空间中修建了"五省会馆"以整合更大范围的移民人群，建立起一套外来移民赖以生存的社会规则与秩序。本章关注上述移民社会整合与移民活动，探讨这些行为背后移民所依据的具体情境。另外在本章中，我也力图通过追溯移民的活动，呈现移民所联系起来的超越富禄一地的地域联系，讨论移民如何通过在市场和婚姻层面与都柳江下游支流中的人群进行来往，而他们所建立起来的私人关系如何产生以人的活动为线索的区域网络。

江河、商镇与山寨：都柳江下游的人群互动与区域结构过程

本书第三章，考虑到生活在富禄的人群的多样性，本书并不仅仅局限于关注闽粤籍移民，而是将视野放置在都柳江下游诸人群范畴之上，探讨不同人群的身份认同、关系及其互动，并讨论不同人群由于历史社会文化等原因，对自己所生活的"区域"所抱持的理解之差异。在这一章中，我并没有用"侗""苗""汉"等身份标签作为问题分析的出发点，而是以当地人头脑中更为明确的"高坡""山下"等地理空间分类，探讨居住在不同空间中的人群如何看待、划分彼此，又如何运用文化标识自身所处的区域边界。其中，既涉及高坡人下山时如何面临传说禁忌的困境，也包括当地苗侗人群过去用以进行人群划分的"九域山、十段河"空间概念如何对区域社会产生影响。在此章中，我通过对当地人头脑中的空间划分与人群范畴，以及居住在不同空间中的人群关系的分析，探讨了一个具有"弹性"和"张力"的区域意识与区域观念，并讨论对区域的感知与理解如何受到文化的制约。

如果说第三章中所体现的是不同人群划分带来的区域理解的差异性问题，那么本书第四章中，我希望通过今天能够观察到的在象征系统中的文化实践，探讨多种文化如何在区域结构过程中产生借用、交叉与相互渗透，从而探讨区域的意识建构以及文化的历史化过程等相关问题。本章首先以富禄乡葛亮寨为例，讨论该侗寨中本由闽粤移民在特定时间所带来的天后、关帝信仰，如何被侗寨居民所接纳，并参与到与之相关的祭祀活动之中，而本地侗寨居民又如何对这些外来神祇进行再解释与再创造，改造神祇信仰的意义内涵，使之能够包容不同人群的文化分歧。除此以外，还探讨了寨中所出现的孔明庙、孟获庙以及侗寨原有的萨坛等各具差异的神圣空间，又以何种方式共存，人们如何解释不同神祇之间的关系，以及如何运用神话传说以及仪式实践进行象征层面的相互沟通。通过这一章内容，我希望探讨的是在区域结构过程中，不同的人群如何在文化层面进行互动并产生观念流动，从而形成具有意义分歧但却整合的

区域意识。

在第五章中,上述区域文化表述有了更为统一的象征性沟通渠道,即至今仍在举办的富禄花炮节。花炮节在富禄分为三次,每年分别以"二月二"、"三月三"和"三月二十三"在不同空间中依次进行。本章希望探讨,原为清末富禄闽粤移民所举办的三月二十三"妈祖诞",如何衍生为三个不同时间和不同空间的"花炮节"。我将呈现节日内涵流变过程,以及呈现不同时空下不同人群的节日观念嬗变,进而探析地方文化创造的动态过程。本书也将关注当下,当"三月三"富禄花炮节被官方赋予"侗族传统文化"的新标签并发展地方旅游后,人们又如何对花炮节进行再解释,并关注随着交通的变革与进城务工的社会变化,花炮节又如何持续变迁。通过此章的讨论,本书希望借花炮节这一文化上的变迁来思考区域的动态性与流变性。

最后的结论部分,则是基于以上各章节内容进行总结与反思,进而对"区域"概念及相关问题进行思考与讨论。

第一章　都柳江流域开发与富禄商业化

　　都柳江属于珠江水系，发源于贵州省独山县，一路蜿蜒而下，在汇聚贵州、广西界内诸多支流之后，于广西三江与寻江汇流注入融江。都柳江航道疏浚原是清代中央王朝开辟新疆域、加强西南地区控制的重要组成部分，然而航道的开通，其意义不仅仅为中央王朝在都柳江流域建立起了统治秩序，更值得关注的，是航道对都柳江流域内经济交换、社会关系、生活方式等各个面向所产生的冲击与影响。航道疏通后，富禄因其有利的交通位置逐渐成为区域内商品转运之要埠，以闽粤籍为主的商业移民自下游溯江而上，进入富禄经商并最终定居下来。在现代公路兴起之前，都柳江航道一直是重要的交通干道，两岸人群的出行、商贸、社会网络都与这条水道有着密不可分的联系。

　　都柳江流域的开发及航道的疏浚是本书讲述富禄故事的背景和起点，以富禄为中心，都柳江水道与纵横交错的陆路网络因人与物的流动联系成为一个整体，新的区域社会秩序与内部关系在人群的互动中被建立并被不断调适。富禄地方汇集了从下游溯江而上的商业移民，与如今被称为"侗民"和"苗民"的人群一起，构成富禄的主要人群，复杂的人群构成与丰富的文化体系正是形成富禄精彩历史的基本要素。

第一节　都柳江航道疏浚与水道商业网络

　　都柳江的"都柳"之名定于新中国成立之后，特指从独山县

第一章　都柳江流域开发与富禄商业化

至广西三江县老堡口河段，流域面积约11326平方公里，纳入寻江后被称为融水，至凤山与龙江汇合后称柳江，至石龙三江口与红水河相汇后称为黔江，最终注入西江、经珠江入海。在被称为都柳江之前，这段江水还拥有其他几个名字，如宋朝时古州①至老堡河段被称为"王江"，明朝时被称为"福禄江"，民国末年所修《从江县志》中记载，都柳江原名福禄江："自溶江来，直贯全境。南流广西长八十公里，水势浩荡，舟楫畅通，上溯可达三都，下驶则至香港。"② 而在广西三江县所编志书之中，都柳江又被称为溶江：

> 溶江源出贵州三合境，自西流来，经本县西端梅林之石碑村入境，曲折东流，至该乡之东北隅，八洛江自黔之从江县北来注之。受八洛江水后，东流，经匡里青顶，历富禄滩，至堂皇河口。大年河自黔境南来注之，又东流，经诸葛亮寨，过诸葛营滩，抵富禄。高安乡公所对面敲头滩，黎平县境之水口河自北来注之，又东流，过浪泡滩，经涌尾乡，至洋溪乡，过洋溪滩。至南江口，受南江水，又东，过浪板滩，至腮江口，受腮江水。又东，至良口乡之产口，孟团江（即平江）自北流来汇。溶平汇后，汇寻江南流，称怀水。③

可见，都柳江是很晚近才有统一的江名，历史上在两岸居住的人群对其称呼不一，在书中田野点广西三江县富禄乡，人们日常生活中习惯将门前这条流经的江河喊作"溶江"，在当地一些耄耋老

---

① 今贵州黔东南自治州榕江县。
② 贵州省从江县志编纂委员会编《从江县志》，贵州人民出版社，1999，第736页。
③ 三江侗族自治县地方志编纂委员会翻印《三江县志》（民国35年）卷1，2002，第19页。

037

江河、商镇与山寨：都柳江下游的人群互动与区域结构过程

人的回忆中，门前这条河流也以"溶江"之名出现，"溶江"实际特指都柳江下游流域，包含了由老堡至石碑河段，全长约83公里，自上而下流经梅林、新民、八洛、匡里、葛亮、富禄、高安、波里、勇伟、洋溪、大滩、良口、产口等13个村镇。虽江名稍有差异，但很长一段时间以来，这条蜿蜒流淌的河流都是人们赖以出行和货物运输最为重要的航道。然而都柳江河道并非一直如此舟楫畅通、往来无碍，相反，在过去到处是险滩怪石、难以通行，经过清代以来的屡次河道疏浚，才得以通航，而都柳江河道疏通的历史实际与清代中央王朝对西南地区的开发历史息息相关。

明清时期，中央王朝开始致力于对西南地区疆域的拓展，贵州与云南进入了其视野，其中，贵州又因其重要的战略价值和独特的自然环境而成为王朝国家拓展疆域的重点。明朝初年，朝廷致力于扫清元朝在西南地区的残余势力，建立地方政权；洪武初年，明王朝在西南地区"开屯设堡"，实行"拨军下屯，拨民下寨"，并以"改土归流"为核心，逐步将西南地区纳入王朝国家统治范围之内，这一进程为清代在西南地区的进一步开发奠定了坚实的基础。清代雍正年间，王朝政府开辟"新疆"，设立"新疆六厅"，囊括了今天的整个黔东南地区，而正是在开发贵州苗疆的过程中，开始了对都柳江河道的疏浚治理。当时云贵总督鄂尔泰在黔东南苗疆推行改土归流，他在《改土归流疏》中说：

> 贵州土司，向无钳束群苗之责，苗患甚于土司，而苗疆四周几三千余里，千有三百余寨，古州居其中，群寨环其外，左有清江可北达楚，右有都江可南通粤，皆为顽苗蟠据，梗隔三省，遂成化外。如欲开江以通黔粤，非勒兵深入，遍加剿抚不可。此贵州宜治之边夷。[①]

---

① 曹树基：《中国移民史》第6卷，福建人民出版社，1997，第152页。

第一章 都柳江流域开发与富禄商业化

此后,清政府进一步加强了对这一地区的管控,逐步将苗民纳入流官的直接统治之下。在这一过程中,为了镇压都柳江上游的"苗叛",贵州巡抚张广泗下令修凿都柳江航道"以济军需",使古州一带得以开辟。

> 都江南接粤境,向因顽苗盘踞,各寨巢穴弃诸上游之界外,据乎三边之腹心,故顺则一水可通,逆则多方中阻。历代相沿为患已久。雍正七年题报在案,清水一江,虽已黔楚通行,而都江一带,皆阻以生苗,如来牛、摆调之类,皆以一大寨领数十百小寨,甚为凶顽,最称难治。欲使都江开导,直达粤西,非勒兵深入,通□各寨,亦剿亦抚,则其势必至阻挠,清理终难就绪,苗众效尤,将贻后日之患。河道□阻,更属切近之忧。是以臣调两省之兵,竭三年之力,都江河道开通,相应备叙。……都江一水,在古州诸葛营之南,由诸葛营而西为上江,来自黔首之都匀,由诸葛营而东为下江,直达广西之柳庆,遂檄按察司张越、艾英绍、周嘉宾通勘上下两江,上自三角□至三洞,下至诸葛营至溶洞,浚浅滩,碎险□,伐巨林,凿怪石,舟楫上下,邮递往来,无有阻碍,建城设镇与打略、拉览各地,或营或汛,声势联络云。①

雍正八年(1730),清政府调集广西军对古州地区的苗人进行镇压,并组织地方上的土司率士兵对都柳江航道进行疏浚,使得河道可通舟楫,沿河纤道也顺畅无阻。雍正九年,清政府为了从广西运粮食进入贵州,云贵总督鄂尔泰又组织清军治理都柳江独山州三脚屯至三洞段,以及古州之诸葛洞至溶洞段,疏浅滩、伐恶木、

---

① 民国《三合县志略》卷5《水道·附鄂尔泰奏开都江河道疏》,中国方志丛书本,第85~86页。

江河、商镇与山寨：都柳江下游的人群互动与区域结构过程

铲怪石，保证了粮运的畅通，同时也使"粤盐得行于黔，设总埠于古州，而分子埠于黎平诸郡县，闾阎无食淡之患。商贾日众，南海百货亦捆载而至，古州遂为一都会"。① 雍正十三年打通古州运道：

> 县内从梅寨可沿福禄江（今溶江）逆流而上可达古州（今榕江县城），但地俱生苗，商贩裹足不前；是年广西官兵会湖南、广东、四川兵征"古州蛮"，需运军饷、粮食随行，负责运务的天河县知县吴正一，侦查河道情况，雇请当地苗人为向导，率领船队至古州等地，从此古州运道打通，成为黔桂交通孔道。②

乾隆三年（1738）八月，贵州总督张广泗奏请开都柳江航道：

> 黔省地方，镇远以上，自昔不通舟楫。查自都匀府起，由旧施秉通清水江，至楚属黔阳县，直达常德；又由独山州属之三脚屯达来牛、古州，抵粤西属之怀远县，直达粤东，乃天地自然之利。请在各处修治河道，凿开纤路，以资运而济商民。③

今天在富禄上游一公里处的大年河口巨石群中，我们还能模糊见到一块靠河床的巨石，上面铭刻了清乾隆三年仲秋（农历八月）的疏浚记录，全文为：

---

① 吴振棫：《黔语》卷上，贵州人民出版社，1992，第333页。
② 三江侗族自治县志编纂委员编《三江侗族自治县志》，中央民族学院出版社，1992，第3页。
③ 《清高宗实录》卷74，台北：华文书局，1970。

第一章 都柳江流域开发与富禄商业化

> 此处去平矶头巨石
> 并下川门滩
> 俱已修过①

嘉庆年间，清王朝又先后几次对都柳江进行治理。经过雍乾及嘉庆时期的屡次疏浚，都柳江的河道得以疏通，船运也因此展开。可见，从清代起始的治理都柳江、疏浚清水江等河道的工程也许更多是出于政治因素的考虑，主要为满足军事或者"皇贡"的需要，却客观上加速了流域内的开发，特别是促使当地经贸活动活跃起来，并形成了一个连通区域内外的市场。自都柳江疏浚河道之后，广东、广西、湖南、福建等地的商人陆续迁入，他们主要沿都柳江主河道及其支流溯江而上，聚居并开展经营，外来商人移民以及屯民的进入，使得都柳江流域不仅被纳入王朝的版图之中，更被纳入更大一级的市场网络和更广泛的区域联系之中。水道的流动性使地方社会原有的村落联系和人际交往扩展到了更大的空间范围之中，其基本的社会生活单位，也因江河网络与市场活动而由村落逐渐扩大到区域，人们在更大的地理空间范围内发生互动往来。

民国年间，国民政府也计划对都柳江进行整治，却因为种种原因未能实施，但这并未影响都柳江在这一时期发挥它至关重要的作用，甚至迎来了它繁盛的顶峰。贵州省所拥有的有史以来第一辆汽车，就是用船经柳州通过都柳江航道运往三都的；抗日战争时期，都柳江河道成了战时货物运送的重要通道，外援物资源源不断地通过都柳江航道，由南宁进口，途经贵阳运往重庆，为中国内地输送所需，成了给养后方的一条重要动脉。再加上抗战时期，由于东南沿海地区受战乱影响，大批移民向内地迁徙，到都柳江下游沿岸的

---

① 赵东莲主编《三江文物：三江侗族自治县第三次全国文物普查成果汇编》，广西科学技术出版社，2012，第46页。

江河、商镇与山寨：都柳江下游的人群互动与区域结构过程

古宜、富禄、林溪、良口等城镇谋生避乱，使得上述地方市场更为繁荣，由广西柳州运到湖南的食盐以及由湖南运到柳州的桐油、五倍子等土特产，都需要通过都柳江航道进行运输，而国民政府也设立了专门押运食盐的武装力量，从上游运送桐油运往长安、柳州等地。① 据记载，直至1941年，富禄有商船407艘，载重量约1383吨。由于当时主要依靠人力驱动船只，行驶速度较为缓慢，尤其是逆水行舟更为费时，以广西三江富禄到下游融安河段（约100公里）为例，行船所需时间据记载如下：

融安至富禄：上航　春4天　夏7天　秋7天　冬9天
富禄至融安：下航　春2天　夏3天　秋3天　冬4天②

都柳江上的木船运输需采取分段接力运输，一般分为融安至富禄、富禄至贵州从江、贵州从江至贵州榕江三段。丰水期时，融安到富禄河段载重量最大，为4~5吨，而从江至榕江最大载重量仅为1~2吨。至于都柳江水系支流的运输，如富禄的大年河支流，深水时摇桨撑篙，若遇浅滩，则需下水推船，或者拉船上滩，最大载重量在400公斤左右。新中国成立后的1953~1957年，都柳江经贵州省交通厅与珠江航运局的联合疏浚，贵州榕江县城下游可常年通行20吨机动船，上游可通行8吨木船，机动船可季节性通行。1983年，上游贵州榕江县头塘村建成红岩电站拦河坝，因无过船设施，航道被阻断，加之公路交通的发展，主要运输形式发生变化，都柳江航道长途客货运输开始日渐萧条。

由上述河道疏浚历史可见，在现代交通形式尚未出现之前，都

---

① 参见三江侗族自治县民族事务委员会编《三江侗族自治县民族志》，广西人民出版社，1989，第12页。
② 张燊忠：《富禄乡各历史时期的交通状况》，朱慧珍：《富禄百年——客家人与少数民族共生共荣关系考析》，第121页。

第一章 都柳江流域开发与富禄商业化

柳江水道一直是贵州苗疆腹地对外联系和互通有无的重要通道。河道的开通也为这一区域带来了各种变化，此种变化，从地方人群的日常生活之中即可体现。其中一例为经过河道治理后，贵州黎平府的人们可以不必食用从遥远的淮盐盐区引进的盐巴，而是改食由广东省河贩运来的海盐。这些海盐由外地商人，尤其是两广及福建籍商人通过都柳江航道运销至黔东南。有记载，雍正十年：

> 广西委官商吏目刘仕龙押运生息余盐入古州试销。广东委余文耀拨帑盐一封领运古州再试销。[1]
>
> 乾隆五年（1740）于古州设盐务总埠，领丙妹、下江、三脚屯子埠。[2]

除去从外地输入食盐以外，居住在都柳江两岸山地的苗民也开始将杉木伐下，运往两广出售。有记载：

> 乾隆三年（1738）八月十一日，张广泗奏请疏浚都柳江河道。此后，水路畅通，两广木商入境采购，贸易始兴。[3]

自都柳江河道畅通后，木材贸易便不可阻挡地展开了，两广、江浙等地的木行木商陆续来到都柳江流域采购木材。民国时期木材市场最活跃的时段为1931~1945年，这一时期中国的战乱以及铁路铁轨的铺设使得木材的需求大增，因此经营额也呈上升趋势。可以说，从清代到民国年间，都柳江两岸的木材生意十分兴隆，两广木商驻境收购，每年都有大批杉木沿都柳江运往广西柳州、梧州和广东地区。木材贸

---

[1] 贵州省榕江县地方志编纂委员会编《榕江县志》，贵州人民出版社，1999，第1页。
[2] 贵州省榕江县地方志编纂委员会编《榕江县志》，第2页。
[3] 贵州省榕江县地方志编纂委员会编《榕江县志》，第2页。

江河、商镇与山寨：都柳江下游的人群互动与区域结构过程

易带来的并不只是都柳江主航道上的市场繁荣，而是将各支流也整合到了这一区域市场网络之中，今天称为"苗""侗"的土著也借木材的栽种、买卖参与到了市场活动中，与外地商人发生接触。都柳江航道的疏通，大大拓展了苗疆地区能够联结的地理范围，都柳江流域经由江河贸易跟更宽阔的社会联结了起来。

食盐与木材是都柳江上贩运的大宗货物，随着都柳江流域的疏浚，其他各种货物在区域之间也开始互通有无，其中包括大量从沿海地区进购的布匹、铁器，也包括都柳江地区输出的茶油、桐油、生猪以及其他山货。结合当地人的回忆以及文献可见，烟土也曾是流域内一种重要的贸易货物。由于都柳江地区山地土质适合栽种罂粟，因此有不少从两广来的被当地人称作"老板"的商人收购烟土进行加工，当时的贵州龙图①便是罂粟种植的重要区域。大量的烟土也因此沿都柳江被贩运至下游，清末同光年间，三江地方官府也曾借烟土贸易征税以增加财政收入；到了民国时期，古宜、林溪、富禄等地均设有烟馆，政府从中抽取"烟灯捐"，实质上在一定程度上默许了烟土生产运销，而贩烟可观的利润也驱使农民在地方上进行罂粟种植。由上述流通的货物可见，以食盐、木材为主，各种山货日用品为辅的商品沿江开始流动起来，而都柳江流域也在此过程之中加快了商业化的发展。

历史上不同时期对都柳江河道疏浚的原因各异，最初的河道疏浚是清政府为了开拓疆域的"官需"，而疏浚的直接结果是加强了都柳江地区和闽粤沿海地区的交流，使它成为一条流动性极强的商道。以货物为中介的联系将不同的人群汇集到市场中，使都柳江地区迎来了几乎是有史以来最大的一次冲击，并从市场层面延展到当地日常生活的方方面面。航道疏通带来了富禄地方市场的繁荣，布匹、盐巴等商品以及黔东南的木材、土特产等在富禄集散，同时富

---

① 龙图在贵州省从江县境内，位于八洛河支流、都柳江以北，与富禄往来较频。

第一章 都柳江流域开发与富禄商业化

禄也成了商人们进入西南腹地、苗疆地区的必经之地,大量商业移民在此汇集。直至今天,富禄乡仍有一部分人被称为"客家人",[①]即清末民初陆续从广东或福建迁徙而来的移民后裔,民族成分为汉族,使用语言为客家话,主要集中居住于今天的富禄居委。[②]

"富禄"的地名在当地是不寻常的,与周围典型的苗侗村寨名称相比,其外来属性就名称上而言就较为突出。实际上,"富禄"这一地名的确是外来移民到来后形成的,至今当地的苗侗方言中所指称的"富禄"另有其名,而"富禄"名字的由来,也与门前这条江河有着密切的关系。当地的移民后裔告诉笔者,正是因为过去都柳江下游被称为"福禄"江,因此久而久之此地也被称为"富禄"。笔者虽无法探究这一说法的准确性,然而足以见得都柳江对富禄一地的重要性。在没有公路的时代,富禄到县城古宜[③]需要沿羊肠小路步行,多次渡河行走60公里,按从上游至下游顺序途经高安、勇尾、洋溪、大滩、良口、产口、和里、泗里等村寨;而从富禄到上游贵州从江则需步行40多公里,由下游至上游顺序途经青顾、匡里、浪泡、新民、平厘、梅林、丙梅等村寨。每当洪水季节,支流小河水位暴涨,需溯支流上段拐路通过,行程更为艰难,步行从天亮上路,到天黑投宿,一般一天只能行走30公里左右。随着河道疏通与运输网络的形成,因富禄正位于都柳江水道黔桂两省交汇之处,北可由陆路达贵州黎平府,西可沿水路前往古州、丙

[①] 在都柳江汇入的西江流域,较大规模的广东、福建籍移民迁徙历史可追溯到明代中期,由于两广米粮贸易的发展,商人陆续进入浔梧地区开铺经营,而从乾隆中期开始,随着珠三角冶铁、纺织、采矿、陶瓷业的兴起,大批新移民又再次进入西江中游,其中也包括客家人。相关研究请参见陈春声《市场机制与社会变迁——18世纪广东米价分析》,中山大学出版社,1994;唐晓涛《三界神形象的演变与明清西江中游地域社会的转型》,《历史人类学学刊》第6卷第1、2期合刊,2008年。

[②] 今天的富禄居委有4个村民小组,共400多户,包括由湖南、江西等地来此的商人移民。

[③] 古宜,广西三江县的旧称,至今当地人仍习惯称三江县城为古宜。

妹、永从等地，东接广西怀远县顺流而下至广东，南有大年河连通苗山腹地，逐渐成了一个由江河体系与陆路相交织的区域市场集散中心。

由上述可知，我们所关注的富禄历史与都柳江历史乃至国家在西南苗疆的举措有着千丝万缕的联系，河道的疏浚为富禄所带来的不仅是必需的"盐"以及当地人所未见过的"洋货"，更带来了新的人群——"客家人"等外来商业移民。商业的发展与新人群的出现，会为富禄地方社会带来怎样的变化？新的人群关系、社会秩序如何建立？不同的文化体系如何碰撞？在新的要素产生之下"区域"如何得以建构？这些问题都随着都柳江航道的开通接踵而至，这是笔者所选取的富禄故事的开始。需要强调的是，笔者并不认为"富禄"在河道疏浚之前就无"区域"、无"历史"，只是都柳江的航道疏浚以及富禄商业化的开端为我们提供了观察与讨论的一个契机，在一个有能力追溯的时间范围内就这一问题进行探析。

第二节 汇聚富禄的人与物

如上节所述，都柳江航道的开通带来了新的商品与人群，也将富禄地方纳入了更为广阔的市场体系之中，然而新的人群到来与定居，以及商品的运销和商铺数量的增加实际上是一个缓慢和逐步的过程，且这一过程也并不浪漫，穿插其间的是人群相互之间以及人群内部的博弈。今天我们虽然无法回到那个时代还原当时人们的生活细节，但是通过今天人们的记忆，以及至今所流传的迁徙故事与定居故事，我们仍可以去理解和把握这一历史过程，看到都柳江疏浚后人与物流动之初，地方社会面临怎样的境遇又经历了怎样的变化，而富禄又在市场网络中扮演了怎样的角色。

第一章 都柳江流域开发与富禄商业化

一 "人群总要归寨,鸟雀总要归宿"——清末富禄人口流动与历史传说

河道疏通所带来的人的流动以及互动,首先产生的是居住格局的变化:一方面,联通内外的都柳江水道为地方带来了陌生人,富禄市场的发展与移民的定居实际包含着对新的社会秩序的要求,这些新的变化势必会在空间上得以呈现;另一方面,当地"苗""侗"居民的生计模式也发生了嬗变,生计模式与经济活动的改变,又反过来调整了空间格局。

今天富禄居委所居住的主要人群为闽粤移民后裔,其民族身份被划分为"汉",然而最初在富禄开寨居住的却是"苗"。据人们记忆,富禄原本并非一个人声鼎沸之地,最初在这里开寨居住的是今天的苗族的先民。苗语称富禄为"养蓊",意为"寨塘"。据当地人描述,这些苗族先民原本住在河边,随着后来区域社会的变迁与移民的进入,苗族开始慢慢失去了河边的居住空间,渐渐移居至"塘斗"[①]一隅。而后随着富禄商业化的发展,来到富禄的闽粤籍商人并无房屋或土地,只能租苗民家屋最底下一层开铺经营,又因富禄市场交通位置极为理想,越来越多的移民被吸引到此,并逐渐在贸易活动中占据了主导地位,加上移民自身的社会整合与市场秩序的形成,原本居住于此的苗民慢慢被排挤在市场之外,也渐渐失去了对富禄的控制而被迫迁移。苗民迁徙的过程与商业移民到来的进程几乎是同步的,其迁徙的原因则是我们在该地区多次听到的"赊借"故事。传说移民陆续来到富禄,多数从事商业,因此现钱也多,每当青黄不接的时候,移民商家总会借粮食给苗民,而后由于利滚利无法还债,苗民则被迫用地抵押,最终失去了在富禄的居住权。这是一个描述移民,尤其是商业移民入驻过程的模式化故

[①] 即位于今富禄乡政府旁的福禄小溪西面山坡之上。

江河、商镇与山寨：都柳江下游的人群互动与区域结构过程

事，也是诸多学者所提出的商人移民进入边疆地区所普遍经历的一个过程，即"边疆经济的货币化以及市场的缓慢扩大使地方原住民与这些商人移民建立了一种依赖性较强的关系。当地对商品的需求经常会超过当地输出商品的供应。因此，部落民会用赊欠方式购物，商人会鼓励他们抵押土地和财产，很快就形成了一个对当地社会有破坏作用的债务链"。① 而如今仍然留在富禄地方人们头脑中的迁徙故事，正是这一入驻过程的生动例子。

今天"塘斗"地名已不复存在，人们换而称之为"岑牙坡"，因为这部分苗民大约于清光绪年间最终搬出富禄移居山中，形成今天他们的后代仍旧居住的"岑牙村"，隶属富禄苗族乡。而"岑牙坡"的地名，则包含了人们对这里居住过的苗民的记忆。

虽然苗民搬离了富禄，然而岑牙与富禄的关系却非常要好，直到解放前，富禄江边的一段河塘仍为富禄与岑牙共同拥有，被称为"龙塘"。相传龙塘由于水极为深邃而有神龙居住，岑牙的苗民仍有下山到龙塘里打鱼的权利。这样的习惯后来逐渐演变成了一种仪式，那就是如今被人们称作"闹塘求雨"的仪式，该仪式最后一次举办是在1958年。"闹塘求雨"仪式是在干旱的季节，在富禄和岑牙两地的寨老共同商议的日期，由富禄人先到龙塘边，等候岑牙苗民的到来，相传若岑牙苗民未能到达，则富禄人不能擅自开始仪式，待双方人都到齐后，由特定的仪式专家在塘边举行一系列的流程，并将茶麸撒到塘中。相传该仪式只要举行后几个时辰便会下雨，且茶麸会让塘中的鱼漂浮起来，人们再将鱼进行打捞，最后由富禄、岑牙平分后各自带走。

苗民虽已离开富禄，然而关于地名和仪式的记忆仍留在富禄并相传至今，今天若在富禄问起岑牙村，人们总会带你来到富禄某个

---

① 〔美〕韩书瑞、罗友枝：《十八世纪中国社会》，陈仲丹译，江苏人民出版社，2008，第122页。

第一章 都柳江流域开发与富禄商业化

开阔之处,遥指东面高山上隐约浮现的寨子,讲述岑牙的故事。岑牙主要姓氏为廖,其余有潘、滚等姓。然而在岑牙村中,人们关于"古老"的记忆却已模糊,只记得岑牙是有一片坡在富禄被称作岑牙坡,而对于先民最初是如何离开那里的,却知之甚少。关于苗民离开富禄的时间,一段富禄与贵州云洞地权纠纷的历史,可让我们得以判断。

> 怀远的富禄与黔省之云洞,相隔三十余里,其江南一带地土相连,两地在过去常为耕作而闹纠纷。雍正八年(1730),经右江道周人骥奉委员会同古州道孙钧往询,查云洞苗石香田控争大水两冲之田八百零三把,俱无确实,即富禄苗坚供有侗悬田二百四十四把,亦无凭据,应仍照永从怀远两令原报八百零三屯之数折中,断给云洞苗田四百屯,内除附近云洞之续告田六十屯,听云洞苗自耕外,余在富禄寨之田三百四十屯,仍令富禄苗佃种,每年租禾一百七十把,每把重四十斤。秋收令云洞苗禀明永从县关移怀远县交收,不得擅行过界滋事。①

可见,富禄苗民陆续离开富禄的时间,不会早于雍正年间,到了光绪年间,这一迁徙过程才得以完成,而这个过程,也是商业移民逐步到来的过程,而岑牙苗民居住空间的变化实际是一漫长的过程。

水道的贯通的确在第一时间给当地社会带来了冲击,与移民的出现、居住空间的转移、生计模式的调整交织着的是经济交换、社会关系以及生活方式等面向结构性的变化。但当我们对土著与移民商家之间的关系进行考量时,就会发现区域社会的变迁实则是一个

---

① 王锦编纂《柳州府志》卷30,出版者不详,1956。

江河、商镇与山寨：都柳江下游的人群互动与区域结构过程

不断调适的动态过程，即使是移居山中居住的岑牙苗民也在新的情境下，积极运用自身资源与文化手段与富禄保持微妙的联系，并将其纳入区域社会新的联系之中。虽然入山的苗民看似为一种"被驱逐"和"被边缘化"，但苗民与移民之间并非简单的对立和失衡，二者在接触之初的经济往来和"土""客"身份认同继续延伸到了彼此之后的关系里。搬至高坡后，岑牙苗民与富禄商家在随后的木材贸易中逐渐建立起了较为紧密的关系——岑牙坡上的杉木山几乎悉数被富禄一福建籍赖姓商家买下，直至今天，岑牙的一些山名还沿用了当时该商家的命名，而赖家每年清明节也需前往葬于岑牙的先人墓冢挂亲。虽然今天已无法追溯他们经济上的具体联系，但二者的关联性也体现在对外防御方面，在富禄与其他村寨发生的几次冲突事件中，山上的岑牙苗民都会出手相助，至今富禄仍流传着岑牙寨的人勇猛、打架厉害的说法。

　　当航道疏浚基本完成后，由广东、福建，沿西江向上游迁徙的"客家人"，陆陆续续来到富禄。在都柳江汇入的西江流域，较大规模的广东、福建籍移民迁徙历史可追溯到明代中期。由于两广米粮贸易的发展，商人陆续进入浔梧地区开铺经营，而从乾隆中期开始，随着珠三角冶铁、纺织、采矿、陶瓷业的兴起，大批新移民又再次进入西江中游，其中则包括"客家人"。[①] 客家人在当地也被称为"麻介人"，[②] "麻介人"这个名称来自当都柳江区域外来人逐渐增多后，当地土著以某个人群所使用的方言所指代的"那群人"，如来自湖南的移民则被称为"噶湖南"，[③] 来自贵州的移民则被称为"噶贵州"，对于广东、福建籍的移民，持粤语的移民被称

---

① 相关研究请参见陈春声《市场机制与社会变迁——18世纪广东米价分析》，中山大学出版社，1994；唐晓涛《三界神形象的演变与明清西江中游地域社会的转型》，《历史人类学学刊》第6卷第1、2期合刊，2008年。
② 在方言中，"介"字读"盖"音。
③ "噶"，在侗语中即为"汉人"的意思。

第一章 都柳江流域开发与富禄商业化

作"噶逛",而持客家话的移民由于爱使用"麻介"这个词,① 则称讲客家话的移民作"噶麻介"。②

富禄客家人的祖先一部分从广东嘉应州迁来,一部由福建上杭、永定等地迁来,清初至三江定居,多居住在街镇从事商业活动,少数住在农村从事农业活动。在三江县境内的迁徙路线通常是从丹洲沿榕江上至老堡,而后分别溯榕江上良口、洋溪、富禄。如今的富禄居委,则聚居着大部分客家后代,姓氏有赖、朱、廖、李、温、王、罗、谭、邱、陈、郑、丁、俞、伍、黄、夏、许、桂、邓、蒋、徐等,而其中又以赖、朱两姓为最多。

在如今富禄居委客家后裔的记忆中,还保留了诸多祖先定居富禄的故事。八十多岁的沈葆华对笔者讲述了沈家定居的过程:

> 最早到富禄来的是我公太,我们沈家在福建漳州本有三个公,后来在福建找不到活路,要讨生活,一个公去了湖南,一个公来到这里,剩一个公留在漳州。公太才来富禄的时候开铺子做生意,主要卖点木头、盐巴、百货。本来公太不打算定居富禄,只是想赚得点钱就转回漳州老家去。有一回,他放了好大一批木头,打算放排到下游转卖,换得这笔钱就回家,但是木材管理不善,又遇到涨大水,在富禄上游那点就被大水推完去,我家公太又气又哭,最后活活气死在河滩边,其他人就把他埋在滩上了。那个时候我家公太已经娶了媳妇生了崽,讨的是侗家韦家的,所以我家就回不去了,只好留在富禄。③

而福建籍的赖姓人家则于嘉庆年间开始迁徙,其太祖宝堂公率

---

① "麻介"的意思为"什么",例如,"尼弃给识左麻介",意思是"你去那里做什么",由于"麻介"在语言中使用频率较高,遂成为客家人的代名词。
② 该说法来自富禄赖守基所写《赖氏族谱》后所附《麻介话的由来》。
③ 材料来自沈葆华口述。

江河、商镇与山寨：都柳江下游的人群互动与区域结构过程

其弟华堂公、燕堂公从福建高第先来到广西长安、柳州做木头生意，后来到葛亮、富禄开铺子，当时的富禄还很冷清，到处都是田地，只有几户人家，赖氏族谱上记载十五世宝堂公时写道："公字学贤讳勋，授府知事，生于嘉庆十三年戊辰十一月初一申时，终于光绪五年己卯正月初六未时寿七旬加二在广西融县长安。"① 又在记载其弟华堂公生平时写道："协同兄弟三人在柳河贩木筏为业，开创万隆字号，咸丰年间在广东佛镇及广西长安埠葛亮寨等建造铺宇，满载荣旋。"② 华堂公长子璞山公死于"柳州排上"，而璞山公的第四个儿子北园公则"寄居广西三江福禄，生于光绪十三年丁亥四月十五申时，终于民国十二年癸亥四月二十二日，葬于福禄高塘山脚寅山"。③

从以上福建籍赖姓族谱的迁徙历史记录中我们可以看到以下几点。首先，移民从足迹踏上富禄土地到最后定居，是一个较为缓慢的过程，从族谱上出现的"满载荣旋""寄居"等表述来看，多数商家最初并没有将富禄作为自己的"家"，早期的富禄对于商家来说，只是一个便于谋生的地点，他们真正扎根的地方实际位于柳州、长安等更高一级的市场。其次，可以从以上材料中对富禄商业移民的时间做出一个相对准确的判断，从移民来到富禄做生意，到定居富禄的过程，大概跨越了从嘉庆到光绪整个时间段。而早期移民经营生意所使用的铺子，则是从在富禄居住的侗民手中租赁的木房。据人们回忆，一些商家来到富禄，往往将土著民居的下面一层租来当门市，再逐渐购买置办土地，最终获得居住富禄的权利。广东籍赖姓族谱上也记录下了这段历史。

---

① 由于笔者未能搜集到富禄福建籍赖氏族谱，有关富禄福建籍《赖氏族谱》材料转引自朱慧珍《富禄百年——客家人与少数民族共生共荣关系考析》，广西民族出版社，2007，第6页。
② 转引自朱慧珍《富禄百年——客家人与少数民族共生共荣关系考析》，第6页。
③ 转引自朱慧珍《富禄百年——客家人与少数民族共生共荣关系考析》，第6页。

第一章　都柳江流域开发与富禄商业化

清道光年间，以经商自广东迁至广西三江古宜（原怀远县古泥）落居，并买下宅地基，位于现古宜镇长西街，后遭兵燹，房屋化为灰烬，兄弟数人即移居香粉冲（在今三江境内，平辽上游之长安口），从事商业，尔后又出于兵匪作乱，无法安生，七房欢发公重返古宜安家（后裔有二十二世赖冰、赖静，二十三世赖锡康等，已发展至二十五世），八房步瀛公，吾祖超瀛公，最后移居富禄。此地位于黔桂交界，系贵州边境上百村寨之乡民，商贾来往之汇集口，颇好谋生之地，于是便在此定居，与侗民廖氏买下宅地基。另据相传，移居富禄赖氏，除吾先祖清道光间从广东嘉应州先移居来之外，还有从福建永定县福雷乡高第村等地，移居富禄葛亮村，清光绪二十五年间再迁过富禄。再据沿传，十九世欢铭公（其后裔二十一世炳林），由广东原移居融县长安，后遭偷窃，盗贼受伤后，结下深仇，伺机报复，欢铭公为避事端，嗣迁贵州古邦，难以谋生，继而再度移居富禄八百街，最后迁至富禄正街。相传广东家乡人士，闻知广西富禄易于谋生便纷至沓来，清末年间，赖氏人家在富禄计有一百多户（占当时总户数的四分之一）。①

在中央王朝对西南地区开发的大背景下，都柳江河道疏浚的过程伴随着大量的迁徙故事，通过保存在空间中的地名、传说的故事以及移民族谱，我们可以得知今天富禄复杂的人口构成是在怎样的历史背景之下形成的。可以想见的是，随着都柳江河道疏浚带来的移民与富禄市场的产生，富禄人口与商品的流动日益活跃，族群组成更加多样化，这些变化给富禄带来了新的面貌，原来生活在富禄

---

① 材料来自赖守基所记录的富禄广东籍赖氏家谱——《历代系谱籍》，第8~9页。

江河、商镇与山寨：都柳江下游的人群互动与区域结构过程

的当地人的居住空间发生了实质上的变化，他们需要与移民分享共同的空间，甚至离开富禄，而人口的流动又必然伴随着文化的流动。除此以外，无论是外来移民还是当地人，都需要面对自己所不熟悉的文化。原来的区域结构开始被打破，区域中新的社会联系亟待重新建构。

上述外来移民的迁徙历史，我们大致可以通过族谱、通过文字的记载得以分析，然而今天被称为少数民族的当地人也认为自己的祖先是以移民的身份进入都柳江流域的。他们通过歌谣的方式，将其头脑中的迁徙传说和历史记忆进行表述，我们从一首在都柳江流域流传甚广的侗族古歌《祖公上河》中，得以窥见侗民对地方的认识。

> 高山泉水润心胸，喝水不忘老祖宗。
> 侗族祖先哪里来？古歌里面有传诵。
> 侗族祖先住广西，侗族祖先住广东。
> 那里人群太兴旺，山川广阔地难容。
> 梧州地方虽然好，水在低处田在高。
> 我们祖先不会做水车，低水难救高处苗。
> 种田禾不壮，种地棉不好。
> 劳累一年汗洒尽，穿不暖来吃不饱。
> 日子实在太难熬，苗侗祖先相邀往外跑。
> 逃往何处去？还是上游好。
> 女的丢开麻地，男的丢开田园。
> 沿着江河上，来到外乡一寨边。
> 那个寨子实在宽，方圆几里有炊烟。
> 寨脚田坝五百把，寨头田坝超五千。
> 燕子高飞寻落处，马跑千里要歇鞍。
> 苗侗祖先进寨细询问，寨子别人早住满。

第一章　都柳江流域开发与富禄商业化

寨大田好不能留，只好继续往前赶。
上了四月春水涨，沿河搬迁难上难。
侗族祖先细商议，砍木造船闯难关。
侗族祖先砍楠木做船，苗族祖先砍枫木做船。
楠木船轻上得快，枫木船重上得慢。
侗族祖先前面等，苗族祖先后面赶。
侗家祖先结伴走，兄弟情谊万代传。
路长日久会分散，苗族祖先把话谈：
"你们走得快，我们走得慢，
遇到岔路口，立标在河滩，
有标做记号，我们会团圆。"
侗族祖先过富禄，留下草标在河滩。
恰巧一对野猪过，碰倒草标拉到河对岸。
苗族祖先后赶到，不见草标在河滩，
四处寻找才发现，草标靠岸指上山。
苗族祖先下了船，分成几路上了山。
一路上高埂、高汗，一路上宰便、东朗，
一路上摆亥，一路上滚堂。
我们侗族的祖先，前面弯船等三天，
不见苗族祖先到，急得度日如度年。
路途遥，路途远，总有一天会见面。
我们祖先含泪把船开，八洛河边上了岸。
抄旱路，翻山岭，我们祖先到皮林，
"这里有田坝，这里有山林，
可以建村寨，留下部分人。"
公奶把人定，大家都赞成。
留的忙建寨，走的赶路程。
翻过高岑、平天，越过邓顺、归良，

江河、商镇与山寨：都柳江下游的人群互动与区域结构过程

> 下到高告山脚，来到四寨溪旁。
> 公奶齐声说："是个好地方，
> 留下一部分人住，依山傍水建村庄。"
> 留的都高兴，走的喜洋洋。
> 人群总要归寨，鸟雀总要归宿。
> 公奶把人分两路，来到同苟、寨修。
> 戊戌年定居平美、平细，己亥年定居高增、银良，
> 庚子年定居岑报、銮里，辛丑年定居归农、弄向。
> 银良住岜扒，银通住小黄，
> 发田住朵比，架雅住布王，
> 金岁、宁吕住朝里，万戈、松印住寨庞。
> 鼓楼建寨中，花桥架和尚，
> 村村寨寨人兴旺，男耕女织乐无疆！①

这首《祖公上河》至今流传在都柳江中下游的贵州省黔东南自治州从江县高增一带。《祖公上河》显示苗侗祖先认为自己也是沿都柳江溯流而上的，其路径与上述客家移民的迁徙路径相仿，歌词中所提及的地名，涉及了都柳江下游区域中的广西三江县，贵州黎平县、从江县等村寨。虽此歌谣不能作为我们判断苗侗土著迁徙的确凿依据，但是一方面可以从中窥见由都柳江疏浚所带来的人口流动趋势与方向，另一方面也提醒我们要注意到在区域社会的变迁中，人的流动不仅仅局限于外来商人，市场、资源及社会关系的变化，同样会引起区域内土著的流动。如富禄市场的兴起，就吸引了都柳江上下游及支流地带的榕江、西山、贯洞、龙图、黎平及广西大年等地的苗侗人群，他们从各地迁至富禄定居，同样参与到了富禄市场的各个环节之中。

---

① 贵州省从江县志编纂委员会编《从江县志》，第 729~730 页。

第一章　都柳江流域开发与富禄商业化

从歌谣可见，人口流动所带来的陌生人和他们手中的新鲜商品，不仅把当地侗族和苗族卷入了市场，更为重要的是将更广阔的空间范畴带入了他们的视野，带来了人的交织与观念的交流。歌谣显示的是当地人对广东、福建沿海地区所产生的关注，甚至将这种关注用文化的方式表达出来。歌谣中所出现的地名和迁徙路径，也代表着当地人头脑中所关注的区域，虽然在缺乏文字传统的苗侗社会中，我们很难对这些迁徙路线、历史传说一探究竟，然而却可以借此理解当地人是如何勾勒区域图景的。

以都柳江航道疏浚为切入点，我们得以追溯富禄兴起的开端。人口的流动构成了富禄地方复杂的人群，成就了富禄的丰富性与多样性，由人口流动所带来的商品流动，使得富禄作为一个重要的商业据点在都柳江流域中地位日益凸显，而因人口流动带来的文化的流动，也使各个文化系统在富禄互相碰撞，从这个意义上说，富禄因流动而成其为富禄。

二　"砍不完的浔江竹，放不完的溶江木"——富禄市场物的流动

伴随着人口流动，货物也在都柳江航道上"随波逐流"。都柳江航道疏通后，富禄成了商人们进入苗疆地区的必经之地，水路可连贵州省永从、古州等地，陆路可通往贵州黎平府，商品物资开始以富禄为集散地向各处销售运输。商人们从下游逐渐深入到都柳江地区沿河经商，从柳州、长安运来的日用百货等商品以及黔东南盛产的木材、大米、药材、土特产等都在富禄汇集。据人们回忆，富禄市场形成后，每天到富禄运货的肩挑工人，每帮在200人以上，每天都有两三帮。他们挑来的有大米、桐油、茶油、烟叶和辣椒，挑去的是生盐、棉纱、布匹、丝绸等百货，市场非常活跃。除了专门从事商品交换的商人以外，也有一些侗族的地主兼营商业活动。物品的流动使富禄开始出现了各种以前罕见的"洋货"，如洋布、

江河、商镇与山寨：都柳江下游的人群互动与区域结构过程

洋伞、洋火，而正是通过这些新鲜的物品，富禄的当地人开始触摸到"外面"的世界。

富禄商业日益发达，市场繁荣，成为当时三江一个重要的经济中心，而当时在富禄经营商业的多为客籍商人，在县志上我们也能看出这样的比较：

>　　土客商人及其资本之比较，大商为广东人，次商为湖南、江西人，又次为本县及各县人，资本以广东人为雄厚，此外诸商大率资本较少。①

20世纪20~30年代，经营资金几千银元的商号，有广东籍的广鸿昌、贞利元、福安昌、赖仁昌，福建籍的朱怡成等。1933年，富禄向外销出的货物价值35万元。30~40年代，除经营资金较多的商号如广鸿昌、赖仁昌等外，还有余福、兴发隆、大同等商号。民国时期，此地还是滇、黔鸦片运往两广及沿海各地的重要线路，烟商往来较多。一些商号除从事正当的商业活动外，也暗地经营鸦片。其中，1930年至1935年间为全盛时期，大小商户约有300多户，之所以在这一时间段内尤为繁华，主要是因这一期间长江一带军阀混战，武汉到贵州遵义一段的水路阻塞，从沪、汉入黔的物资无法运输，而改由广州进货，经梧州、柳州、过富禄，上黎平，转运贵阳，由此造就了都柳江航运之鼎盛。这些外来的商业移民在都柳江流域一方面为自己谋得利润颇丰的生计，而另一方面也推动了都柳江下游流域进一步参与到贸易和市场网络之中，他们所经营的生意甚至是整个都柳江下游流域经济的支柱，《古州厅志》曾记载：

---

① 三江侗族自治县地方志编纂委员会翻印《三江县志》（民国35年）卷4，第262页。

第一章　都柳江流域开发与富禄商业化

  县属市政尚未充实，虽有商场，仅系小铺，摆设货物，亦不能成行成组。各处圩集，开设铺店，均系小本经营，以谋生活。每逢场期，各商人皆手提肩挑，到场摆卖，散场随即担回。城市市廛，尤为萧索，推其原故，实以金融艰窘，购买无力。惟恃俭朴，以善其常。全县所赖以资救济者，惟恃两粤外来之木商耳，木植稍有停滞，则金融即为枯窘矣。①

在富禄交易的货物，除了日用品之外，还有一些大宗商品，例如米、木材与食盐。在都柳江下游的西江流域所进行的经济开发中，从明朝中期持续到清朝中叶，最为重要的是两广米粮贸易。②两广米粮贸易的发展对富禄影响颇为明显，从今湖南靖州县、通道县，贵州省的三都县，贵州省黎平县诸乡镇如龙额、水口、中潮等地，以及从江县各乡镇如贯洞、龙图等地所产的大米，通过木船运输和陆路肩挑输入富禄。而这些与贵州、湖南各地腹地相连的河网交通与陆路网络，正是粮食运输的有利条件，有记载：

  由古宜顺流至老堡由此溯溶江而西，过产口石门，再西上，经良口、洋溪、涌尾、高安、富禄、葛亮、青旗、匡里、梅寨等处，而至县边之石碑。计由老堡至此，约一百五十里，秋冬船载可二千余斤，春夏可四千斤以上。由此再西，入贵州

---

① 贵州省从江县志编纂委员会编《从江县志》，第738页。
② 研究认为，到18世纪中后期，在西江流域进行的两广米粮贸易是珠江三角洲地区高度商业化的粮食市场网络中最重要的组成部分，广西每年向广东提供的稻谷约为300万石。而在这个米粮贸易网络体系中，梧州府和浔州府又处于市场贸易网络中转站的重要位置，由此基础上发展出清代广西最著名的商业市镇"一戎（梧州戎墟）二鸟（平南大鸟墟）三江口（桂平江口墟）"。而西江流域的米粮贸易，对其上游的都柳江流域商业化发展以及经济开发也提供了基础。参见陈春声《市场机制与社会变迁——18世纪广东米价分析》，中山大学出版社，1994；唐晓涛《三界神形象的演变与明清西江中游地域社会的转型》，《历史人类学学刊》第6卷第1、2期合刊，2008年。

江河、商镇与山寨：都柳江下游的人群互动与区域结构过程

境，可上达丙妹等处，此为黔米及本县木料运输之线。①

1933年以前，全三江县每年输入大米约25000吨，而富禄、林溪两集市因粮食贸易兴盛被称为三江的两大米市。三江县境各集镇均有专营或兼营粮油的商号，民国时期就有近400家，而民国时期富禄从事商业活动的大小商店约有200家，其中兼营粮油的商店就有100多家。由于富禄毗邻贵州省产粮诸县，故形成黔桂边界谷米交易运销之商埠，素有"小长安"之称。富禄谷米的来源分为两路：水路由贵州省三都、榕江、从江诸县，通过木船运来；陆路由贵州省黎平县的中潮、潘老、龙额、水口，从江县的洛香、龙图、贯洞、云洞等地，肩挑上市。运输船只每艘载重3～5吨，由水路运来之谷米较为大宗，每日运销量约40000斤，每年的9～12月谷米运销旺季则更多，其时，肩挑上市之谷米，排列成近一里长的队伍，等候米商过秤收购。上市之谷米，除供本地和高安、勇尾、洋溪、平卯、拱洞等乡村销售外，大量运往下游融安、柳州等地。

正因为河网交通与陆路交通将西南腹地与沿海地带相联系，都柳江上游丰富的木材资源，也成了市场贸易体系中重要的一环，居住在山地的农民将杉木伐下运到下游出售。自都柳江航道被打开之后，木材贸易便不可阻挡地展开了。两广、江浙等地的木行木商陆续来到都柳江流域采购木材，而民国时期也是木材市场最活跃的年代，大约在1931年至1945年，当时有一定声望的木行中国海通木业公司除在广州设办事处以外，还在富禄下游融安加设了办事处。木商至都柳江沿岸收购，每年都有大批杉木沿江运往广西柳州、梧州和广东。也正因为如此，广西的梧州、柳州也成了良木批发非常

---

① 三江侗族自治县地方志编纂委员会翻印《三江县志》（民国35年）卷4，第271页。

第一章　都柳江流域开发与富禄商业化

著名的集散地,甚至流行着"死在柳州"之说,意为柳州的木材非常好,容易找到上好的木材打制棺木,甚至在今天,仍可在柳州一带见到微型棺材模型一类的工艺品,可见这一商业河道中木材贸易的分量。

直至民国时期,柳州江面上还保留着一块专门属于浔江与溶江共有的放排区域,足见三江排商在市场中的实力。民国《三江县志》记载:清时,县内老堡以放排为生的蒋觉雄,一次放排至柳州,因河面船多拥挤,木排与船相撞,酿成斗殴,蒋觉雄"手执排招,重约百余斤,长约二丈余,登岸,举招如芥,力敌千人,咸辟易之,控至道宪,蒙判柳州西门外马草坪自四德庵码头以上,专为三江、浔融两河排商停泊之所,于界内撞伤船只,概不赔偿损失,并立碑记,县排商至今赖之"。[①]

对于富禄而言,因为其处在河湾之处,水势到了此处变得平缓,江面开阔,因此特别适宜于扎排放排。在以水运为主的时代,富禄每年杉木交易额甚大,从上游贵州省西山河口至富禄这一河段两岸村寨所伐木材,均放排到富禄卖给经营木材的商家,由商家收购后转卖至下游,甚至早在航道还未得到大规模疏通之时,木排就已经流动在都柳江上了。至今富禄还流传着这样的古话:"砍不完的浔江竹,放不完的溶江木。"至今富禄下游8公里处的八介滩上,还留有一块大石,上刻"此处对岸修过　乾隆三年冬"的字样。当问起富禄人石头上所刻字样的故事时,每个人都会被清楚地告知,这是方便放排修河道留下的记录。在广西物质文化遗产普查中,地方贤达也将这块石头申报上去,并留下了文字记载:

>　　距富禄河下游约一公里处的八介滩,是都柳江(古称溶

---

① 三江侗族自治县地方志编纂委员会翻印《三江县志》(民国35年)卷8,第410页。

江河、商镇与山寨：都柳江下游的人群互动与区域结构过程

江河）河段一处险滩。据老一辈讲：清朝初年，八介滩航道口狭窄，滩头遍布梗石，形成许多水流通口，而主航道又仅宽九尺左右。俗语说："砍不完的浔江竹，放不完的溶江木。"这条黄金水道，除船舶运输货物外，更是黔桂两省木材放运的主要通道。由于航道口狭窄，在放运木排时，扎排的宽度必须窄于航道口，否则木排将无法通过。到了乾隆初年，这条河水得到了统治阶级的重视，在八介滩栏栅式的泄水处，用大片石垒砌石基阻挡泄水口，使水流集中向右边的航道流去，整理疏通了航道。[①]

富禄成了都柳江下游木材市场的集散地，来此经营木材生意的商家从中获取了丰厚的利润，也继续吸引着更多的人来到富禄，其中一部分人并非商人，而是参与市场活动的帮工与排夫等，他们帮商家老板打点木材生意或放排，也借助木材贸易从中积累资本，并最终在富禄安家。如今富禄居委广东籍的张燊忠老人讲述的家族定居故事则反映了这样一个迁徙定居过程。张姓原籍广东嘉应州，大约于光绪年间在都柳江支流水口河水口镇居住，其二儿子生性顽劣，在地方打架滋事时有发生，于是在富禄打工的大儿子就将弟弟接到富禄，为商铺老板打工维持生计。由于老二做事机灵，刚开始只是做挑货、烧开水、打扫卫生等琐碎活计，后来慢慢开始帮老板放排，颇得老板赏识，后来老板叫他放排时也送几方木头给他，就这样慢慢积累起资本。当资本足够多时，老二就开始自己经营铺子，去高坡找木头来放排，还自己开了油坊榨茶油，一来二去又逐渐买山买田，在贵州省西山买下了大片杉木山，并且在富禄与赖姓女子联姻，从此在富禄扎根，并且成为富禄较大商家之一。

---

① 材料来自张燊忠提供的广西物质文化遗产资源普查表中张燊忠撰写"八介滩拦水坝的故事"之项目简介。

第一章　都柳江流域开发与富禄商业化

类似这样的发家故事，在富禄屡见不鲜。不仅外来移民在富禄找到了谋生致富的机会，地方苗侗人群也随着富禄市场的繁荣参与到了贸易活动之中。首先是木材的贸易，在高坡上居住的人不仅仅只是砍伐树木换钱，山林的买卖也随着商业化的程度日益增多；其次对于那些原本居住在富禄的侗民来说，房屋的租赁和土地的买卖将其卷入了市场体系之中，比如今天富禄侗寨的廖姓家族，其先祖就在移民陆续进驻的过程中用上述方式积累了不少资金，随后也开办了自己的商铺"廖成记"，成为当地财富颇丰的人家之一。至今，我们仍能在富禄看见廖姓家族居住过的房屋，门上"爱得小居"四个字还清晰可见，在廖姓在与移民商家们长期的接触中，也受其文化的影响，在地方修建起了自己的祠堂。

另外，都柳江下游沿岸两边村寨的男性，开始大量参与到放排、撑船等事务中去。人们至今仍保留着这一时期生活场景的记忆。回忆起都柳江流域因市场贸易活跃后社会生活所发生的变化，在富禄上游的新民村村民这样说道：

> 那时候给老板撑船、放排，就好像今天去广东打工一样嘛，大家都给老板打工，家里面的田都没有人种了，我们就把田借给高坡苗族种，时间久了田都要不回来了，就全给了他们。那时候的女人好苦哦，男人去放排几个月回不来，女人就在家里面唱歌，盼望男人早点带好东西回来。

从这些叙述中可以看到，随着都柳江航道疏浚和富禄市场贸易体系的形成，对原本居住在沿河两岸的当地人而言，其影响不仅仅在于新鲜商品和陌生人群的出现，更是在日常层面，使得社会生产生活发生了急剧的转变。其中，有谋生方式的变化、家庭关系模式的改变、社交网络的拓展，以及人们对新商品的接纳和期许。这些似乎不经意间发生的变化，在一定程度上打破了富禄原有的社会生

江河、商镇与山寨：都柳江下游的人群互动与区域结构过程

态，并形塑着富禄社会，而新的社会网络和社会关系也将在这一社会变迁之下得以拓展和重新构建。

木材由上游向下游流动，而粤盐则自下向上，由商家从沿海地带流入苗疆腹地。据都柳江上游榕江县的历史记载：

> 黔省向食川盐，古州距蜀较远，艰于负贩，开辟后改食粤盐，由广南水运至古州，运商武林×氏领引转运，责成古州同知督销，设有总埠，黎平丙妹三焦屯分设子埠，源源接运，遂成水陆衢，境内除镇标兵丁及屯军外，悉是苗人，流寓汉民绝少，自设盐埠以来，广东广西湖南江西贸迁成市，各省俱建会馆，衣冠文物日渐饶庶，今则上下河街俨然货布流通不减内地。①

而上述材料中所记载的粤盐，就是由古州商人从下游市场中沿河贩运而来，其中在都柳江流域，最为重要的粤盐集散地，即为富禄。盐的贸易也作为富禄商家的一个重要生计来源，粤盐沿西江水路而上，又从富禄由水路与陆路流通往上游贵州榕江、从江和黎平等地。去富禄挑盐，成了区域内商家的一项重要商贸活动。以此，在都柳江上下游方向形成了互通有无的市场网络。

因物的流动、市场的成熟与商业的发展，逐渐产生了人的汇集，来到都柳江流域寻找生计的商业移民越来越多，从新到都柳江流域的移民的角度出发，则需面对如何获得入住权的问题。可以通过今天富禄上游的青旗屯的移民入住故事，帮助我们对这一过程进行回顾与理解。富禄乡上游 5 里处有一河滩，河滩上的寨子名为"青旗"，在河道疏浚之前，青旗只是一片田地并没有人在此扎寨，这些田地原属于今天富禄乡仁里村与滚跌寨所有，而两个寨子都位于高坡之上，并不近河。河道通达后，青旗门前的河滩开始繁忙起

---

① 《古州杂记》，黔南丛书第五集。

第一章　都柳江流域开发与富禄商业化

来,不仅可以进行湾船停靠,也可进行收排扎排等木材贸易,随着人的流动性增加,一些专门从事铁器生产的湖南籍商业移民,向仁里借用了青旗这片地方开展生产生活并最终定居下来,用当地人的话来说,"日子久了,仁里就把这块地送给了那些铁匠住,田也送给了他们,才慢慢发展出后来的青旗寨子来"。可见,青旗寨移民的进入经历了与富禄商家的进入类似的过程,然而青旗的特殊之处,在于它的位置实际上位于一个"兄弟寨"[①]的控制范围内,即由7个村寨联合的"七十"村寨联盟,[②]"七十"认为虽然青旗可以让给移民居住,但青旗寨门前的河滩应是"七十兄弟寨"所共有,[③]这样才方便7个寨子的人来河边进行木材贸易活动,保持对水上贸易的控制权。移民到来之后,逐渐意识到要在青旗生存发展最好依靠兄弟寨的力量,因此向"七十"的寨老们提出请求加入村落联盟,然而"七十"拒绝了移民的要求,认为做朋友是可以的,但要挤入"兄弟寨"行列则不行。这一移民的入住历史,为我们生动呈现了当人与物在市场中快速流动起来后,地方社会所产生的诸多变化,当地人不仅融入了更广阔的市场,也不可避免地与移民发生互动;而移民不仅在找寻有利可图的生计,也在找寻生存的家园。

上述因物的流动而产生的人的故事,为我们提供了一个了解区域社会的动态变化的侧面。青旗入住权的获得之所以值得关注,是因为它可以在族群与文化的边界之上提供一种探讨的途径,当河道的流动性把人群间的距离缩短之后,地方社会如何变化?以往学者

[①] 兄弟寨是都柳江流域苗侗社会的传统组织,亦被称作"款"组织。作为统一村落联合体内部的兄弟寨之间,在通婚、防御等方面保持高度合作。具体相关论述请参照本书第三章内容。
[②] 分别为今天的富禄乡大顺村的两个寨、仁里村的4个寨(上寨、下寨、滚跌、响田),与葛亮共7个寨子。
[③] 所谓河滩"共有",指过去7个寨子共同拥有使用河滩进行木材收放以及贸易的权力。

们在讨论水道对西南少数民族地区的影响时，倾向于强调水道对区域社会的"开发"和"拓殖"作用，这一视角聚焦于来自国家、移民的外部介入如何"迫使"地方社会变迁，却忽视了地方社会传统的组织方式与内在文化逻辑的改变或延续。富禄地方移民入住的例子，让我们看到商业移民借助新兴市场的发展而进入都柳江流域的这一过程也并非简单，其中更涉及地方传统社会秩序，更需要移民在各个文化层面处理在此基础之上所产生的人群关系。

从以上论述可知，都柳江河道疏浚带来了一系列的变化，一方面，商品的流通改变了部分当地人的谋生方式，也拓展了他们的空间视野，并通过贸易活动与市场网络使其在更广泛的地理范围内发生联系；另一方面，人口的流动为富禄带来了陌生的移民，今天被称为"客家人""侗族""苗族"的不同人群共同生活在富禄，而在这一时期，他们却需要进行重新定位，建立新的社会关系，以及对自身与"他者"的关系进行协调。本书正是在这一大的区域历史背景之下开展的对区域社会结构过程的探讨，笔者所关心的是，当人们面对一系列因人与物的流动而产生的变化时，将如何建立起社会关系网络？不同的人群又如何构织区域社会？

第三节 "富禄"：时空之下的多重含义

在本书开始探讨有关富禄的具体问题之前，有必要将汇聚富禄的不同人群及其在富禄的空间分布格局进行介绍，以此才能呈现在特定的时间和空间中，一个以人的活动构造出的"富禄"，而此种以人的活动所构造的富禄，正是本书以富禄为例探讨区域结构过程的前提。如前文所述，人与物的快速流动曾为富禄社会带来了剧烈的变化，然而对于生活在当下的富禄人来说，却很难以线性时间为脉络去讲述富禄的历史过往，人们记忆犹新的，是与富禄不同时期所对应的不同空间场景，是一幅幅鲜活而又具有画面感的历史情境。基于此,本节将通过人们有关空间的历史记忆,对这一背景下的富禄社会的时空流变进行描绘。笔者在富禄进行田野调查许久之后,才逐渐明白,虽然富禄的名字由来已久,然而在不同的时期,人们所称的"富禄"所指代的却是不同的空间。笔者刚进入田野之时,曾以为富禄地名所指的地方,即是今天位于都柳江北岸的富禄居委,在经过了长期的田野调查、闹了很多笑话之后,方明白当地人在谈论"富禄"时,实际是一个可变的空间概念,所指涉的地方会随着谈论的时间、事件和人群的不同而不同,它可意味着主航道边商铺集中的"富禄街道",也可意味着随陆路向北部延伸的"八百街",同时也可指与不同于移民的"富禄侗寨",还可意味着曾经繁华的富禄市场——位于富禄南岸上游几里的"葛亮寨",而在今天的行政语境之下,"富禄"则指富禄乡政府所辖范围村寨。在本节中,笔者希望从不同时间中人的活动去分析富禄的空间记忆,以及借由空间传达出来的富禄历史,并看到"富禄"所代表的诸多空间和它拥有的多重意义,是如何被人们所建立并记忆的。

一 "曾经的富禄"——葛亮寨

葛亮寨位于今富禄镇上游约1公里处,寨子主体坐落于都柳江南岸,临江而倚,而江北也有一部分土地为葛亮所有。葛亮如今是富禄乡所辖的一个自然屯,民族成分被划分为侗,包含两个村民小组,共130多户,姓氏较杂,有罗、梁、覃、潘、赖等。"葛亮"的名字来源于诸葛亮,人们不记得此名起源于何时。葛亮地方对富禄之所以很重要,原因是它是最初的富禄集市。当商人移民的足迹最早踏上这片土地时,就是在葛亮落脚。葛亮的一大优势在于其河滩开阔,由于地形的原因,宽阔的都柳江江水在此有一股回流,使得岸边的江水平缓,因此河滩也较为宽敞。对于收放木排来说,葛亮拥有极佳的地理位置,至今富禄人都一再向笔者感叹曾经葛亮河

江河、商镇与山寨：都柳江下游的人群互动与区域结构过程

滩上停放木排的盛况："你可以在木排上走着，从河这边走到那一边。"

图 1-1 葛亮寨

正因为葛亮优越的条件，从下游来到富禄经营木材生意的商人，开始在葛亮开铺定居，这些生意人中就包含最早来到富禄的福建籍赖姓。如今葛亮寨仍有两三户赖姓居住，即是部分赖姓后裔。随着时间的推移，大约在光绪之后葛亮不再作为富禄主要的市场，然而我们今天仍能看到移民商人们在葛亮寨居住留下的痕迹。道光年间，葛亮集结了广西、广东、福建、贵州籍商家，共同筹措资金修建了"天后宫"和"闽粤会馆"，一方面用以祭祀妈祖，将移民自身信仰进行移植；另一方面也以葛亮为据点建立起闽粤移民在都柳江下游区域的商业性机构。同时，葛亮商业兴盛起来后，吸引了很多人前来葛亮打工，为老板看铺、放排或者种田，这些人原本大多是居住在都柳江流域的侗族，他们最初来到葛亮是为了寻找生计，日久天长便在此定居下来，所以今天到葛亮寨里，人们总会告诉笔者他们是从不同的地方汇聚至此的，至于移民到来之前在葛亮居住何人，已经没有人还留有记忆了。

第一章　都柳江流域开发与富禄商业化

而由于受外来移民的影响，葛亮寨的妇女们告诉笔者，其实早在她们的母亲一辈甚至祖辈，葛亮的侗族女人就已经不穿侗衣了，虽然发式仍旧保留侗族偏发髻的样式，然而服装却以当下流行的服饰为主，男人亦如此。

葛亮看似有着得天独厚的地理位置和商业优势，甚至在解放后的一段时间内仍旧是木材转运的重要据点，今天葛亮还有一些被弃置的砖房，即是曾经的柳州木材加工厂，然而葛亮这一优势并没有成为商家们就此盘踞此地的理由，尤其是来自闽粤的大商家们，大约于咸同年间就陆续搬离了葛亮，移居富禄北岸。关于他们离开的原因，流传着很多说法，一种说法称由于葛亮的房屋多为木质，火灾时有发生，在一次寨火之后，商家们便离开了；又有说法称葛亮地理位置不是十分理想，从贵州黎平方向来的商客前往葛亮必须渡船过江，加之洪水暴涨有极大的安全隐患，每当洪水肆虐就无法开展商业活动，于是商家们只好搬到河对岸；还有一说法是葛亮土匪猖獗，抢劫、拉羊[①]的事件时有发生，商家们感到威胁，便搬离了葛亮。笔者尚不能判断哪一种才是他们搬离的真正理由，但县志上的一段文字或许可以给我们一些启发，这段文字的背景为同治二年（1863）的"苗乱"：

> 为邀集黔粤大团，会合剿贼，恳恩赏给子药米粮，以助军需事。缘生等前月奉钧谕，已督团练一百名，至溶江富禄塘，贼已窜入高增（永从属地），由黎平迁境而至，兹二次又烧杀梅寨，驻扎葛亮，生等前已着派团长，四路会合××入上下瑶龙……[②]

[①] 拉羊，为当地人对绑架人质索要赎金的一种说法。
[②] 三江侗族自治县地方志编纂委员会办公室翻印《三江县志》（民国35年）卷5，第327页。

江河、商镇与山寨：都柳江下游的人群互动与区域结构过程

又有：

> 同治六年丁卯（1867）苗酋梁陈黄等聚众骚扰
>
> 苗酋梁陈黄等纠集数千人，始则骚扰古州，继则侵入古宜，掠民船数百号，顺流而下，攻进怀远城内，大肆抢劫，复回古宜，一路遭殃，凡六甲之民房，焚烧殆尽。①

时至今日，笔者难以判断究竟上述哪一种说法才是商家们离开葛亮的真正原因，但是从上述材料可知，同治年间的"苗乱"以葛亮为据点之一，对商家造成了不小的冲击，也为我们理解商家搬迁至北岸提供了依据。商家们搬离后，葛亮失去了市场重心的地位，然而其河滩在木材贸易中仍旧扮演着非常重要的角色，甚至这片河滩一直被称作"富禄滩"，这标志着移民商家们对葛亮地方仍有着较为重要的影响力。且虽然商家已搬离葛亮，然而在1933年，主要经营木材的商家们在葛亮北岸修建起一座"孔明桥"。据记载：

> 南海一木材商贾莫影波，又名莫海，献资一千多块银毫兴建，由当年的富禄乡乡长廖培峰、副乡长赖松龄督工，当时立有碑记，详记建桥始末，由赖松龄撰写序文，书写木匾命名"孔明桥"，一直沿传下来，在黔桂交界人民群众心目中，留下了深刻的印记。
>
> 1945年，溶江河沿岸遭遇特大洪水，桥被冲毁，民众十分惋惜。于次年，富禄镇一商人赖云芝，出来牵头，发起富禄、葛亮、青顼、匡里、拉拢、梅寨、石碑、贵州龙图、贯

---

① 三江侗族自治县地方志编纂委员会办公室翻印《三江县志》（民国35年）卷7，第381页。

洞、八洛、西山等地人民群众，立册11本，捐助银毫共计1682块7毫，其中富禄群众捐助银毫836块，赖云芝一人慷慨解囊，捐银80块。葛亮寨的群众，有的捐木材，有的出义务工。委葛亮寨村民赖克胜施工，请贵州登晒村甫水作木工，历时一年多，于1947年修复如新。到1949年第二次遭洪水冲毁，由于当年处于战争年代，无能力重修。1966年"文化大革命"初期，将仅幸存的桥墩拆来修砌富禄大码头语录门。1993年修建富梅公路，在其旧址改建为公路桥，仍命名"孔明桥"。[①]

如今，虽然修建"孔明桥"的碑刻已经在漫长的时间中难寻踪迹，但仍可以在相关记载中见到碑刻文字：

聊贡愚诚

窃溶江河道，乃黔桂交通孔道，是商贩乡民必经之路，木材集结大多数在葛亮集中放运，由于江流险阻，舟楫艰难，沿岸山路多年失修，每逢春夏之交，山洪时发，波涛汹涌，行旅兴嗟，来往裹足，咸称不便。幸有粤东南海莫君字影波者，历来经营木材业于斯境，为人疏财仗义，乐善好施，睹此艰难，毅然以架设一座风雨桥为己任。由是斩荆披棘，庀材鸠工，历时凡五阅月，费款达千余金，命名曰"孔明桥"，因地处葛亮寨对河故也。窃念值时农村凋敝之秋，地方困难之时，得莫君慷慨解囊，勇于义务，诚属一难能可贵，从此崎岖小路，化为康庄，旅客行人，咸称便利，造福子孙后代，功德无涯矣。松龄不学无术，忝囊乡政，爱将建桥始末，及莫君善行，勒石纪功，以励来兹。

---

① 材料由赖守基提供，为其本人亲自撰写。

江河、商镇与山寨：都柳江下游的人群互动与区域结构过程

富禄乡乡长廖培峰　副乡长赖松龄
中华民国二十二年三月吉日[①]

从孔明桥的主持修建到施工可见，即使在商家们离开葛亮后，葛亮也没有从商家们的视野中消失，实际上，虽然商家们移居到了江北富禄，但与木材相关的商业活动，仍旧只能在葛亮河滩进行。可以说，葛亮始终是市场中不可或缺的一环，而富禄商人对葛亮也一直持有一定程度的控制力，尤其是在地方事务中颇为活跃的赖姓，更是扮演了重要的角色。值得注意的是，上述材料中所出现的参与捐资修建"孔明桥"的群众包括了富禄、葛亮、青顾、匡里、拉拢、梅寨、石碑等地方，均位于都柳江主航道沿岸，而贵州龙图、贯洞、八洛、西山则位于都柳江下游地区支流沿岸。孔明桥的修建，为我们勾勒了一张地方网络图景，使我们得以看到富禄在此网络之中所具有的强大号召力，这是由富禄市场在地方所扮演的重要角色所决定的。

值得一提的是，据见过孔明桥的老人们回忆，桥的形制与如今南侗地区的"风雨桥"相仿。可见，经过商人移民们在富禄一段时间的生活，人们开始关注到彼此的文化要素，并采用不同的文化符号。被称为"孔明桥"的"风雨桥"成了人们记忆中富禄独特的景观，在今天仍保存在空间的记忆中，各种文化符号层叠在一起，成了另一种关于"历史"的表述。笔者在富禄地方听到重复率最高的民间故事，便是葛亮和孔明有关的一系列传说，几乎每一个人都对此津津乐道。相传"葛亮"原是古夜郎国属地，三国时诸葛亮平定南蛮、七擒孟获时曾派马岱率部队由此地进剿云南。人们总说，马岱部队到此建过营盘、

[①] 政协三江侗族自治县委员会编《三江文史资料》第五辑，2000，第231页。该碑于20世纪70年代初移入富禄中学，成为学生的洗衣台，后遗失。

第一章　都柳江流域开发与富禄商业化

构筑防御工事，留有四面土墙，墙外有深沟战壕，位置就在现在的柳州木材厂葛亮站所在地。民国县志将其列为"怀远八景"之一，有记载：

> 在大溶江福禄村上面，与葛亮寨相连，离县治八十余里。考广舆记，溶江水出曹滴洞司，属贵州永从县，有亮寨司，有诸葛营，此去永从最近，亦首尾相制之法。土人相传七擒孟获时所筑，至今台基尚在，壕堑依然，每涛声响应，如闻画角之声，亦一胜迹。①

又有记载"孔明城"，曰：

> 即诸葛垒，在富禄乡武侯村葛亮屯之下，长约五十丈，阔约三十丈，今存基址，尚有高七八尺者，相传为汉武乡侯征蛮时所筑。曾埋金鼓于内，每风涛响应，如闻角声，现虽壕堑依然，第已荆榛满目，无残碑折戟可供摸索凭吊也。其右有井，俗亦称孔明井，长约八尺，约宽三尺，周围均大石块所建，井深约五尺，水清凉彻骨，该屯饮料取给于此。②

每每有外面的客人前往葛亮寨，总会被热心的村民热情地带领着去参观"遗址"，实际上，如今的"遗址"已被植物覆盖，若非有极高的想象力，几乎难以辨别出其战壕的形状。然而对于当地人来说，上述所有的传说都是真实发生过的"历史"。如今的柳州木材厂葛亮站已经荒废，只剩下老旧的办公室和职工宿

---

① 三江侗族自治县地方志编纂委员会翻印《三江县志》（民国35年）卷5，第339页。
② 魏任重修、姜玉笙纂《三江县志》卷一，台北：成文出版社，1964。

舍,而这片"战壕遗址"也因为属于木材厂的土地,从而被留存下来。除了这一原因,当地人也认为这片空间中因为有了这段珍贵的"历史"而拥有了一定的神圣性,从而也产生了一些地方禁忌,如相传若谁家用这一空间种菜,就会有不好的事情发生。除了"战壕遗址"以外,寨中与"孔明"有关的空间,还有一处"孔明井",孔明井的传说仍旧是以马岱部队为基础的。相传当年马岱引兵到达葛亮,饮用了都柳江的水之后,其部人马出现吐泻的情况,遂不敢再饮用,陷入缺水的困境。诸葛亮接到报告后,亲自到此地探察。他在屯兵场一侧的山边插下一根棍子,令士兵开挖,井水喷涌而出,饮水困境得以解决。之后马岱挥军西进,在云贵境内大破孟获的藤甲兵。如今的孔明井仍旧作为寨中唯一的一处水井为人们提供日常饮水,井四周可见遗留下来的四块亭柱石座,想必当年的孔明井应有一座凉亭用以遮蔽,且井上方有一块雕刻的石头,上面依稀可见两个人影,在当地人的解释中,这两个人分别是诸葛亮与孟获。

由上述材料可知,在清末商家们逐渐离开葛亮之前,"富禄"即指代"葛亮",甚至可以说富禄就是"葛亮滩"。葛亮以极其天时地利人和的优势,为富禄奠定了在区域市场中的地位,也因此聚集了包括苗侗移民在内的不同人群,造就了错综复杂的人群关系以及意义多重的文化符号。在本书探讨区域社会历史文化的过程中,在葛亮发生的人群故事,以及在葛亮寨留下的错综复杂又意义多重的庙宇与民间传说,都是我们去解读区域社会、区域文化以及观察土客互动的重要媒介。

二 鼎盛富禄——八百街

八百街是以往富禄往北延伸的一段街市,"八百"名字来自侗语,"八"意为口子,"百"意为尽头,"八百"大意应为"口子的尽头",一是比喻富禄的地形,二是象征由陆路而来的贵州商客

第一章 都柳江流域开发与富禄商业化

进了富禄就像进了一个口袋，取财源滚滚而来之意。自商人们从葛亮陆续搬出之后，便聚集到八百街开辟市场。据人们回忆，实际上在嘉庆年间，八百街已经聚集了不少的商家，在一段时间中，与葛亮市场遥相对应，不相上下。由于黎平、锦屏等县市的大米、药材及土特产是靠人工肩挑下云洞坡，然后到达富禄交换日用百货、杂货及盐巴的，于是八百街成了商户竞相抢购销售物资的前哨，并逐渐繁华起来。当时的商人移民们给"八百街"还赋予了另外的名字，称作"仁让街"，随着商业化的发展，仁让街向南面延伸，形成了内八街与外八街，其中外八街直接联结富禄码头，凡是运送货物，从大码头上岸则可被肩挑背扛至仁让街商铺中进行贸易。内外两街所集中的商铺不如仁让街多，且以小生意为主，主要卖饮食和提供住宿，为来往富禄的商人提供生活上的便利。实际上，在清末和民国期间，人们所指的富禄，就是八百街以及内外两街所包含的空间。

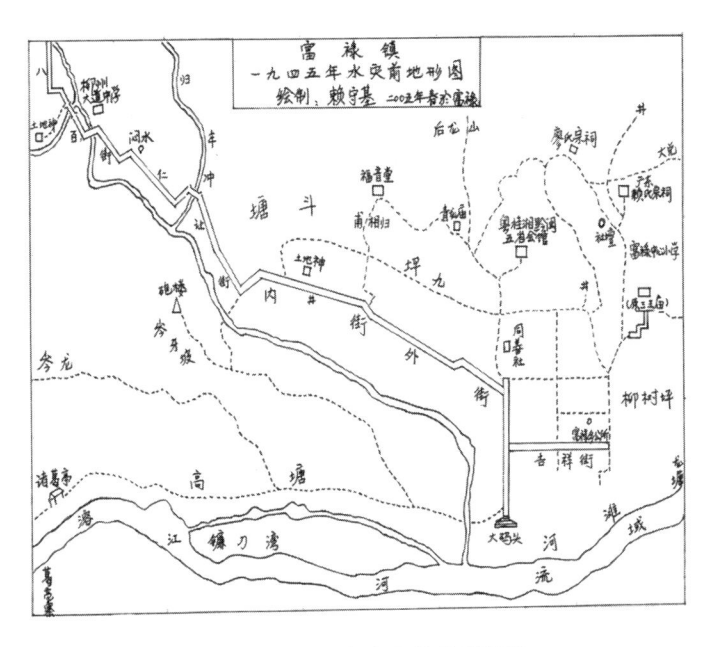

图1-2 1945年水灾前的富禄镇

江河、商镇与山寨：都柳江下游的人群互动与区域结构过程

八百街的空间储存了关于富禄市场最为繁华的记忆，整个民国时期，富禄的贸易走向了鼎盛。如今八百街的人们回忆起往日的繁华不免唏嘘，老人们甚至还能向笔者指明哪个位置有个怎样的大商铺。当初最大的商铺即广东籍赖姓所开广鸿昌，就位于八百街。为了人们过溪方便，赖家还在山坳处的小溪上修建了一座小桥。除了广东赖姓的广鸿昌，其余的商铺名字在今天的富禄老人们的记忆中仍旧非常鲜活，如天发祥、泗诚、贞利元、福安昌、兴发隆、朱怡成、联安隆、联发昌、恒兴利、大兴、高悦来、鼎兴昌、合兴昌、同安、广升、联发等。而一份商家谱号与老板姓名的列表显示，赖姓人群的商铺占较大比重。这些大大小小的商铺，构成了富禄市场的主体。

1945年，都柳江发了一次大洪水，洪水将八百街大部分的房屋冲毁，人们称这场记忆中的洪水使不少商家"由富变贫"，甚至不少商家还离开了富禄。虽然1945年的这场洪水令人们记忆得最为深刻，然而现在居住在八百街上的居民说，其实八百街极易被洪水侵蚀，大概每8年就冲一回，甚至调侃说这才是八百街名字的真谛。正是由于八百街的地理位置不是十分理想，资本较为雄厚的商人们又逐渐离开了八百街，他们大多向靠近大码头的位置移居。人们之所以对1945年的这场洪水记忆尤为清晰，正是因为在这个时间点前后，富禄的街道格局发生了很大的变化。

八百街现属富禄侗寨，有两个村民小组，今天的八百街已没有了往日街道延伸的格局，从前的宅基地成了水田，恬静的乡村画面让人难以想象当年人声鼎沸的盛况。随着这几年人口的陆续迁出，留在八百街的约有十几户，姓氏较杂，如唐、王、温等，民族成分被划分为侗族。如今八百街空间中所遗留下来的与过去有关的东西，大概就是土地庙了。相传此土地庙原建于1912年，最初建在富禄青龙坳内八街上，每逢初一、十五及逢年过节，地方民众均备"三牲"（猪头或猪肉、鸡、鱼）前往土地庙烧香烛纸，求神保佑

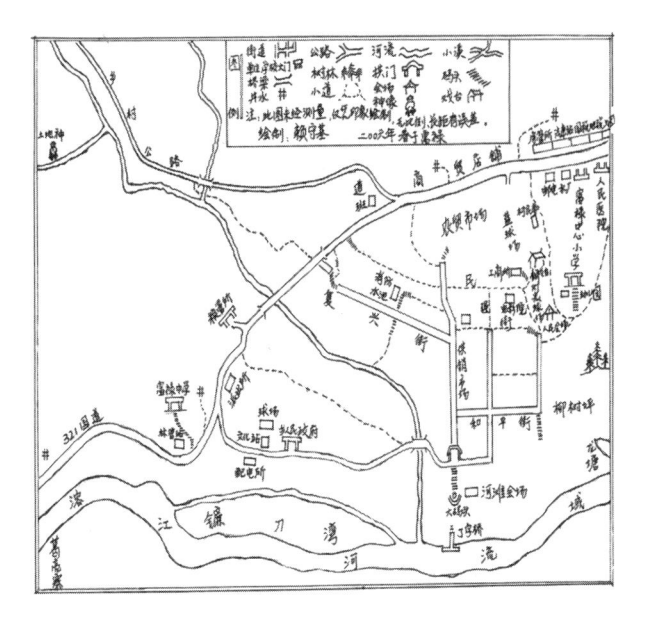

第一章　都柳江流域开发与富禄商业化

图1-3　2006年富禄乡街道格局

平安。据人们回忆，土地公神台前有一副对联，上联为"公公十分公道，婆婆一片婆心"，下联为"土赐无限福，地生有道财"。解放后，土地庙被毁，直至80年代，八百街的居民重新将土地庙建起，位置设在今天八百街聚落北部一个土山包上，至今仍见。今天的土地庙没有了庙宇亭廊，也没有了神像，只是土包略大，且人们在山包上种下了三颗杉木。当地的人们向笔者强调这三颗杉木并非人工种植，而是自然生长而成，以此表明在土地庙空间内的神性。

当大商家们搬离了葛亮之后，八百街实际上并没有消失，继续留在八百街做生意的多是那些住宿与饮食类的小商家，或者日用品商铺。由于八百街是从贵州来富禄的必经之路，生意也可得以维持，甚至八百街与和它比邻的贵州登塞、龙额几地的关系比富禄街道上的更近些，这样的情况甚至延续至今。今天当人们说起土地庙如何"灵"时，都会强调，连贵州那边的人都来这里拜我们的土

077

地庙。随着时间的推移,八百街的空间超出了作为一条街道的意义,而是形成了一种居住在八百街上的人群的自我认同,而这种认同在地方性节日中表现得尤为明显。

在富禄地方,至今有过"花炮节"的节日习俗。富禄的花炮节与其他地方相比又有不同,每年富禄会在三个不同地点、不同时间举行花炮节,二月二花炮节在八百街举行,三月三花炮节在富禄举行,三月二十三花炮节在葛亮举行,富禄特殊的花炮节节日内涵与演变本书将在第五章做详细论述。八百街作为一个空间单位举办花炮节,体现了居住其中的人群的整合力与边界性,这种整合主要基于曾经的历史记忆、共同的居住空间、八百街所构织的社会关系网络。在2010年前,八百街仍在举办二月二花炮节。和往年一样,居住在八百街的人群每家都需出钱出力才得以在节日中欢庆一番,并邀请贵州临近村寨的人来做客,共同祭拜土地庙,并在土地庙旁的花炮田放炮抢炮。而如今,八百街内部的整合力被逐渐削弱,人们陆陆续续从八百街搬走,尤其是近几年来,八百街已经失去了举办花炮节的能力。人们算过一笔账,若勉强举办,每户大概要出5000元钱,这对于居住在八百街的人来说无疑是个较大的经济负担。今天在八百街见到的房屋,早已不是以往的格局,因为洪水的原因,人们数次调整居住位置,即便是仅有的十几户人家,居住也相对分散。

如今的八百街虽已丧失了原来市场重心的地位,人群凝聚力也渐渐弱化,但八百街在历史上曾经是富禄市场本身,内八街、外八街的名字也来自这一时期的八百街。有趣的是,今天对八百街的过去所津津乐道的,主要是富禄居委的移民后裔们,因为那是他们的祖辈居住过的地方,而老人们多多少少也有些儿时的记忆。今天由于人口的迁徙八百街没有了往昔的热闹,二月二花炮节的传统似乎也难以在八百街延续,然而每年二月二那一天,那些曾经居住在八百街的移民后裔,也会来到八百街祭拜土地庙,通过仪式来记忆他们曾经居住的空间。

三 富禄侗寨

"富禄"这一名字,看似是承载外来商人移民的空间,上述的内容似乎隐藏着这样一种倾向,即商家在哪里,哪里就是富禄,然而,我们必须对这样一种先入为主的印象十分小心,这样的一种观点忽略了富禄虽是一个以移民商家为主体的市场,但紧挨着居住的还有侗寨的侗民,因此,当人们在提到"富禄"时,有可能只是在谈论"富禄侗寨"。富禄侗寨与富禄居委相邻,外人几乎难以在空间上分辨它们之间的界线。实际上,今天穿过富禄的321国道与菜市场所分割出的位于富禄东边的聚落,居住的主要为侗族,即为富禄侗寨。富禄侗寨主要有三个姓氏,即吴姓、廖姓、曾姓,其中廖姓最先来到富禄,接着是吴姓,最后是曾姓。富禄侗寨以侗话称为 Xaih Gaeml,Gaeml 就是侗家的意思,Xaih 就是寨,侗话的意思也为"侗寨",其包含了三个村民小组,有一百多户。关于富禄侗寨的记忆,人们的表述不像移民后裔们那般记忆犹新,对时间的追溯也并不明确,对于侗寨的人们来说,侗寨的历史则是不同家族的经历与过往。

以廖姓为例,廖家后人称祖先来自贵州黎平中潮的廖家湾,并认为自己本是汉族,大约在道光年间从铜仁来到富禄讨生活,开始在富禄做点木头生意,本来生意也算大,可是后来广东赖姓来到富禄生意做大之后,他们就被迫退出木材生意,转而从事农业生产。实际上,非廖姓的人告诉笔者,富禄侗寨的廖姓和今天岑牙村的廖姓是一个祖公下来的,有亲缘关系,但是廖姓自己却对这个说法不置可否。2012年清明节时,富禄侗寨廖姓与岑牙的廖姓都前往黎平中潮廖家湾扫墓、祭拜祖先,却又没有同行。结合富禄历史与地方口述,笔者大致推断廖家也许是最早居住在富禄地方的苗族,与岑牙坡居住的人群是同样的祖公,而在商业移民进驻富禄的过程中,通过与移民交往、租赁房屋或参与市场,得以留在富禄生活。

江河、商镇与山寨：都柳江下游的人群互动与区域结构过程

长期以来，岑牙苗族廖氏与富禄侗寨廖氏通过杉木贸易、亲属联系以及文化活动（如前文所提到的闹塘求雨等仪式），仍保持着较密切的互动。但随着长时间以来山地与河流空间上的阻隔，留在富禄的廖姓与搬上高坡的廖姓逐渐疏离，更多地参与到山下侗族社会以及商业移民的共同生活之中，而后在民族成分划分的时候，被划为了侗族，更加增强了与岑牙廖氏的身份差异。并且廖氏在富禄侗寨，属于较有威望的姓氏，在传统时期，甚至一度成为连富禄移民商家也绕不开的地方力量，直至今日，廖姓人士仍在地方行政事务中扮演着比较重要的角色。

实际上，侗寨的三个姓氏之中，即使是同一姓氏，也并非意味着具有真正的血缘关系，如果稍微将时间向前推移就会发现，侗寨的部分侗族也是随着富禄市场的兴起而到此打工定居的，如侗寨的吴姓所讲述的家族故事就呈现了这一点。今天居住在富禄的吴姓并不是同一个祖先，有的是从贵州来的吴姓，有的是本地的，来到的时间也并不相同，但是只要来到富禄之后，所有的吴姓都算是一家人，且同姓之间就不能通婚。如今在富禄侗寨，每年吴姓都会搞一次聚餐，将侗寨所有的吴姓聚集在一起，用他们的话来说就是"联络感情"。聚餐的时间大概于农历三月到清明节这一段时间中的某一天，由老人看个好日子，每家出100元钱作为聚餐的资金，用于买猪、烹饪。除了吴姓之外，曾家和廖家每年也会举办一次类似的聚餐。人们解释聚餐是为了同姓团结，但实际上聚餐日也同时是侗寨吴姓挂众亲的日子，人们通过清明同一姓氏的人群挂众亲，继续强调着彼此的联系，以姓氏为单位对人群进行整合。除以姓氏进行人群整合外，姓氏与姓氏之间，则通过三个姓氏间的相互联姻得以联合，由此形成了彼此之间都能攀亲带戚的富禄侗寨社会。

正因为如此，富禄侗寨形成了一种"说不清的历史，说得清的关系"。笔者最初进入富禄侗寨时，曾为梳理不清的人群、姓

第一章　都柳江流域开发与富禄商业化

氏关系感到困惑与苦恼,在了解了地方社会之后才意识到,应该将复杂的社会关系置于富禄具有流动性的社会属性之中去理解。都柳江水道疏浚所带来的区域变化,使得流域内不同族群、不同姓氏的人群从四面八方汇集到富禄,不同的人家都有着自己的迁徙故事,但在漫长的人际交往与互动过程中,人们以姓氏为单位进行整合,强调彼此同姓的亲缘关系,这就是为什么人们更愿强调当下内部的"合",而不愿多提他们在历史上实际上并无真实的宗亲关系,特别是谈论到与此相关的问题时就会一笔带过或者不详细解释的原因。笔者见过富禄侗寨的曾氏近年来新修的一本族谱,在族谱中,曾氏称自己从广东三水而来,然而细读不难发现,这本族谱实则为一本在全国范围内所修之《曾氏族谱》,在其中甚至很难找到在侗寨生活的曾氏姓名,但富禄侗寨的曾姓人群却以此族谱为据,强调他们确实从广东迁徙而来,实为"汉人",至于其先祖在富禄入住的故事人们也已经不再记得。侗寨人群民族身份的暧昧与记忆的模糊,正是在一定程度上反映了富禄商业化所带来的人口流动性,而富禄"侗寨"姓氏历史和关系的复杂性,正是由此而来。

虽然侗寨的廖氏与曾氏都称自己原为"汉族",然而侗寨如今依然有其作为侗寨的标志物——鼓楼,以及保持着侗族较为普遍的萨岁信仰。今天侗寨的鼓楼是2010年新建的,据人们回忆老鼓楼在民国时期时还矗立在寨中。现在的新鼓楼门口便是萨坛,萨坛中供奉的就是侗族的女神"萨",① 也称"萨岁",今天侗寨的萨坛也是新近才修葺的,里面的一块碑是2009年所立,中间写着"圣母祖太之灵位",右边写着"保民安寨",左边写着"庇佑生灵"。碑前祭着三个酒杯,有很多残香,还种着一棵树,外面的外墙是和鼓楼一起新修的,一副对联是"承传祖训弘扬风范,继祭先灵光

---

① "萨"在侗语中意味"奶奶"。

大懿德"。非常有趣的是，这一萨坛所呈现的是将侗族所信仰之女神"萨"，与"祖先"进行了意义的结合，体现了富禄一地多元人群文化系统交汇的鲜明特点。

与其他侗寨的萨坛有一个主家有所不同，富禄的萨坛由三个姓氏的人轮流管理，每个姓氏管理一年。据说在从前，选择管理人的传统方式，是由鬼师拿布蒙着眼睛，走到某家拍门，哪家就来管理，但是即便是鬼师拍门，也仍然是"机缘巧合"地按照三姓逐年轮流。如今居住在富禄侗寨的居民，逢初一、十五会去拜拜萨岁；每到过年时，会在萨坛前的空地上进行集体祭拜，并聚餐吃饭。如今，这一传统的仪式有了新的内容，即在仪式开始之前新增了升国旗的环节，国旗杆就在社坛门口的正对面，升国旗结束后才开始仪式。

当笔者最初步入富禄侗寨时，以上具有侗寨标识性的鼓楼与萨坛首先跃入眼帘，然而深入了解后才发现，人们对自己的身份有着差异纷繁的说法，姓氏内部以及相互之间的关系，也远为复杂。如果我们将时间因素放置其中，这些看似矛盾的现象则有了解释的空间。今天富禄侗寨居住的人群，其实是在不同时间里逐渐来到富禄的，当我们将闽粤籍资本雄厚的外来商人视作商业移民的主体的同时，也不能忽略富禄侗寨居民实际也经历了曲折的移民历史，形成了各自的家族记忆。这些故事也在提醒笔者，应当避免将侗寨看成一个自成一体的聚落，在富禄的历史之中，必然也包含了侗寨人群的故事。笔者关心的是，他们来到富禄之后，是如何处理与商家们的关系的？又是如何处理与周边村寨的关系的？本书将在第三章中详细讨论这一问题。

四 穿行富禄街道

原先在八百街居住的广东籍赖姓，在经过洪水洗劫之后决定搬到更靠近码头的位置。赖姓向富禄苗民买了田，搬到了今天的复兴街，而复兴街也成了广东籍赖姓至今依然聚居的街道。然而有趣的

第一章　都柳江流域开发与富禄商业化

是,"复兴街"街名并非它原来的名字,它原来的名字为"仁让街"。"仁让街"的街名因为广东籍赖姓离开八百街,也从八百街转移到了这里,可见"仁让街"背后的广东籍赖姓商人,在富禄市场中所扮演角色的重要性。"仁让街"后来几经易名,民国时期更名为"外吉街",解放之后又更名为"复兴街",从不同时期中的街名,我们几乎可以嗅到不同的时代气息。即使在今天,复兴街上依然聚居着广东籍赖姓的后裔,虽然近年来人们离开富禄前往县城或更大的城市居住,但是复兴街上的房屋仍然大多属于赖姓人群所有。

图 1-4　富禄乡复兴街

福建籍的赖姓商家也有自己聚居的空间,其位置则是今天的和平街,和平街的街名也是解放后更改的,它最初的名字叫"吉祥街"。实际上吉祥街最初聚居的人群并非福建籍赖姓,在福建籍赖姓买下房屋居住之前,这里所居住的大多是祖辈来富禄当码头担①的人,因为这条街的位置最靠近码头。据这里的许多居民回忆,他

---

① 码头担,即在码头上以肩挑货物谋取营生的人。

们大约是祖公这一辈的人来到富禄居住的，其中大部分居民都称祖籍广东，来到富禄后大多是当挑夫，帮老板在码头卸货或者运货上船，由于当时富禄市场重心在八百街那边，他们没有本钱能在街上购置房屋，又因为吉祥街离大码头最近，因此大都聚集在这片空间内安家，安家定居之后，自己家也可利用制糖、开榨油的铺子做些小生意，就这么祖祖辈辈繁衍至今。1945年之后，福建籍赖姓来到吉祥街购买地和房屋，并来此定居，由此占据了吉祥街空间范围的一半。

图1-5 富禄乡和平街

今天走在和平街上，我们还能看见一部分民国时期所建的老房屋，这些房屋与今天的侗家房屋有所不同。虽然都是木质结构的房屋，但是和平街上房屋的第一层空间较为高大，目的是方便开门面做生意，且门前都有木柱支撑的檐廊，其形制不免让人想起广东、福建地区的骑楼。笔者想起2009年在都柳江上游沿岸距富禄16公里处的贵州从江八洛村做田野调查时，那里的广东籍商业移民后裔对笔者描述的情景，他们说八洛也曾是贵州界内一个商业繁荣的市场，八洛街道由广东商业移民所修建，两边的商铺遮阳蔽雨，下雨天也不会落一滴雨下来。仅听描述似乎还感觉不到昔日的光景，然

第一章 都柳江流域开发与富禄商业化

而当看到了富禄和平街上的景象后，笔者才得以进入那样的历史场景之中。如今，和平街的门市并没有荒废，只是里面进行贸易的现代化商品和停在门口的摩托车在提醒着笔者活在当下的时间。穿过和平街来到都柳江边，则可见富禄码头，富禄码头的青石板阶梯至今仍依稀可辨。据人们回忆，富禄码头是由广东籍赖姓组织富禄的商家于清末民初共同集资修建的，由此可见赖氏人群在富禄所具有的主导权力，以及在地方事务中扮演的重要角色。

图1-6 今日的富禄码头

当商家们搬至如今的富禄街市上后，市场仍旧活跃，继续依靠水运的便利和区域中的优势地位成为都柳江下游流域重要的集镇之一，1945年的大水虽然给富禄造成了一定的损失，但实际上并未对富禄市场产生重创。直至黔桂铁路的开通、公路的兴建和水运地位的下降，富禄市场才逐渐出现衰落的趋势。1939年因抗战之需，黔桂铁路开始修建，因之带动了木材交易的兴盛，富禄市场甚至又一次在其中发挥了关键的作用。因为战时条件恶劣，这条铁路直到新中国成立后的50年代才得以完全修通。解放后交通的改善与政治环境的变化，才是富禄市场

江河、商镇与山寨：都柳江下游的人群互动与区域结构过程

最终沉寂的原因。

今天的富禄街市，几乎仍保留了民国后期的街道格局，然而商业环境与过去却不可同日而语。解放前，富禄没有赶场一说，商铺每日开张，货运繁忙；解放后，富禄开始墟市，逢五、十赶集。对于市场来说，更重要的是如今的"农贸市场"，与过去"市场"中交换的大宗货物再无多少关系。今天富禄的农贸市场位于321国道旁，富禄居民所需的蔬菜、肉类每天都可在市场上买到。到了墟日，周边村寨的农民会将农产品带来进行贸易，而整个富禄市场的重心已移于公路边上的农贸市场及其两边的电器商铺，而靠近都柳江边的富禄街市，出售的多为成衣、锅瓢碗盏等生活日用品，若非墟日，富禄街市与公路边相比则十分冷清，至今仍居住在这里的居民们也常念叨生意的艰难。

上述对富禄不同空间的探讨并非只是一种地图检索式的介绍，人们的历史记忆和不同时期的人群关系，都在人们对街道空间的回忆和叙述中得以展现，笔者正是借由富禄空间的多重含义得以对不同时期中的富禄市场、人群活动以及关系格局进行了了解与把握。由前文所见，今天我们听到的关于"富禄"地方的各种表述，实际上在不同的时间中指涉不同的空间位置，当地人口中的富禄和对富禄的记忆，是一个包含了时间因素和人群活动在内的地方，它包括了葛亮、八百街、富禄侗寨、过去以及如今的富禄街市。不仅如此，不同的空间背后所隐藏的人群，实际上具有较为明确的身份界限，对于势力较大的商家来说，其居住空间是以不同的地缘关系来划分的，而其余的人则是根据自己在市场中所扮演的角色来选择居住空间。富禄市场的运作，则是靠居住在各个空间中的人共同支撑起来，同时对整个富禄市场的秩序进行维系的。"富禄"所指涉的不同空间，正是因市场环境、人群关系在不同时间中的变化得以形成，而本书也正是在这样一个前提之下、在富禄这样一个与人相关的历史时空之中得以展开。我们将会看见，在富禄，市场重心的转

移和人们居住空间的变动，实则包含了不同时期的人群互动、关系变化以及市场环境的嬗变，其中涉及的不仅是富禄一隅，更是跨越富禄的更大的地理空间，甚至也不仅只局限于市场与贸易活动，也包括了至今还能观察到的由人群互动所带来的观念流动与交融。

小　结

历史上，中国西南乃至华南地方社会渐次进入王朝体系的过程中，水道疏浚往往成为中央加强对地方控制的必要手段。这两个地区重峦叠嶂的山岭使得水路交通在满足军需和货物供应方面具有重要意义，而由此引发的商业贸易、人群迁移、跨文化接触和社会转型，则成了观察国家与地方社会二者互动的切入点。一是关注来自国家层面的拓殖与经营，分析中央王朝如何在河道疏浚完成后推行治边政策、推广礼法教化，以及探讨汉人移民的垦殖开发;[①] 二是从民间信仰出发探究地方社会如何回应中央王朝的征服与渗透，关注航道开辟和国家力量介入后区域族群关系、文化传统与民族认同上的变迁;[②] 三是关注河道疏浚后的地方市场与商业化过程,[③] 分析地方社会如何通过市场贸易活动逐渐接触和进入国家体制。

[①] 相关研究参见张应强《边墙兴废与明清苗疆社会》，《中山大学学报》2001年第2期，第74页；罗美芳《清水江流域航道开辟及其社会发展》，《原生态民族文化学刊》2009年第1期，第65页；陈贤波《土司政治与族群历史——明代以后贵州都柳江上游地区研究》，生活·读书·新知三联书店，2011。

[②] 相关研究参见唐晓涛《三界神形象的演变与明清西江中游地域社会的转型》，《历史人类学学刊》第6卷第1、2期合刊，2008年，第67页；谢晓辉《苗疆的开发与地方神祇的重塑——兼与苏堂棣讨论白帝天王传说变迁的历史情境》，《历史人类学学刊》第6卷第1、2期合刊，2008年，第111页。

[③] 相关研究参见张应强《木材之流动——清代清水江下游地区的市场、权力与社会》，生活·读书·新知三联书店，2006；罗康隆《清水江流域木材贸易中的族际经济结构分析》，《原生态民族文化学刊》2012年第4期，第34页；朱晴晴《清代西南乡村集市与区域社会——以贵州黔东南小江为例》，《广西民族大学学报》（哲学社会科学版）2011年第6期，第79页。

江河、商镇与山寨：都柳江下游的人群互动与区域结构过程

实际上，在以上诸层面的讨论中，河道多作为研究区域社会问题的背景被涉及，而对于水路交通特有的实质性内涵却较少有讨论展开。近几年，通道本身的流动性与联结性逐渐受到关注，有学者将国家、市场以及地方社会三者相结合，兼顾"上""下"视角，分析不同人群如何在以水陆交通网络联结起来的地域空间中留下各自创造性活动的历史印记。[①] 本书所探讨的都柳江流域地处南岭走廊，水道交通的特殊性与重要性常被提及，在所有民族走廊中南岭走廊是唯一与海洋联结的，因而其族群流动与丰富的水路交通网络关联紧密，[②] 由水道所引起的区域社会变迁应该被视作复杂的动态过程而加以重视。另外，与之相关的研究虽然深入讨论了水道对区域的经济或文化层面的影响，但却较少呈现"文化本身的转化弹性以及个体作为历史能动性（agency）或行动者（agent）的创造性地位，从而也无法处理文化本身的历史化过程如何得以超越延续与断裂二元化的问题"。[③] 从这个意义上，都柳江的河道疏浚及其带来的流动性可以提供一种视角，看到"区域"在时间中因新的要素加入而被建构的过程。近年来，"弹持论"[④]（engineering resilience theory）被引入了道路修建与区域社会变迁的讨论中，对这一问题做了有益的补充，该理论试图将道路置于生物文化多样性的框架之下，强调区域社会因通道而呈现的诸层面的动态变化，其背后则是将道路作为文化驱动者，将区域视为非整齐划一的又具能

[①] 张应强：《通道与走廊："湖南苗疆"的开发与人群互动》，《广西民族大学学报》（哲学社会科学版）2013年第3期，第30页。

[②] 麻国庆：《南岭民族走廊的人类学定位及意义》，《广西民族大学学报》（哲学社会科学版）2013年第3期，第84页。

[③] 黄应贵：《人类学的视野》，第205页。

[④] "弹持论"认为文化具有"弹持"的能力，面对道路带来的变化时，大部分地域性传统文化第一时间显现了明显的颓势，但其后它们又纷纷完成了自我改善与修复，弹持回归，而并非沿着一开始的轨迹一路向下最终崩溃或者重构。参见周永明《道路研究与"路学"》，《二十一世纪》2010年8月号（总第120期），第71页。

第一章　都柳江流域开发与富禄商业化

动性的开放系统。

本章所关注的富禄乡在现代公路兴起之前,都柳江航道一直是该区域内最重要的交通主干道。都柳江航道疏浚原是清代中央王朝开辟新疆域、加强对西南地区控制的重要组成部分,然而航道的开通,其意义不仅仅为中央王朝在都柳江流域建立起了统治秩序,更值得关注的,是航道对都柳江流域内经济交换、社会关系、生活方式等各个面向所产生的冲击与影响。

本章对清代以来都柳江下游的河道疏浚与商业化过程进行了梳理,提供了富禄故事发生的宏观历史背景。都柳江河道贯通后的商业化发展使得"人"与"物"开始快速流动,水道的流动性使地方社会原有的村落联系和人际交往扩展到了更大的空间范围之中,其基本的社会生活单位,也因江河网络与市场活动而由村落逐渐扩大到区域。空间扩展的背后是人群的接触与文化间的交汇,在富禄,区域社会变迁的动态过程也通过商业移民与当地人的互动过程得以呈现。可以看到,由于河道疏浚与商业化的发展,富禄市场在都柳江流域的重要性日益凸显,而商业性的联系也通过移民的商业活动被逐渐建构起来。这一历史背景之所以重要,是因为由于人与物的流动,"地方社会由过去'传统'的村落,逐渐扩大到区域为基本的社会生活单位,或原有的区域系统之构成重组,因而有区域再结构的现象"。[①] 当人们原有的村落联系和人际交往扩展到更大范围时,则必须建立及维持更大的社会秩序,而区域的原有结构就在这一过程中发生改变。

人的流动为富禄带来了陌生人,广东籍与福建籍被称作"客家人"的商业移民,从下游溯江而上,来到富禄市场从事商业活动,并最终在富禄定居下来。在他们陆续进入富禄的过程中,人与物的流动性使得富禄原有的社会结构发生了改变,从而引起了地方

---

① 黄应贵:《人类学的视野》,第196页。

江河、商镇与山寨：都柳江下游的人群互动与区域结构过程

社会的诸多变化。原本居住在富禄的原住民搬迁到了高坡，而都柳江流域商业的发展又吸引了不少当地人参与到市场活动之中，他们中的一部分甚至离开了土地，搬迁至富禄定居，为商家打工、放排，也成了富禄移民的一部分。在这一过程中，不同的人群汇集在了富禄，构成了富禄族群的多样性和文化的丰富性，而新的区域网络和社会关系亟待建立。

虽然富禄这一地名在今天所指代的是富禄苗族乡政府所在地，然而在当地人的描述中，"富禄"这一地名在不同时间中所指涉的实际上是不同的空间，"富禄"多重空间含义的背后，是由不同人群在不同时间中居住格局的改变所产生的，也与富禄市场重心的转移和人群关系的嬗变有关。今天通过人们对不同空间的记忆与描述，我们得以将富禄放置在时间序列之中，从而更好地去把握区域社会的动态性与人群关系的复杂性。都柳江河道疏浚所引起的上述富禄社会的一系列变化，使我们不禁追问，当人与物在富禄快速流动后，新的人群关系将如何建立？"区域"将如何被人们构织起来？

综上所述，水道的贯通并不只是地理上的沟通，更是在区域发展过程中形成了一种新的经济关系、地方权力格局、身份划分以及"族群"认同标记。水道对于地方社会的影响并不是一个"打破－重构"的单一过程，其中夹杂着生活其间不同人群的极具差异性的社会联系与文化系统。正是借由通道本身所具备的流动性，我们观察区域建构的动态过程才成为可能，文化的再生产过程才得以进一步被探讨和分析，从而真正帮助我们理解"区域"的结构化过程（structuring）。[①]

[①] 萧凤霞：《廿载华南研究之旅》，《清华社会学评论》2001年第1期，第181页。

第二章　富禄移民社会整合与关系网络

随着都柳江水道的贯通与富禄商业化的开展，商业移民陆续来到富禄经商定居，如果说初来乍到、人数尚少的移民还只是地方社会的"过客"与"陌生人"，那么随着时间的推移，越来越多的商业移民因为亲缘关系来到都柳江流域，逐渐对区域社会产生了深远影响。本章关注商业移民到来之后如何从移民内部进行社会组织与整合，并建构和发展其赖以生存的社会关系网络，同时，又在哪些层面上与地方社会产生互动。本书希望在区域社会历史脉络中，梳理商业移民在富禄不同层面所进行的活动，而非仅仅将其视为一个已完成的"本土化"过程加以讨论，因为在都柳江下游，商业移民在地方的生活并非单一的"融入"和"适应"，同时也是一种不同身份人群在不同利益诉求和文化逻辑之下的具有主观能动性的参与和创造过程，且在不同的历史情景下不断发生变化。本章对这一动态过程进行了梳理，借由富禄商业移民的活动，探讨区域社会网络如何得以构织，又如何因不同的境遇而被调整。

第一节　"萍踪莫问家何处"：移民社会整合

一　"同姓相亲"的富禄社会

商业移民到富禄后，为了经营商业和维持日常生活秩序，开始运用各种手段团结与整合社会资源，这些努力包括建立会馆、修建

江河、商镇与山寨：都柳江下游的人群互动与区域结构过程

庙宇，甚至修建"众墓"①来加强彼此间的认同，同时设立商会维持市场秩序。据现今广东、福建籍移民后裔回忆，由于早期来到富禄的汉人没有祖先坟墓可以祭拜，于是由外来商业移民联合起来，在富禄修建了一座象征祖先的众墓，修建众墓的主导力量仍是闽粤籍的赖氏，另外如朱、沈等来自广东、福建的其他姓氏也参与了修建。每年清明时节，广东籍和福建籍的外乡人都会共同拜祭祖先，祭拜仪式过后还要在墓前举行聚餐，举办仪式的费用来自按照祭祀普通祖墓的规矩所指定的公田，由每户轮流耕种，共同维持祭祀秩序。通过这些手段，到富禄的外乡人之间建立了拟制性的血缘关系，加强了彼此的身份认同。建立众墓的目的，一是祭拜远在他乡的故土，二是通过祭拜加强移民间的认同，从而将商家的资源更好地进行联合。众墓的对联如今在一些老人口中仍朗朗上口，上联为"萍踪莫问家何处"，下联为"桑梓休提客是谁"，对联直白地提醒移民要弱化地域差异，强化共通性。

这种试图弱化差异性的努力还体现在广东籍赖氏与福建籍赖氏对他们拥有共同姓氏的看法上，即"尖头赖"和"平头赖"的传说。笔者第一次听到尖头赖和平头赖的传说是2009年在富禄上游16公里、同样位于都柳江沿岸的贵州省八洛村。八洛村位于都柳江主航道及其支流八洛河河口交汇处，作为通往黔省腹地的重要口岸，八洛成了贵州粤盐的主要转运地，从同治年间开始，外埠商贾纷至沓来，广东籍和福建籍商人也因贸易活动陆续进入八洛村定居，而其中就有不少从富禄溯江而上到八洛定居的闽粤籍赖姓，也是在这里，笔者第一次听到了关于"尖头赖"与"平头赖"的传说。

---

① 富禄众墓由不同姓氏的移民共同修建，用以祭拜故乡祖先，大约于道光年间由赖姓主导修建。

第二章　富禄移民社会整合与关系网络

相传赖姓最初居住在福建，在那里有同一个公、同一个祠堂，祠堂里挂着公、婆两张画像，被称为"龙公"和"龙母"。但福建逐渐出现了人多地少的情况，由于生活困难，有一帮人决定去广东讨生活，并在临走之前将"龙母"的画像带走，一路上好有祖先庇佑。正因广东赖姓得到的是"龙母"，所以生的孩子多些，人口也繁衍得快些，但福建赖姓更活跃、更精明，因为福建赖姓留下的是"龙公"的画像。于是人们把福建赖姓叫作"尖头赖"，把广东赖姓称作"平头赖"。①

在富禄，笔者也同样听到"尖头赖""平头赖"的故事在当地流传，有些老人也试图从另外的角度评论"尖头赖"与"平头赖"的说法。他们说，传说只是其中一种说法，还有种说法是因为广东籍赖姓与福建籍赖姓的"赖"字，书写上有所不同，广东籍的赖姓祖上用的是"頼"字，字的右边是个"页"，而福建籍的赖字为"赖"，右边是个"负"，因此从字形上看，广东"頼"是平的，福建"赖"有个帽尖，所以才有了广东是"平头赖"，福建是"尖头赖"的说法。通过"平头赖"和"尖头赖"的说法，我们可以察觉到广东籍与福建籍赖姓之间的微妙关系，虽然闽粤两籍的赖姓承认彼此祖籍的地缘差异，并在富禄通过不同的居住空间来划分彼此的"边界"，但是在另一方面，又通过传说中的"龙公"和"龙母"的故事强调彼此"同宗同源"，足以见得二者在建立认同上的努力。这个传说之所以有其意义，是因为它不仅仅停留在口头表达的层面，还体现在了闽粤籍赖姓的婚姻缔结上。至今，"尖头赖"和"平头赖"之间仍旧保持着互不通婚的传统，问其原因，人们会反问："难道兄弟姐妹之间还能结亲？"

---

① 此民间传说由贵州省从江县八洛村赖仁基于2009年口述。

江河、商镇与山寨：都柳江下游的人群互动与区域结构过程

用传说建立起虚拟血缘关系的例子并不仅限于赖姓，其他姓氏之间也有类似的表述。如在富禄，人们相传赖、傅、谢、张四姓不可相互通婚，因为传说最早他们都曾经居住在"赖国"，"赖国"的居民都为赖姓，后来"赖国"灭亡，部分赖姓就改姓了傅，建立了"傅国"，而"傅国"最后也灭亡了，姓傅的人后又改姓了谢和张。因为这样的传说，当地人相信，这四姓实际上都与赖姓有同宗的关系。其余的姓氏也通过种种说法，用传说的方式提到与赖姓的亲缘关系，比如富禄的朱姓也认为与福建籍赖姓在老家时曾是表亲，因此，如今每年清明节，福建籍赖姓扫墓也会祭拜朱姓的坟墓，反过来朱姓也会祭拜赖姓的坟墓。这些传说在富禄的流传，不仅让我们看到了赖氏在富禄所具有的突出地位，也让我们看到了利用传说所试图整合的不仅只为某一姓氏，而是将富禄各姓氏的移民都囊括了进来。

实际上，在富禄当下能够观察到，围绕姓氏形成身份认同的例子非常多，除了外来的商业移民以外，汇聚在富禄的土著人群也需要一种整合人群的机制，而姓氏则是最好利用的方式，因为对于苗侗人群而言，姓氏数量总体较为单一，主要人群集中于吴、杨、石、陆等几个姓氏之中，因此，虽来源地不一样，但按照相同的姓氏加强联系，成为在富禄更好生存的一种选择。上一章所提及的富禄侗寨三大姓氏，就是在不同时段汇集到富禄的，虽因无族谱难以追溯宗亲，然而却一直按照姓氏为单位，管理"萨坛"。近年来，此种按姓氏建立各自"宗亲会"的做法开始兴起，并也开始修建"众墓"来加强认同。在葛亮寨，同个姓氏之间甚至直接以兄弟姐妹相待，子女以"舅""姑"等亲属称谓相称，关系融洽的程度让外人难以看出实际上他们毫无血缘关系。似乎我们可以认为，这是苗侗人群在长时间以来和外来移民相互接触的过程中，所采借的一种文化手段，但实际上，此种移民整合的诉求对于商业移民和土著移民来说，在不同的时间里并不一样。

第二章　富禄移民社会整合与关系网络

在移民到达富禄之后，面临陌生的环境，急需找到一种整合的机制来找到自我认同与定位，而由地缘关系和姓氏关系形成的联系至关重要，从"平头赖"和"尖头赖"这一具有地缘性和拟制血缘的传说就可以清楚地看出这一点。而移民社会的整合需求在早期市场秩序的建立上非常紧迫，移民们急切地希望能通过移民社会内部关系的加强实现对市场资源的整合，这是他们能够在富禄生存下去的条件之一。无论是从工具性的理性理解，还是从情感性的心态理解，移民通过文化上的"历史传说"和实际层面的关系运用有效地利用了两种整合机制，并形成了一种特定的习惯和习俗，将这种"同姓相亲"的处理人群关系的方式世代传承了下来。

而对于今天的侗族来说，在富禄侗寨，除少部分原本居住在富禄的人之外，大部分也是由于富禄市场繁荣而到富禄居住讨生活的人，他们并非严格意义上的富禄"土著"，作为移民他们也有进行整合的需要，然而由于在市场上所扮演的角色不同，侗族在解放前需要依附权力较大的姓氏或者移民商家老板以维持生计，因此依靠同姓凝聚的需求尚不突出，这一局面在321国道开通之后逐渐发生了改变。321国道穿过侗寨而修建，侗寨原本的村落格局被一条公路分隔开来，甚至当时的廖姓祠堂也因此被拆毁了一半，公路直接从祠堂地基上穿过。然而侗寨的侗民渐渐发现了公路带来的好处。侗寨相邻公路的人家开始借交通方便做生意，开饮食店或是农具店、电器行、小卖部等，公路较大的交通量带来了较大的消费需求，侗寨的人渐渐富裕起来。相形之下，富禄居委由于靠近都柳江，需要步行一段路才可到达，公路上休息的车辆和平日只需要日常用品的人大可不必常往居委走动。渐渐地，沿公路的富禄侗寨成了热闹的富禄中心，而富禄居委则比较冷清。可以说，今天富禄市场的中心人群不再是移民后裔，而是富禄侗寨的人群，如今，他们需要更多的相互帮衬与合作，以使经营得以更好地发展，甚至在三

江河、商镇与山寨：都柳江下游的人群互动与区域结构过程

个姓氏之间，也出现了相互比较的心态，这加速了他们对"同姓"间的认可和凝聚的迫切。

如今侗寨人群同姓间的联合，尤其体现在每年清明节前后的仪式活动之中，如吴姓在各自祭祖之前必须拜祭吴姓共同的众墓；廖氏则共同前往贵州黎平廖家湾集体祭祀先祖；曾氏虽未建众墓，但也需在分别祭祀之前集体聚餐一次。笔者在2012年清明侗寨吴姓共同祭拜众墓时，亲自参加了祭拜的仪式。富禄侗寨吴姓于2011年修建起了用于吴姓共同祭祀的众墓，在清明节各自祭祀祖先之前，必须选择一天，由吴姓的人群共同祭拜之。到了那一天，在吃午饭之前，大概有十几个人就挑着猪头肉和香火纸钱出发去扫墓了。众墓坐落在通往八百街半路的一个山坡上，这片山坡也是吴姓的地，人们说是一块风水宝地，背靠大山远眺都柳江。众墓前是一块没有名字的碑，只写着吴姓祖先宗亲，而这座众墓里面实际上是没有人安葬的。来到墓前，男人们（也有几个女人在场）先把众墓上的杂草清理掉，然后铺上两张像报纸一样大的红纸——看得出红纸上曾用鸡血涂抹过，还有些鸡的羽毛。这两张红纸铺在众墓的正上方，之后便摆上挑来的猪头、鸡，开始点上香火，在坟头上撒满纸钱，来扫墓的人开始各自烧香拜三拜，烧纸钱，嘴里说着自己要许的愿望，如身体健康之类的。然后人们开始在墓前用纸杯倒上酒，打开带来的糯米饭，象征性地吃一点，且在喝酒之前，需要将酒倒些在地上，在吃糯米饭之前也是要弄一小撮撒在地上，意为敬祖先。挑来的糯米饭之中有一篮是黄色的，据说是用这个季节开的某种花来一起煮的，可以清热解毒。吃罢饭之后，开始放鞭炮，数量可观，直到半座山都是烟雾缭绕为止，做好这一切之后，大家就往回走去吃饭了。

吴姓在2012年这次挂众亲聚餐之后还有一个重要任务，那就是聚集在一起共同讨论成立宗亲会的事宜，并在当天选举出了吴氏宗亲会的会长、副会长、会计等人选。宗亲会是近一两年在富禄侗

寨被重视起来的，出于内部整合的需要，廖姓、吴姓与曾姓以同一姓氏组建各自的"宗亲会"，例如侗寨曾姓在3月时，就已成立了宗亲会，他们买来全国性的曾氏宗谱以追本溯源，在富禄曾家中选取了一位开电器行生意兴隆且有儿有女的男性做会长，且每年进行聚餐以加强凝聚。

上述这些错综复杂的表述和传说、微妙的姓氏关系以及修建众墓的行为背后，实际上是移民在建构共性、寻求认同。移民按照同一姓氏进行结合，是为了安置一种能够在异乡安身立命的社会关系。过去闽粤籍赖氏"平头赖"与"尖头赖"的传说是闽粤移民最初在面对严酷的社会环境时所建立起来的一种精神寄托，对闽粤籍的赖氏产生了社会整合的向心力，在此基础之上，借由祖先传说中的"历史故事"，不同的姓氏也将自身与赖姓建立起关联，形成联系彼此的亲缘关系网络，而今天我们仍能观察到的侗寨举行的宗亲会，则是要面临活跃起来的公路市场所产生的整合需求。最初到达富禄的商业移民通过历史传说和人们心目之中建构出的血缘关系，使得移民们从观念上得以拥有共同的身份认同，并形成一种相类似的心态和生活方式，进而联结成为一个整体。除这些方式外，移民也带来了迁出地的文化传统，开始在富禄修建庙宇，且在他们逐渐定居下来的过程中，传统习俗和文化符号又被作为一种强有力的方式对移民社会继续进行凝聚与整合。

二 "天后宫"与闽粤移民

在移民一系列的整合努力之中，修建庙宇共同祭祀，建立属于移民自身的文化符号，成了移民确立身份认同的一个关键步骤。道光年间，福建籍移民与广东籍移民在葛亮共同修建了闽粤会馆，亦称天后宫，馆内供奉天后娘娘，一方面发挥商业会馆的功能，另一方面亦作为庙宇祭拜。由于老会馆毁于兵乱，光绪年间福建、广东籍人氏重修了会馆，至今犹见。碑记曰：

江河、商镇与山寨：都柳江下游的人群互动与区域结构过程

图 2-1 富禄葛亮寨闽粤会馆

穷思经营贸易，固效前人之法则梯山航治，光绪圣母之英灵，我等寄迹溶江历年有所，而道光丙午年间贵州广东福建三省同仁曾于葛亮地方创建吉祥宾馆恭祝天后元君，以为聊集之，所出入旧友商旅有规，莫不称斯举之□善尽美焉。适至乙卯之秋遭兵火之焚，墙垣基址顷变圯□，柴庙铁炉竟成灰烬。允我士庶虽欲援而无由，□今地方既经肃清穷飞荷，圣母成灵之默佑哉则答，鸿森之久远尤宜庙貌以重新缘集同人妥议，择吉重修，斯举也，鸠工庀材综计需千金有奇，然众擎易举，藉集□以成裘仰祈乐善，诸公□跃输将趋骛之事，庶几规模复振气象更新，咸沾神惠于无疆，吾人聊集于得所不其懿于是为序。同治十一年癸酉岁重修，值事：赖万隆慎德号张信合钟顺章福□堂，福万盛恒合号元盛号集成号赖桂芳，光绪十三年岁次丁亥……冬月又立碑，兹将各号捐钱芳名列于后，赖万隆捐钱三十六千文，□记捐钱十二千文，何玲记捐钱八千文，福万号捐钱三十四千文，元盛号捐钱十千文，张建庆捐钱八千文，

第二章　富禄移民社会整合与关系网络

兴泰号捐钱三十千文，泰安昌捐钱十千文，善昌号捐钱八千文，集成号捐钱二十八千文，龙胜昌捐钱十千文，成记号捐钱八千文，万兴隆捐钱陆千文，麦喜堂捐钱陆千文，温利成捐钱陆千文，秀和号捐钱陆千文。①

如碑文所述，闽粤会馆是由闽粤商人发起、以赖氏为主导所建立的商业移民会馆，它不仅将各大汉族商家进行了整合，也将移民自身信仰进行了移植。天后宫是道光年间贵州、广东和福建三省商业移民一起修建的，背后涉及的人群并非只局限于富禄，而是针对在整个都柳江下游区域之中的闽粤移民所设置的一个办事机构。富禄闽粤会馆和商会的存在，无论是从市场贸易方面还是身份象征方面都为移民提供了一种支持和标识，且有研究认为，移民社会依照某种机制所建立起来的会馆，有着显示其团体威信的目的，"祭祀对外是示威，对内则是统合力的强化（即实现成员在意识中的组织一体感），两者互为促进。在经济中心地建立的这种会馆，是为了不使在广阔的区域里建立的同乡结合组织涣散，经常性地在成员内部再生联系纽带"。② 至今，我们仍然能看到闽粤商人在葛亮寨留下的很多显示当年移民社会繁盛的印记，天后宫无论是在空间位置上还是在规模上都是葛亮最为重要的建筑。和存在于各地的众多会馆相似，闽粤会馆和天后宫相统一，门口的门楣上写着"闽粤会馆"四字，旧时的门联上联为"建设麓屯"，下联为"复兴中国"，均为白底黑字，即使时间荏苒，字迹仍旧清晰。如今人们又雕刻了一副对联挂在闽粤会馆正门上，上联为"汉壮苗瑶侗五族"，下联为"闽粤湘黔桂一家"。即使还未走进会馆，仅是站在

---

① 此碑文为2009年8月笔者赴富禄村葛亮寨天后宫调查时所抄录，该碑现仍位于富禄村葛亮寨天后宫中。
② 〔日〕山田贤:《移民的秩序——清代四川地域社会史研究》，曲建文译，中央编译出版社，2011，第129页。

江河、商镇与山寨：都柳江下游的人群互动与区域结构过程

门口阅读这些时空交错的对联，便可感受到天后宫的某种时间痕迹。走进天后宫，可以看见旧时的神殿至今仍供奉着妈祖的神像，神殿两边挂着一副对联，上联为"妈祖慈悲佑一方风调雨顺"，下联为"天后圣灵保四境吉祥安康"。神殿的正对面曾有一片戏台，戏台向两边延伸出左右两条走廊，虽搭建戏台的木头已经衰败并已拆下，但遗留下的精致的雕栏和屋檐仍旧可以看出当年的场景。

在天后宫修建结束后，闽粤籍的商家们又开始进行了关帝庙的修建工作，但是中间出现了一个小插曲。关帝庙还没有布置和装修时，主要负责修庙的赖姓，赌博把身上的钱输光了，就带着修建关帝庙的钱逃跑了，以至于工程拖延了三年才得以继续开工，最终赖姓又在第三年修建起了关帝庙，位置就在今天学校操场边的平地上，即葛亮今天修建庙宇的地方。庙宇建好之后，天后宫与关帝庙的管理都由闽粤籍的移民负责。当时葛亮的苗侗人群将天后和关帝称为"奶玛"与"甫玛"，意为"大妈"和"大爹"。他们最初对天后和关帝信仰的内涵并不十分明了，甚至认为这两个神灵是一对夫妻神，可见，最初天后宫与关帝庙的修建，是作为文化的标志，将闽粤籍商业移民与地方苗侗人群清晰地区分开来。即使在今天，葛亮的苗侗居民们对天后信仰的理解与富禄闽粤移民后裔相比仍存在着差异，比如当笔者用"妈祖"来称呼天后时，苗侗居民总会好意地提醒笔者，"你说得不对，不是妈祖，而是天后娘娘"，或是称其为"灵大姑"。而今天居住在富禄居委的闽粤移民却可以详细地向笔者讲述关于"妈祖林大姑"的故事。他们所讲述的故事如下：

> 林大姑本来是个小姑娘，有一天她在自己家做针线活，太累了就睡着了。睡着之后她做了一个梦，梦到自己在天上飞，飞了一阵她看见了她爸爸，她爸爸跟她说我们在这里遭土匪害了，你赶快回去喊人来救我们，要赶紧点，要不然来不及了。

林大姑就赶紧往回赶,但是赶回来喊人已经来不及了,她爸爸已经被人害了,她就很伤心,隔天就跳河死了。①

在有关林大姑的诸多传说中,这个传说充满了悲剧色彩。居住在富禄的人们根据自己的生活经历,将天后的故事进行了重新创造与解释,"土匪"几乎是富禄汉族商家们最为闹心和恐惧的一个群体,无论是货物在运输的过程中还是在富禄本地,商家们都面临着被抢劫的危险,于是产生了这样一个具有"地方化"色彩的妈祖传说。这种对于传说故事的改造过程,实际上也是闽粤移民们对地方树立起地方认同的过程。②

移民们不仅在富禄移植了自己的天后信仰,也带来了他们的节日习俗,富禄花炮节正是在闽粤会馆修建之后逐渐形成和流变的节日。最初在富禄,人们对花炮节的称呼为"赶庙会""赶会期",每年农历三月廿三,在葛亮闽粤籍移民商家的支持下,会举行隆重的酬神仪式,③而三月廿三正是天后娘娘的诞辰日,敬神仪式之后还有唱戏和商会聚餐,而整个庙会中最精彩的部分当属放花炮。放花炮,即人们清晨先将一枚银牌供奉在庙宇之内,再汇集到河滩上,男人们脱去上衣摆好架势之后,随着铁炮爆炸,一个用红线缠绕的铁圈被发射到空中,坠落后谁若抢得,便可以获得将庙中供奉的银牌请往自己家中的资格,而这个资格伴随着的还有神灵对家庭的专属庇佑。最初的花炮为两枚,一枚供奉天后,一枚供奉关帝,天后将会庇佑那些从事木材生意的商家水路平安,关帝则保佑商家

---

① 此传说由富禄居委祖籍广东的黄启华提供。
② 参见廖迪生《地方认同的塑造:香港天后崇拜的文化诠释》,《诸神嘉年华——香港宗教研究》,牛津大学出版社,2002,第222页。
③ "三月廿三"妈祖诞放花炮仍可见于今天福建、广东、香港等沿海地区,然各地习俗有不同程度的差异,学者们对妈祖与花炮已做相关研究,参见廖迪生《地方认同的塑造:香港天后崇拜的文化诠释》,《诸神嘉年华——香港宗教研究》,第222页。

江河、商镇与山寨：都柳江下游的人群互动与区域结构过程

生意兴隆，一切顺利。在闽粤商家仍驻葛亮的时期，侗族参与花炮节的程度较为有限，比如商会在闽粤会馆内聚餐时，也会宴请周边侗族寨子的寨老一同进餐，又如商家老板一般不会亲自赤膊上阵抢花炮，而是组织一帮为自己打工的后生去争抢，其中不乏侗族和苗族的年轻人。在庙会期间，河滩上会有临时市场，小商贩们会集中在这里摆摊，周边村寨的当地人会来市场进行交易，然而总体来说，抢花炮到家中供奉的人仍以移民商家为主，共享花炮意义的人也仍是移民，从这个层面上来看，当地人的参与度仍较为有限。这一时期移民依靠的主要力量还是商家与商家之间的相互帮衬，而通婚也主要以移民家庭为主，当地人对花炮内涵的理解并不明了，一方面是由于移民与当地人文化还未进行充分的沟通，而另一方面也与当地人参与市场的活跃程度有关。

由此可见，葛亮花炮节是根据汉人移民的文化诉求而产生的习俗，抢花炮实为"三月廿三"妈祖诞中的一个环节。天后宫、关帝庙一方面为移民的精神世界提供了寄托和支持，另一方面又是商业移民在世俗层面进行整合的文化手段。在修建天后宫以及日后组织花炮节的过程中，闽粤籍的赖姓商人都占有绝对的主导地位，通过建立自身的文化符号与组织花炮节日传统，赖姓进一步掌握了对地方事务的权力与控制力。而在富禄之外，这些努力又为汉人移民们建立起了一种身份认同，认同的范围不仅仅是富禄地方，每到三月廿三花炮节那天，都柳江下游的贵州省从江丙妹、八洛、贯洞、黎平水口等地的汉族商人，都会到富禄参加节庆活动。看似简单的节庆游玩背后，又延伸出他们之间的商业联系甚至婚姻关系，在没有现代通信工具的年代，节庆成了他们定期进行密切联系的一种契机，从而在更大范围内建立起区域性的联系。

从闽粤移民的角度来讲，天后宫、闽粤会馆的修建是对他们自身社会的整合和地方认同的强化；而对当地人来说，庙宇修建和节日习俗又将一种新的宇宙观与世界观引入了富禄：一方面，他们

也在接受地方中出现的新的神灵和信仰；另一方面，他们也在积极地运用自己的知识改造新的信仰和节日。在本书第五章有关花炮节的论述中，笔者将对这种文化的再解释进行进一步的探讨。当地人的信仰也在影响着移民，如果说在"天后宫"和"闽粤会馆"时期，当地侗民的角色尚显薄弱，那么在接下来的部分中我们将会看到侗民又如何在地方影响了富禄闽粤籍移民的世界观与地方认同。

在这一节中，笔者讨论了富禄闽粤移民到来之后所做出的社会整合的努力。首先，人们以姓氏为原则，建立起同姓氏间的亲缘传说，"尖头赖"和"平头赖"将闽粤籍的赖姓联合起来，遵守互不通婚的约定，在富禄作为一个整体参与社会生活与市场活动。其次，人们又按照地缘关系建立起彼此的联系，在地方建立起由不同姓氏的福建移民共同祭祀的众墓，共同祭祀远在他乡的故乡的祖先。而后，以闽粤移民为主导，在地方进行乐捐，在葛亮修建了闽粤会馆，并移植了迁出地的民间信仰，建起了天后宫与关帝庙，通过拜祭神灵与节日习俗的形式将都柳江下游范围内更多地方的闽粤籍商人移民联系起来，进一步对移民的力量进行汇聚与整合。笔者不想用"移民们逐步完成了在地化过程"类似的句子去形容这一系列的努力，因为这样的过程，似乎并没有完结的迹象，当市场环境变化、来到富禄的移民数量增多后，移民们面对新的境遇时将持续调整自身的定位。

第二节 富禄市场中的移民商家

一 从"闽粤会馆"到"五省会馆"

如本文第一章所交代，居住葛亮的商家们于光绪初年逐渐移居河北岸之富禄，经过了同治年间的"苗乱"后，搬迁后的闽粤籍移民意识到，若要在富禄长久经营生存下去，仅靠闽粤二省移民的

江河、商镇与山寨：都柳江下游的人群互动与区域结构过程

力量是远远不够的，加之市场贸易体系的扩大和市场网络的逐渐成熟，闽粤籍的商家们希望能够统合更多的市场资源。于是，大约在光绪初年，商家们在都柳江北岸的富禄，修建起了"五省会馆"，包括粤、桂、湘、黔、闽五省，会馆大门对联为"汉满蒙回藏五族，粤桂湘黔闽一家"。五省会馆与闽粤会馆相比，更加强调会员经济上的联系，此五省会馆在1927年富禄商会成立之前，实则发挥着富禄商会的功能，商家们共同制定规章，维持市场秩序。会馆历任理事仍旧是以赖姓为主导。今天还有老人家将当年修建五省会馆的大概经过记录下来，笔者有幸得以收录如下：

> 相传清光绪初期，开发富禄的粤、桂、湘、黔、闽五省志士仁人，在富禄青龙坳围凸坡修建"五省会馆"一座，作为商议、共事之场所。会馆大门楹联书"汉满蒙回藏五族，粤桂湘黔闽一家"，横额为"五省会馆"。会馆活动，以增进工农商之间往来，搞活周边贸易，促进商贸发展，繁荣市场经济为宗旨。为维护整体利益，建设地方，会馆订立有详细规章，以资会友共同遵守（历代动乱，遗失）。
>
> 曾担任过会馆理事会理事的人员有：赖国贤、赖国珍、赖国成、赖家焕、赖家太、赖学鸿、朱开先、孔干卿、孙东甲、汤楚安、赖学华、周焕庭、曾宗鼎、梁启超、赖禾臣、赖西山、余绍元、曾森荣（仅凭知情者回忆，疏漏在所难免）。
>
> 会馆活动最有影响的要算筹办于每年农历三月初三，踏青节之日，举行"赶庙会""抢花炮"活动，当地群众称为"赶会期"。
>
> 会期活动经费，开始由会馆会费收入中开支。其时，会馆会员每月缴纳会费，以"份"为单位，有交两三份，也有交四五份的，生意旺的商人舍得多交（每份交银多少欠详）。每年三月三会期到来之前，会馆集中议事，并宰猪分肉给会员。

第二章　富禄移民社会整合与关系网络

按交费份分,每份猪肉一挂(约二斤),多缴纳者多得。

1927年,富禄成立商会后,改由商会收"贷利"中开支,会馆活动休止,以商会活动取代之。

1928年,在"三王庙"处改建为富禄小学校,将"三王庙"之偶像移到"五省会馆",供人们祭祀,后来会馆即变为"三王庙"矣。

解放后,捣毁偶像,会馆原建筑用作食品站,1987年将"五省会馆"拆卸,改造为如今之"农贸市场"。[1]

在富禄还没有商会的时候,五省会馆就是商人们进行商议的场所,且五省会馆很大,据说比三王庙要大很多,外地的商人来到此处,富禄的人会把他们安排在会馆内住宿,因此也有临时招待所的功能。五省会馆设有会首,会首是每一年或者两年选举出来的,凡是五省会馆的会员每月都要交3~5毫的会费,据说加入的会员确实是五省范围之内的,五省之外的商人则不能加入。上述材料中有几点让笔者饶有兴趣,如从理事会的人员名单来看,五省会馆背后的主导人群仍旧是富禄的闽粤籍赖姓移民,从"闽粤会馆"到"五省会馆",赖姓移民们所扩展的并不仅仅是商业性的联系,而是实现了从"身份认同"到"地方认同"的转变与扩展。这种转变一方面是由于来到富禄的汉族商人越来越多,成了地方不可忽视的力量;另一方面,虽然上述材料中只字未提侗民的信息,然而从1928年"三王庙"与"五省会馆"合并的这一事件不难看出,地方苗侗人群在地方开始扮演了越来越重要的角色。

在笔者看来,三王庙在都柳江下游向来颇为神秘,之所以称之"神秘"是因为在都柳江两岸,至今仍能听到很多关于三王的

---

[1] 由富禄居委赖守基亲笔整理记录,文中括号内注释内容为赖守基标注。

江河、商镇与山寨：都柳江下游的人群互动与区域结构过程

故事，然而可以被观察到的三王庙在区域中并不是很多，只有上游梅林乡新民村存有三王亭，下游良口乡的和里村还有老堡仍留有三王庙旧址。而对于富禄地方来说，三王更像是人们记忆中的一个神灵，若隐若现。今天富禄的汉人们认为，三王是地方少数民族才信仰的神灵，移民也是因为来到这片地方，受当地人影响才信仰三王的。而对于地方侗族和苗族来说，笔者每每问及三王时，总是收获甚少。查看县志，发现其中记载了一些与三王庙有关的信息。

> 三王宫据传说是为祭祀夜郎国第三王子而建。至于该王子是否到过怀远，为何建立此庙，已无资料可考。传说在汉朝初期，西南地区少数民族自然领袖竹多同德智超群，为人厚道，受到百姓的尊敬和爱戴，众民一致推举他统管民族政务。后来竹的儿子，皆德才兼备、智勇双全。汉武帝南征时，竹家父子晓明时务，为武帝统一大业和民族团结立下功勋。武帝赐印绶，封竹家父子为夜郎侯。竹在任职中，正直无私，为民做了好事。当竹逝世后，群众怀其德政而立庙雕像祭祀。明朝（1463年）郝皇统军南下平乱，走楚去粤、路过此地，袭用汉武帝的办法，敕竹多同为竹王，封三子为三王，因此而建"三王宫"为其立传。①

学界对于三王庙已经有了一些关注，并通过对民间信仰的探讨来展现地方社会与国家的复杂互动关系，讨论了地方神明"标准化""正统化"及地方文化"差异性"等概念。三王庙亦被称为"白帝天王庙"，白帝天王亦称"竹王三郎神"或"三侯神"，其在湘西苗疆境内曾被朝廷敕封为地方神，白帝天王庙集中分布于湘

---

① 三江侗族自治县志编纂委员会编《三江侗族自治县志》，第181页。

黔边界，一般都供奉着白帝天王三兄弟。① 民国时期的三江县志甚至将其列为淫祀：

> 三王庙夷俗之祀也，汉武帝杀夜郎王后，复封其三子为侯（竹姓），死后夜郎人为之立庙，其习遂由黔省而染于县境耳，老堡、河里有之……②

有趣的是，闽粤商家修建五省会馆时，并没有将天后重新请到会馆之中，而是于1928年，在五省会馆之中设立了三王庙。据汉人移民后裔们的说法，之所以将三王庙移入五省会馆，是因为"我们既然来到了别个的地方，就要入乡随俗，也信别个的神"。这里所说的"别个"主要是指生活在都柳江下游区域之中的少数民族。在三王庙进驻五省会馆之后，在富禄的汉人商家除过春节时还去葛亮祭拜天后外，几乎不再拜天后，而今天的富禄人更是很少到葛亮祭拜天后。因为有了五省会馆，富禄商人也不再在三月廿三举行花炮节，而是在三月三这一天重新在富禄组织花炮节，今天的富禄"三月三"花炮节中，几乎看不见天后的影子，在放花炮之前的敬神仪式中，老人们也只是祭拜三王，但据见过富禄三王庙的老人回忆，富禄三王庙的规模和精致程度都比不上葛亮寨的天后宫，三王庙内放置有10尊菩萨，而负责管理三王庙的人都不是闽粤籍的移民。

实际上，移入五省会馆的三王庙并非1928年新造的，在这之前三王庙一直存在于富禄侗寨。说起其起始时间，早已无人记得，

---

① 三王庙相关研究参见谢晓辉《苗疆的开发与地方神祇的重塑——兼与苏棠棣讨论白帝天王传说变迁的历史情境》，《历史人类学学刊》第6卷第1、2期合刊，2008年，第111页。
② 三江侗族自治县地方志编纂委员会翻印《三江县志》（民国35年）卷2，第60页。

只是有人提到，三王庙实际上是由富禄侗寨廖姓主导修建的，然而即使是如今的廖氏，也说不清三王庙的始末。只是笔者推测，将三王庙移入五省会馆是否与廖氏在市场上的参与程度有关。随着富禄市场的活跃，廖氏也逐渐在市场贸易中获得了资本，成为较为富裕的家族，今天人们仍能回忆，廖氏是第一家在富禄开商铺的侗族，而至今我们仍能在富禄见到的廖氏祖屋——一座装饰相对华丽的印子屋，也彰显着廖氏在富禄市场中拥有的实力。虽然如今我们已经无法追溯三王庙背后的人群，然而三王庙与五省会馆的结合，传递出的是侗族在地方社会和市场贸易中权力的显现，如果富禄曾经的三王庙确实由廖氏主导修建，那么三王庙进入五省会馆的过程相信与富禄侗寨廖氏在地方事务中的活跃度不无关系。从清末的"闽粤会馆"到"五省会馆"，从民国的"五省会馆"到"三王庙"，复杂的会馆与庙宇背后折射出来的实际上是富禄地方权力结构的变动以及人群关系的变化。

二 商会与赌会：市场权力格局

旧时，富禄的社会组织除了闽粤会馆和五省会馆之外，还包括商会、同善社、基督教会、赌会，他们在富禄所发挥的作用各不相同，却共同构建了富禄的社会形貌，维持着富禄当时的市场秩序以及社会秩序。本部分将对人们目前还留存有记忆的社会组织进行追溯，从而理清各个组织背后的人群以及他们所扮演的角色，探讨这些组织在当时所发挥的社会职能，同时借以分析置身其中的人群的权力关系。

前文提到，五省会馆在 1927 年商会成立之前，实际上在富禄发挥着商会的功效，而 1927 年所成立的商会，属三江县商会富禄分会，是在一个相对完善的组织系统和制度之下运作的。当时整个三江县的商会只有三个，一个在富禄，另一个在林溪，总会在古宜。富禄商会所在的位置就是今天的和平街，如今走在和平街上仍

第二章 富禄移民社会整合与关系网络

能看见曾经商会木房的残垣断壁，其建筑确实与周围木房不同，显得更为精致，然而面积不是很大。据福建籍赖姓移民后裔回忆，商会所在的位置就是他们家曾经的老房，而商会的成员也主要是以赖姓为主。商会底下设立了5个理事，护商队队长1个，队员有30人，护商队的队长叫赖志勋，来自祖籍广东的赖家，手里甚至有30多杆枪。

笔者虽然不能肯定富禄商会就是汇聚这些赖姓商人的中心组织，但是据富禄商人透露，商会中按资金的多少缴纳会费，且非富禄的商人也可以参加富禄的商会，商会头子由资金比较雄厚的人来担任，且无任期的限制。可以看出，富禄商会整合的范围并不只是富禄村，而是包括都柳江下游区域的其他商家。当商会整合的资源足够多后，它的功能甚至超出了经济层面，商会还进一步承担了保证村落安全的职责，如护商队的成员都是商家自己出钱给养的，运送货物也由商警队出人全程跟随。如今富禄有的老人在回忆商会时说，其实商会没别的，最主要的任务就是养了两班人，而推选出来的会长的权力就是管这两班人，这两班人的任务就是押船往上游走。

在人们的叙述中可以明显感到，商会成立前后，运送货物的船只安全仿佛是商人们所共同面临的头号问题，货物很容易被土匪抢夺。当地人回忆说，"这些土匪端把枪，看到有船来都喊你靠岸，什么都抢的"。即便真的"什么都抢"，但实际上，土匪抢夺的货物也有贵贱之分，我们可以从县志里面找到某些蛛丝马迹。

根据县志记载，民国时期，三江地区的航道是滇、黔鸦片运往两广及沿海各地的重要线路，烟商往来较多，很多商号除从事一般的商业活动外，也暗地兼营鸦片生意。再加上三江地处桂北边缘，与黔东南、湘西南毗邻，是湘、黔毒品入桂的主要通道之一，尤其是贵州省的鸦片输入量最大。国民党地方政府对毒品明禁暗放，并

江河、商镇与山寨：都柳江下游的人群互动与区域结构过程

对鸦片烟土进行征税，以"禁烟"的名义对地方征收高额赋税，致使不少偏僻地方种植罂粟。① 可以想见，富禄特殊的地理位置，自然而然是鸦片贸易的重要市场。1952年7月政府在对古宜、富禄两镇所做的调查中发现，两镇鸦片在此集散为60000两左右，存货仍有数千两，缴获鸦片1449两。② 如今还有老人记录下当时政府对鸦片的态度：

> 解放前，湘黔桂三省交界的几个山区县普遍种植鸦片，稻田、山地到处都种，国民党是明"禁"暗"放"，一到春天鸦片收割季节，国民党县长就带大队人马下乡以"铲烟苗"为名，收取鸦片烟税，中饱私囊。在三江当过县长的谁不发过大财？1949年初三江县长白济环离任时，用竹篓装东毫，雇三只木船运走。当时，谁都知道来三江当县长是个肥缺。据说，广西省政府挂的广西地图，三江的位置都被指点得模糊不清了，个个都想来三江捞一把。③

老人还在文中回忆到：

> 我第一次见到罂粟花开得这样美，红、黄、白的花朵夹杂着小石榴似的果实，撒满沿河大片稻田，人们正开始用刀片割取果浆熬炼鸦片。④

而在富禄，赖守基这一房族就曾有人在富禄开烟馆。据回忆开烟馆所需的烟土都是从贵州进来的，贵州种烟、贩烟的老板经常来

---

① 三江侗族自治县志编纂委员会编《三江侗族自治县志》，第633页。
② 三江侗族自治县志编纂委员会编《三江侗族自治县志》，第634页。
③ 政协三江侗族自治县委员会编《三江文史资料》第七辑，2000，第12页。
④ 政协三江侗族自治县委员会编《三江文史资料》第七辑，第12页。

第二章　富禄移民社会整合与关系网络

富禄居住，有的甚至是常住。烟土一坨一坨地用叶子包好，有人来买就切一点点用秤称好。这些烟土都是生烟土，开烟馆还需将烟土熬制一遍，有人来烟馆里抽烟，就需花4个东豪买一小碟，而一小碟只能抽个五六口，因此，经常来抽的人只能是富裕人家。除了赖家开烟馆以外，一个从融安来的叫胡正德的人也开了烟馆，据说赖家所开的烟馆还没有胡家的规模大。

从上述材料可以看到，鸦片贸易在民国时期的富禄尤为盛行，而商会这时在富禄的出现在一定程度上可能与鸦片的运输有关。在解放之前，停靠在富禄溶江河边的一百来条船，都归商会管理，可见商会职责的重点在于维护贸易运输的秩序。民国后期，地方社会秩序的混乱使商会的武装性力量显得尤为重要，商会除了对商家进行武装保护之外，对地方事务的参与程度也很高，甚至对于富禄街市来说，它几乎是最为主导的权力机构。商会平日也会集资开展公益事业，比如商会还集资修建了富禄的青石板码头，即今天的富禄大码头。虽然是以商会的名义所主持修建，但主导事务的仍然是闽粤籍的商业移民，特别是广东籍的赖氏。另外，曾经的富禄花炮节，也都是由商会组织商家铺面提供资金人力，在游花炮的时候只游移民所居住的街道。最初组织者里没有当地人，而游花炮的路线也并不包括侗寨。

富禄商会在解放之后，随着商会会员的没落而消失，但今天富禄仍旧有一个商会，商会的负责人就是广东籍赖氏的后代。他在广东籍赖氏聚居的复兴街开了一间中药铺，各种商品的广告邮件都会在中药铺里由他集中收发。如今的商会最为重要的职能是当有厂家把商品推介到富禄时担任推广的任务。一般厂家会集中商会的成员一起聚餐，如今商会成员则是在富禄居委开门市的商家，如今的商家不仅仅是广东、福建两籍商业移民的后裔，还包括解放后从湖南等地来此租店铺做生意的人。今天的商会与过去相比没有了对地方事务的控制权，而只是针对商品的销售而建立的组织，每年的花炮

江河、商镇与山寨：都柳江下游的人群互动与区域结构过程

节的乐捐名单上，富禄商会也不再作为一个整体捐助资金，而是以各家为单位出钱。

除了商会是闽粤籍移民对富禄社会记忆最为深刻之处以外，赌会也是人们常常提及的组织，当人们在讲述赌会的故事时，实际上也透露出富禄移民社会复杂的内部关系。赌博在中国乡村有着很长的历史与生命力，甚至是地方政治与人群关系的一部分，当都柳江航道疏浚完成后，富禄地方由于快速的人口流动和资金往来，赌会也渐渐成熟起来，几乎成了货币流转的一个部分。人们除了来富禄进行货物的交换之外，也想来此地碰碰运气，寻找一些额外的钱财。由于时间的因素，笔者已无法去还原旧时赌会的博弈过程和技法，在此仅希望从赌会的角度，去探究富禄移民内部存在的组织与权力。赌会在富禄最为盛行的时间，是民国时期。1916年县府创建筹饷公司，筹饷公司的任务即征收赌博捐，由总公司招商投筒承包。设立这种税捐，实际上使得赌博合法化，使赌风遍及三江县境。

今天在富禄仍能听到与赌博有关的回忆。沈大爷[①]曾回忆自己的父亲其实在地方也算是蛮厉害的人物，用沈大爷的话来说，就好像富禄地方的"宋江"，原因是他的父亲好赌。他父亲不仅个人爱赌，而且还在富禄这里开设赌摊，这个赌摊并没有固定的摊位，而是流动的，有时也会流动到贵州境内，有时又流动到融安去赌，因为这样的流动性，他父亲也认识了很多同个圈子的人，并对这一行乐此不疲。当时长安有个做生意的朋友有次还邀请他父亲跟他一起做生意，告诉他其他什么杂事都不用做，因为他父亲会说话又灵活，所以只要求他陪自己去谈生意，做些类似于今天的公关事务。但是他父亲思考之后认为那样太不自由，且赚钱也不如赌摊来得快，最后还是拒绝了这一邀请，

---

① 沈葆华，现居住富禄居委，为广东籍移民后裔，访谈时83岁。

回到富禄来继续自己的赌会生意。因为他父亲在江湖上的名声，沈大爷还记得他父亲经常带一帮融安的人到家里来吃住，这些人就是和他一起搞赌生意的人，时间长了就成了朋友。后来富禄的赖家不知为何对这帮融安来的人甚是不爽，沈大爷的解释是他们赖家觉得这些融安来的人到了富禄都不和他们赖家打交道，忽视了他们在富禄的权威，所以很生气，于是赖家就到沈家来要打这帮融安来的人，后来沈父在中间斡旋，才缓解了这一矛盾，之后融安的人仍旧会到富禄来，可是赖家再也没来找过麻烦。这一过往一方面可见赖姓在富禄事务上的主导角色，另一方面也显示出沈家凭借个人性情与能力以及在赌会生意上的成功，也能在富禄市场中占据一席之地，甚至成为可以与富禄赖氏较量的力量。

如果说富禄商会、赌会是富禄市场上男性主导的活动，那么女性在富禄市场中又扮演怎样的角色呢？在富禄曾有个社会组织叫"同善社"，成员主要是女性，且是富裕人家的已婚女性，她们平时的活动就是在一起念经，且聚会频率还颇高，每个星期要念4次左右。如果地方上发生什么灾害，她们就会出来进行捐助，或者过路的来要饭，她们也必定会给予施舍。同善社虽然是一个民间宗教社团，然而在富禄通过富裕人家女性的参加，也同时具有了社会福利的功能。如今，有赖姓移民后代写下的相关的回忆材料：

> 相传1919年，由开发富禄镇的粤、桂、湘、黔、闽五省同仁，自发地组织一民间活动社团，名曰"同善社"，并集资修建木屋楼房一座（在今复兴街，王绍珍，诨名"更声二""屋上坎"），占地面积约75平方米。发起主持人有：赖家焕、赖国成、赖采梧、赖学华等。其活动为"求神""念经"，每月举办7~8次，凡参与活动者，首先烧香敬神，然后双腿盘

江河、商镇与山寨：都柳江下游的人群互动与区域结构过程

在草席上，两掌合一，五指并拢，默念经典。前去烧香"求神""念经"者，多为镇上富裕人家之主妇，有30~40人。举办时间约十年左右，初期气势很浓，过后逐渐淡化，最后歇办矣，留空屋一座。1943年，将"同善社"房屋拆卸，移其材扩建富禄小学。①

可见，同善社是因道教在都柳江流域的传播而兴起的一个民间宗教团体，此类宗教团体不仅存在于富禄，在三江县等人口较多的地方也存在。这个宗教团体给女性提供了一个集会的空间，这些富裕人家的妇女在一起彼此交好，一方面是市场上商家力量整合的体现，另一方面则是女性在地方上通过同善社发挥着特定的作用，这个作用类似于地方的"慈善机构"。今天在富禄要再次找到这些曾经的富裕人家的妇女已经成为一件很难的事情，因为在解放之后，真正的富裕人家大多已经搬离了富禄，他们前往三江、柳州生活，因此关于同善社的回忆来源只能是留在富禄的旁观者，这些旁观者中的女性认为，同善社其实就是女人在一起玩耍聚会的地方，"她们平时没有事情做，就也想在地方找点事"，可见女人试图超越家庭内部，利用家族在地方的力量，在社会层面进行活动。

在本节中，我们得以看到，汉人离开葛亮居住富禄北岸之后，修建了"五省会馆"以试图在更大范围内对移民社会进行整合，从"闽粤会馆"到"五省会馆"的转变，是闽粤籍移民对自身定位的重新调整。身份认同和人群边界的划分在经过确认之后，逐渐形成了一种"地方认同"。"三王庙"最终进驻"五省会馆"体现了当地人与移民之间的微妙关系，让我们不仅看到移民带来的文化如何被地方所接受，也得以看到当地人的世界观与宇宙观如何影响

---

① 资料来自富禄居委赖守基所撰写的材料。

移民。通过移民社会的整合，移民们逐渐建立起信任与联系，商家可以更好地整合资源以在市场中生存。由于富禄移民多数从事商业，因此他们所联系起来的社会关系网络与富禄市场网络在很大程度上相互重叠，因此，"闽粤会馆"与"五省会馆"整合的人群不仅仅局限于富禄，在都柳江沿岸甚至深入支流定居经商的商业移民，也通过富禄的会馆得以联系起来。

商会、赌会、同善社这些由移民内部不同人群主导的社会组织的出现，显示了移民社会通过内部的整合，形成了相应的市场秩序与社会秩序，移民们开始在各个领域建立自己的社会关系，这些社会关系不仅仅限于富禄，而是延伸到了都柳江上下游中的其他市场与地方。

第三节　私人关系与地域统合

在富禄当地流传着这么一句话："要吃饱饭，黄金龙岸；好玩好耍，罗城四把；要吃好酒，龙额水口；要吃好汤，贯洞洛香。"这句话是经过富禄本地人改创过的版本，原本的说法为："好玩好耍，东门四把；穿衣吃饭，黄金龙岸。"原本的这一说法实际上是在广西罗城县①广为流传的俚语，说的是该县的四个好去处，一是县城所在地东门镇、通衢四方的交通要冲四把镇以及物产丰富的黄金和龙岸两大乡镇。然而经过富禄地方改创后，又加上了龙额、水口、贯洞、洛香，它们都是由富禄出发沿都柳江及其支流所能到达的地方，如今都在贵州省境内。这句经改创后的俚语以寻常形式折射了人们通过日常生活联系起来的外部关系，背后则是以富禄为中心所拓展出去的区域网络。它们通过不同的机制，

---

① 罗城县全称罗城仫佬族自治县，位于广西北部、河池市东部，与融水苗族自治县相邻。

江河、商镇与山寨：都柳江下游的人群互动与区域结构过程

和地方社会发生各种联系，首先是市场层面，盐和木材等大宗货物交换形成了生意上的往来；其次在婚姻方面，由于门当户对的观念，外来商业移民大多数只与移民相互嫁娶，有时只能嫁或娶富禄地方以外的移民。部分与当地侗苗通婚的，也只与那些家财殷实的地主家庭通婚。这样一来，通婚的范围势必超出富禄这个小地方，与更大范围的人群联系起来。在本节中，笔者从与富禄关系密切的几地出发，去看移民关系网络是如何在都柳江流域构织起来的。

笔者于 2008~2009 年曾前往都柳江富禄上游支流八洛河流域的八洛、贯洞、洛香进行田野调查，又于 2010 年夏在下游支流水口河水口进行过短期的田野调查。在本节中，笔者希望以上述几个地方为线索，综合运用几个空间内所获得的田野资料，讨论富禄在区域中的私人关系，其中既包含市场联系，也包含婚姻关系及兄弟关系，旨在从琐碎的日常人际关系出发去看超出富禄地方的地域统合。

一 "富禄金窝，水口银窝"

乘坐一艘小船从柳州出发溯流而上，会依次经过广西的融安县长安镇、三江县老堡乡，随后在三江县高安乡告别宽阔的都柳江主航道拐进水口河，沿河而上来到水口，此时若再想溯流而上就变得十分困难了，毕竟南江河与雷洞河水量有限，承载不了太大的重量，于是只能在水口下船，若我们的目的地是黎平县，那么就可以走水口到黎平的陆路，一天半可以到达。实际上，上述提到的高安、老堡、长安、柳州，甚至都柳江汇入珠江后的入海口广州，无一不是商品云集之地。水口虽然看似深藏于青山绿水之间，却因为江河的缘故，与外面的世界保持着密切的联系，商人们追随市场的脚步迁徙，在合适的地方落脚生根，而我们之前所想象的水路图，也是一幅水口商人迁徙的路线图。在水口，笔者找到了这些远道而

第二章 富禄移民社会整合与关系网络

来的商人们的痕迹,当我们与他们的后代坐在一起听他们讲起父辈祖辈甚至祖先的故事时,无不为人之命运而感叹。①

水口街上的移民包括闽粤籍与湖南籍,而闽粤籍移民数量最多。水口移民有三大家族,分别为王姓、李姓、朱姓,在这些家族之间,都多多少少存在着姻亲关系,虽然也有少量的外来移民娶侗家姑娘做媳妇,但是有的是接来当小老婆,而有的则是因为资产不富裕才娶当地人。当笔者初到这里时,侗族和汉族居民同时告知我们,侗族不和街上的汉族通婚,而汉族也基本不会找侗族姑娘结亲。过去这一情况更是如此,一般移民商家即使不在本街上娶媳妇,也会跑到生意往来比较密切的地方去讨一个,而富禄就是婚配最多的地方之一。看起来,富禄与水口之间的确存在着相当程度的人情关系。实际上,当人们回忆起过去水口与富禄的交通情况时,都说乘船并不是很方便,去富禄也是走陆路过去,"两头黑"② 也能跑个往返,也许这也是两个地方的人能保持相对密切交往的原因之一。孟明兴③老人还告诉我们一种说法,有一句当地的谚语是"富禄金窝,水口银窝",这句话表达的意思是富禄和水口是周边村寨最为富裕的两个地方,富禄最富,水口其次。其实,自然而然的我们可以想到,因为门当户对的观念对汉家商户影响非常大,那么婚姻关系的缔结也只能在有限的范围内才能受到亲朋好友的祝福。由于富禄与水口的距离并不遥远,因此,我们能在水口发现不少水口-富禄婚姻也就不足为奇了。商人们的外部联系除了婚姻之外,还有生意上的往来,也许正是因为水口和富禄之间有着那么多的私人关系,所以生意才做得比较顺畅。据说,解放前当食盐不足时,水口的盐商就收集上五倍子、桐油籽等山货去富禄换盐。

---

① 此部分材料由笔者于2010年7月与中山大学人类学系2007级本科实习小组赴水口调查搜集所得。
② 两头黑意为天亮前出发,天黑后返回。
③ 孟明兴,时年82岁,居水口镇。

江河、商镇与山寨：都柳江下游的人群互动与区域结构过程

在水口的移民后裔中，王姓为其中一大姓氏，王姓称自己为客家人，大约于19世纪80年代从广东梅县来到今广西三江县富禄乡，帮当地的赖姓老板照看铺面打理生意，娶得赖姓的姑娘成家后，又举家搬到水口。王家来到水口之后，迅速在水口将生意特别是粤盐生意扩大，甚至成了垄断水口一方的大商户，至今仍被人们津津乐道。在水口王姓还被称作"秤杆子"，比喻其做生意很厉害，其中特指一家叫"王裕生"商铺的老板。王裕生也是从广东梅州迁来的，为客家人，之所以离开家乡是因为在广东难以维持生活，王裕生先落脚富禄，帮富禄的老板看看铺子，后来就在富禄娶了个赖姓的老婆。最初王裕生钱并不多，结婚后他带着老婆来到水口白手起家，开始做粤盐、米、油和木材生意，逐渐发家致富，后来，因为赖姓老婆不能生养，王裕生又在富禄娶了一个侗族杨姓的姑娘，王裕生这时已经40多岁了，才老来得子，生了兄弟二人。如今我们仍能在王裕生的二子王庆松老人家的墙上看见两张老年女性的遗照，便是他的大妈和小妈。王家在水口街上可以讲是垄断了市场，富甲一方。正是由于与富禄有着密切的姻亲关系，王裕生在水口经营所拥有的人脉和商业信息与其他家比较起来更为丰富，而正是这一在市场网络中迅速掌握信息的优势，成为他能在水口迅速致富的关键因素之一。

从王裕生的故事中，我们似乎又可以从中读到很多关于富禄一地的信息，可以见到的是，王裕生的发家和富禄似乎有很大关系。由于与富禄有着密切的姻亲关系，王裕生来到水口后，生意上也更加有优势，从而比别的商家更加得心应手。另外，启动资金对于生意人来说非常重要，而王裕生显然比其他的生意人有着更多的途径可以筹集到自己的"第一桶金"。据说，其夫人的娘家在富禄可以算得上是较大的商家，这样一来，自然也会对水口王裕生的家庭多有照拂。虽然笔者无法追溯更多的细节，但是水口首富的故事，已经让我们嗅到了水口商业的繁荣图景，更是感受到了水口与富禄间

第二章 富禄移民社会整合与关系网络

紧密的商业联系,而这些商业繁荣的背后是个人真实的命运和轨迹。值得一提的是,实际上王裕生这一名字并非其父亲的真实姓名,王庆松老人已经回忆不起父亲的名字了,于是,父亲生前所开的商铺名号就成了他口中父亲的名字。

不仅王裕生这一辈与富禄有姻亲关系,而且这种关系也延续到了下一辈人,后来在水口其他王姓的女儿嫁去富禄的也比较多。不仅仅是王家,其他姓氏也与富禄有着远远近近的关系,如水口宁家也在富禄娶了老婆,而曾家就在富禄居住过。曾家原是广东佛山三水人,其祖父在19世纪末离开广东来到广西,跟随广东老板做木材生意。祖父23岁时,回到广东佛山老家娶了一个广东梅县的姑娘,之后又返回广西融安,再去到富禄、贵州八洛一带找生活,在八洛生下儿子后带到富禄去抚养大,因为亲戚在水口做生意,听说水口机遇不错,也就搬到水口定居下来。如今,曾家仍坚持说粤语,现在的孙辈虽不太会讲了,但也都能听懂。李体庄老人也告诉我们,他有个姨父就是富禄人,在那边安家居住。可见,似乎水口街上的汉人与富禄多少都能攀得上些亲戚关系。

今天的水口还有一户赖姓人家,这户人家就是在20世纪40年代从富禄迁过来的。赖大爷的父亲最初来到水口时并无房屋居住,只能租房子住,同时做点豆腐生意。如今,赖家仍有很多亲戚在富禄,并且经常相来往。赖大爷有三个姐姐,一个嫁在富禄本地,一个嫁去了中潮,而有一个就嫁到了水口街上。可以看出,撇开商业上的往来不说,富禄和水口之间的联姻关系确实不在少数。他的公和太公如今还葬在富禄,而父亲就葬在了水口,尽管如此,每年的清明节赖大爷都会回富禄去上坟。当笔者说起富禄寨子的情况时,赖大爷都非常熟悉,并且说每年富禄过三月三时,他都会去凑凑热闹,看人家抢花炮。

随后陆陆续续来到的各地商人,也使得水口慢慢成了这一区域之中一个重要的商品聚集地,商人们囤积木材、生猪、菜油等本地

江河、商镇与山寨：都柳江下游的人群互动与区域结构过程

物产，然后采购大量盐巴、布匹、糖及其他日用百货。他们在冬春季节收购木材，夏秋雨季放排，油菜也是秋后开始收购储存。尤其是粤盐的供应与买卖使得水口的位置日趋重要，粤盐从广州省河出发，顺水路而上，经过富禄商埠码头转手，一路到达水口，而黎平范围内的人们，又通过陆路来到水口，从这里挑上所需食盐而去，也有的当地人将生猪、茶油、桐油、药材等卖给商铺老板，之后运到富禄市场进行交易。一买一卖之间，船来船往的水口码头，不仅仅是货物往来之地，也是人们交往汇聚的地方。

水口与富禄之间千丝万缕的联系就在上述这普通人的普通生活之中延伸出来，市场生活与姻亲关系看似是两个不同的层面，实际上二者之间却相互牵扯、互为因果。可以看到，水口与富禄之间的关系并非是两点一线的，他们之间靠水路联结的高安，① 以及陆路必经的龙额、古邦，都与富禄商人有着各种关系。他们之间的私人关系一方面使得市场网络更加可信与稳定，另一方面则是使得这批来到都柳江流域的移民组建新家庭成为可能。生存与生活使得人们跨越富禄，形成更广阔的区域联系，而这些由各种机制所联结的新的区域性联系，是生活在其间的人们生存、生活赖以寄托的情感依靠。

二 亦敌亦友：上游八洛半边街

在富禄上游16公里处，有一条小河由北向南注入都柳江中，被称作"八洛河"，顺着八洛河逆流而上，是贵州省境内的贯洞、洛香，且亦可从陆路通往黎平。八洛河与都柳江交汇处的村落为八洛村，如今属于贵州从江县。今天的八洛村头仍有两个码头，大码头位于村口都柳江畔，现除渡船与渔船停靠以外并无它用；另一个位于八洛河畔的小码头，是旧时都柳江航运仍兴旺之时建造的，不

---

① 高安位于都柳江与水口河交汇处。

具规模，现已废弃难以辨认。通过八洛，一方面能够将黎平府境内的贯洞、洛香、庆云等六洞①所含之地的土特产运输出去；另一方面又得以从粤、桂地区运进当地缺乏的物资，包括粮食、食盐、布匹、铁器等重要的生产生活用品，在很大程度上满足了黎平府境内的需求。正因为如此，清朝时期的八洛成了黎平府与外界进行经济交流的重要通道和必经之地。从广东、广西运来的货物在八洛码头卸载，然后由人力挑至八洛街上的仓库，再通过人挑肩运或马驮到达黎平。直至现在，我们仍然能够在八洛西侧的山上依稀辨认出一条通向黎平的古驿道，从前它尚为完整时全长 75 公里，县境内有 20 余公里，这条驿道沿途经过田坝、贯洞、龙图、干团、新安、上皮林等地，驿道由河中鹅卵石铺设而成，如今居住在八洛村的人回忆，途中还有多座凉亭供人们歇息。

这条至今依稀可辨的古驿道展现给我们的不仅仅是八洛当地的商贸情况，更是展现了以八洛为节点的一个区域市场的路径和范围。由于八洛在地理位置上如同六洞的门户，它在货运方面所占据的有利优势不仅促使整个六洞地区都加入了黔与粤、桂地区的商贸往来，而且被深深卷入其中，加速了发展的步伐。当人们回忆八洛街市时，尤其会提到由于商家房子沿街分布，屋檐把街道遮住了一半的场景，由此八洛街市又被称作"半边街"。

如此一来，从广西柳州等地到八洛包括联结都柳江上游的水运，从富禄经八洛到贯洞、龙图、洛香、黎平等地的陆路，水运与陆运二者共同形成了一个巨大的区域市场网络。为了商业运输的便

---

① 六洞款因包括贯洞、云洞、洒洞、塘洞、肇洞、顿洞六个小款而得名。具体来看，贯洞小款辖今贯洞各寨；云洞小款，辖今庆云、务垦、龙图、样洞各乡的大部分村寨；洒洞小款，辖今新安乡大部分村寨、龙图乡干团村各寨以及独洞的伦洞等寨；塘洞小款，辖独洞、塘洞、上皮林等寨；肇洞小款，辖从江县洛香各村寨及黎平县肇兴乡部分村寨；顿洞小款，辖今黎平县永从乡顿洞村、管团村等寨。八洛村属贯洞小款。

江河、商镇与山寨：都柳江下游的人群互动与区域结构过程

利，贯洞地区的村民到八洛及与八洛村隔江相望的浪泡做各种百货生意。与此同时，住在山上以及距离八洛相对较远的黎平辖境的村民也到贯洞地区，做起了货物的转卖。此外，还有一部分人，被贯洞地区的人们称为"广西苗家"，这些人主要来自广西，他们沿都柳江逆流而上来到距离八洛最近的贯洞，从当地人手中购买杉木，然后将树木砍倒，利用从山中流下来的小溪，经过贯洞地区的祖寨——独州，到达八洛，最后顺都柳江运往广东等地。这些人有很多就留在了当地。这些深入贯洞的广西苗家，至今仍留存在贯洞镇腊阳村井内这一小寨子一代代人的记忆中。据井内的老人讲述，他们的寨背后所靠的山坡上，以前全部都种杉树，并吸引来一大批广西苗家来的老板。他们在井内砍木头，通过水路运输出去，但有些人会被木头砸中，导致死亡，死者往往就被埋在了井内坡后的一块坟地里。现在这块坟地仍然存在，已经成了当地的风水林，而且被封山育林了。这一坟地见证了当时广西贵州两省间八洛的商贸往来。

八洛与富禄有着紧密的私人关系，八洛市场之中占主导地位的商人亦是闽粤籍赖姓，并且是从富禄迁到上游定居的赖姓人家。在调查中笔者发现，八洛与富禄有不少相似之处，不仅有着相似的"尖头赖""平头赖"传说，也有关于赖氏商家在地方事务中崭露头角的历史记忆，且在八洛村的半山坡上，还伫立着一座"三王庙"。可见，八洛与富禄分享着同一套社会记忆和文化传统，可以说八洛如同富禄社会的一个缩影，且在解放后的土改时期，由于广西实行的是"和平土改"，在八洛的商家几乎纷纷通过他们在富禄的关系，迁往富禄定居，甚至去往三江与柳州。实际上，八洛与富禄的关系不仅只与其两地相关，更关系到八洛所连通的贯洞、洛香等地，而建立起这样联系的途径，主要是八洛赖姓人群。

在八洛的赖姓人群中，赖发龙这个名字经常被八洛村老人们说起。赖发龙是广东籍赖姓，开的店铺就位于如今的八洛小学处，由

第二章　富禄移民社会整合与关系网络

于从店铺到大码头的距离太长，搬运货物很不方便，赖发龙便组织八洛其他较有实力的商家，花了几万毫银在八洛河边修了一个小码头，小码头由一米多宽的青石板铺成，一直延伸到赖发龙的店铺仓库门口，因为是赖发龙修建，所以至今人们仍把小码头喊作发龙码头。由于赖发龙主要经营粤盐生意，他的仓库中装的全是口袋盐，有时从黎平来八洛挑盐的挑夫夜晚就睡在赖发龙的店铺门口，等着早上开门挑盐返回。小码头修成之后，整个高头街的其他商铺也都可以用小码头装卸货物，从而解决了从大码头搬运货物的不便。除了小码头之外，广东籍赖姓还组织商家修建了八洛西侧山上的花街和凉亭。如此一来，赖发龙和以他为代表的赖家，就成了村落事务的管理者。赖发龙不仅在八洛发展生意，后来家族壮大后还发展到贯洞村生活，他们的影响力从八洛延展到整个贯洞地区。

而另一个福建籍赖姓如今也为八洛村民们所津津乐道，那就是"赖余记"，实际上他的真实姓名人们早已忘记，只是因为其店铺名字叫余记，所以人们就称他为赖余记。与赖余记同辈的有六兄妹，其中一个是赖余记的父亲从龙额[①]接过来的干儿子。自从开了余记这个商铺之后，福建赖姓的日子也开始蒸蒸日上。粤盐并非是赖余记账簿上的主要内容，这也许是由于广东籍赖姓已经占有了粤盐的大部分市场，因此赖余记初期买卖并不大，来到八洛的时候并不富裕，后来去上游榕江帮卖米的老板合伙做些米生意，将米从贵州卖往广西才开始积累了一些资本。他先用这些钱修房子，接着将自己房屋第一层门面租给其他老板开铺子，有的拿来卖百货，有的拿来租给别人开烟馆，也许正是因为租房子的缘故，给赖余记带来的不仅是收入，也许更有利的是拓展了他的人际关系网络。赖余记开始帮着商人做中介，帮广东籍赖姓在周边一带找人力、找木头，除买卖食盐外也顺带卖点布匹，或将山货

[①]　龙额为离富禄十几里路的一侗族村落。

江河、商镇与山寨：都柳江下游的人群互动与区域结构过程

如桐油、猪肉等运往下游。

如果对赖余记的人际网络进行观察，除了上文提到他父亲在高坡侗寨认领干儿子所建立起的拟制亲属以外，他还在西山讨了个侗族的小老婆，这样一来，赖余记通过亲戚关系给自己的生意创造了很多便利，西山的木材买卖他全交给了亲戚去打理。在八洛街上也是如此，他当时手下的几个帮手，内柜先生（即在店铺内帮忙经营的人）一个姓蒙来自富禄，一个姓陆来自高安，据说都和他有些人情关系，这些人情就构成了赖余记市场网络的重要组成部分。也正是因为赖余记平日里与富禄之间所形成的紧密关系，所以解放后，赖余记将八洛的商店关闭，从此跑到富禄去了。如今八洛地方的居民还能回忆，赖余记跑去富禄之前主动掏腰包给了八洛一万东毫，每家都分得了一点，这样一来人们对他也不会有太多微词。赖余记搬去富禄后，就在富禄开了个小旅社，生意也足以养家糊口。

虽然八洛与富禄有着如此紧密的私人联系，但八洛作为都柳江沿岸的另一商业码头，与富禄也存在着相互竞争的关系，更何况八洛北通黎平，西接榕江，又在富禄上游，交通位置的重要性不在富禄之下，这更使得八洛的商业地位不可小觑。这种竞争关系在20世纪30年代达到顶峰。1938年，有的商家看中了八洛的商埠位置，跑到八洛开店，中途拦截生意。为了争夺富禄市场，八洛商店出售和收购的货物价格与富禄一样，甚至还故意降低售价，提高收购价，因此，多数客商及肩挑小贩都舍远就近，在八洛交易，不到富禄进货了。这样一来，富禄市场受到了很大的影响，原来与自己有交易往来关系的客户也随之减少，营业额也逐步下降。在这种局面下，富禄商人的日子越来越难过，部分商人不得不前往八洛开设分店，并调用富禄的人手去八洛经营，甚至有些商家的业务重点也从富禄转到了八洛。在此期间，八洛对富禄商家而言可以说忧喜参半，忧的是富禄市场被八洛打压，而喜的则是富禄移民在八洛的人

际关系有利于他们去八洛进行经营贸易,从而从八洛市场的暂时繁荣中分得一杯羹。这一局面从 1939 年开始又逐渐转变,据人们回忆,后来黎平等地的商人开始前往融安、柳州等地进货,八洛市场也逐渐平静了下来,而富禄在八洛开设分店的商家也陆续回到了富禄,继续经营。

从上述八洛河所连通的贯洞、洛香、八洛等地的赖氏故事与市场活动中我们可以看出,在都柳江沿岸和支流中的人口流动将区域中的不同地方联系起来,并以富禄为中心,建构起周边的市场关系网络与私人网络,而这些关系的建立也是地域统合的过程,正是因为琐碎的人际关系和市场关系,人们才得以对地方产生认同。另外需要我们关注的,是地域统合过程与流域的关系。由于沿河地区的交通方式不同,人们一天可以到达的区域远远超过步行的范围,因此,富禄所联系起来的范围除了陆路步行所联结的地方外,河流使得其联系的空间范围更为广阔,且由河流所联系起来的地方关系更为紧密,于是才有了本节开头所提到的俚语。这样的区域性联系也表现在人们对于上述各地的空间认识上,至今,水口、八洛等地的老人们在回忆起解放前的区域图景时,富禄在他们心中是一个更加热闹的"大地方",而水口、八洛在富禄人的印象中则是通往黎平道路上所"经过的地方",这种空间层面的感知让我们体会到人们对于区域内各个部分的认识是有着很大的弹性的。

三 "铁门对铁门,竹门对竹门"——富禄的婚姻关系

在前两个部分,笔者以人在市场之中的活动对富禄所建立的私人关系进行了描述,然而众所周知,在私人关系中最为紧密和持久的部分在于家庭关系与姻亲关系,因此,本部分也将关注与分析富禄地方的婚姻关系网络,从而理清富禄私人关系网络中不同面向的联结机制。富禄之所以与支流如水口、贯洞等联姻较多,除了前文

江河、商镇与山寨：都柳江下游的人群互动与区域结构过程

所介绍的商人流动性带来的社会联系之外，还因为当地人一直秉持着"铁门对铁门，竹门对竹门"这一婚姻缔结的原则，这是"门当户对"在富禄更为通俗的一种说法。

虽然如今因为强调"民族和谐"的缘故，地方也在不断强调富禄汉族与少数民族所联结婚姻的事实，然而据笔者调查，在清末即移民进入都柳江流域的初期，移民由于缺少女性，因此确有部分移民娶了当地有实力的苗侗女子为妻，然而当移民家庭纷纷建立起来之后，他们的下一代所优先考虑的婚姻对象，仍然是跟他们一样有移民背景的家庭的子女，在解放前甚至解放初期，在观念上人们仍然倾向于认同在移民家庭之间缔结婚姻，而移民与地方苗侗的婚姻则多见于妾室。

实际上，在商业移民进入富禄的早期，其中有一部分移民当时就已经在自己的家乡福建或是广东娶过妻子，富禄福建籍赖姓后裔赖建业告诉笔者：

> 我的公太这一辈，从融安来到葛亮，我公就在葛亮长大娶妻生子，他总共娶了三房老婆，大老婆娶的是福建人，一直待在福建，从来没有到过富禄来，而且她在福建还生了两个女，当时我公太和福建还是有联系的，还回过一两次家。二房才是我公太在富禄真正的老婆，姓陈，是从融水大年那边嫁过来的，生了三个兄弟，其中一个就是我爸，当时我们家在大年那边还有很多杉木山。小老婆是高岩的九良屯嫁过来的，姓石，是个侗族，也生了两个女。

由此可见，在清末时期，来到富禄的汉人其婚姻状况有少部分存在着"两头家"的现象，甚至在富禄出生的女人，也有人再嫁回广东、福建去，且多也选择门当户对的商人家庭。我们在县志中可以窥见一二，有记载富禄女赖氏：

第二章 富禄移民社会整合与关系网络

其先福建籍，因祖某营商富禄久，遂亦为富禄人。生于清光绪十六年庚寅（1890）八月，年十五，适广东顺德小布村洋商何佩林，甫四月，佩林赴南洋经商，次年，遂尔逝世，时氏年仅十六也。年轻新寡，诸多不便，乃返富禄奉母，遂兄居住。①

从上述材料可以看出，一方面，初期移民与闽粤两省联系颇为密切，闽粤不仅仅只是观念上的"故乡"，而是真实的有血缘关系和姻亲关系之地；另一方面，女人所嫁的对象往往更能看出人们对婚姻的期许。正如 Miles 在其研究中所示，从珠江三角洲沿西江流域向上游迁徙的移民与自己的家乡仍保持着非常密切的私人联系，这种联系就表现在移民的婚姻关系中。② Miles 注意到移民在移居地和移出地均有婚姻关系的缔结，通过探讨此种联姻策略所建立的西江上游与珠江三角洲的关联性，强调帝国与西南边疆以移民建立起的横向统治。然而通过富禄可以看到，此种联姻策略在为移民提供最大化生存资源的同时，也使得移民群体进一步根植于地方，并随着移居时间的推移在不断变迁。

随着定居过程的完成，闽粤籍移民才逐渐与福建、广东疏离开来，现如今，赖姓几乎不再去福建、广东走亲戚，甚至他们的父辈就已经很少走动了。还有一些闽粤籍移民，来富禄之前未曾娶妻生子，来到该地后所考虑的也是娶一个汉族女子成家立业，在富禄本地找不到时，就在更大范围中寻觅适合的对象，如上文提到的水口、贯洞、大年、西山等地。以福建籍赖姓赖守基家族为例，赖守基的堂兄，是在地方性事务上的活跃分子之一，主持过孔明桥的修建以及富禄大码头的修葺，因为他不能生育，先后娶了三个老婆，

---

① 三江侗族自治县地方志编纂委员会翻印《三江县志》（民国35年）卷8，第410页。
② 请参见 Steven B. Miles, *Upriver Journeys: Diaspora and Empire in South China, 1570–1850*（Harvard University Asia Center, 2017）。

江河、商镇与山寨：都柳江下游的人群互动与区域结构过程

最后仍无子：大老婆是融水的王姓汉族；二老婆是岑扣杨姓侗族；第三个老婆是贯洞干团侗族的梁姓。赖守基的母亲是丹洲人，姓郑，汉族，其父也是做木头生意的，这桩婚事也是经媒人介绍的，因为当时特别讲究门当户对；而赖守基的姐姐就嫁在富禄，嫁给了镇上的温家，而温家也是由广东移民而来，他的姐夫在富禄也是颇具权威的人物，在富禄当过中学的校长。

虽然在观念上，移民家庭之间的婚姻更为"登对"，然而移民与当地人的婚姻实际上数量更多：一是早期不曾婚配的男性移民难以找到合适的对象，遂与当地人成家；二是一般大房之外的妾室基本都是与当地人婚配；三是随着都柳江流域商业化的发展，移民内部贫富进一步分化，一些经济情况相对薄弱的移民，更多地倾向于选择与苗侗结亲，于是形成了我们今天在富禄常常听到的汉侗或汉苗婚姻，然而这些婚姻的缔结还是遵循基本的"铁门对铁门，竹门对竹门"的原则。如富禄赖守基所说：

> 我们这一房的公才从广东来的时候还没成家，后来去贵州肇兴讨了个婆太来，他们也是做木材生意认识的，讨的这个婆太是个侗族。我家公养了两个儿子三个女，有个女也就是我的二姑嫁去了贵州龙图，① 是侗族一家姓王的，这家王姓当时在龙图也很有势力，解放后还被打成了地主，我家二姑爷是个非常好抽鸦片的人，每年三月三都要来富禄赶会期，每次他来了以后都要住上两三个月，每次来我父亲就要给他专门准备一铺床，免费让他躺在床上抽鸦片抽个够。

如上所述，在婚姻关系上，富禄与贯洞十分密切，赖家和贯洞结亲的习惯一直延续了两三代人，如赖守基本人，就遵循了父母之

---

① 龙图，属于贵州贯洞镇，位于八洛河支流去往黎平的必经之路。

第二章 富禄移民社会整合与关系网络

命、媒妁之言,娶了贵州贯洞街上的汉族陈姓女子,而他的嫂子、伯母均是贵州贯洞人。如当地人所说,理想的移民婚姻,首先考虑的是娶一个移民家庭女子,但如前文所述由于在富禄移民间"同宗"关系的建立和强调,不得不在更大范围中寻觅通婚对象,因此都柳江下游及其支流大小市镇之上的移民间婚姻联系实际相当密切,但是由于移民家庭在区域内确实有限,因此这种移民间的通婚数量总体较少,而与地方有实力的"苗侗"家族通婚也成了一种理想的选择。"铁门对铁门,竹门对竹门"在一定程度上可以超越族群的界限,强调经济实力,而弱化身份认同。另外,姻亲关系的考虑也与人们日常生活和市场范围相关,在贯洞、水口等地,我们都能看到富禄与各地的婚姻关系。而今天富禄张姓人家张燊忠老人所告诉我们的他的公的婚姻故事,更能看出此类婚姻缔结的过程。

> 我的太公娶的就是高岩的姓韦的侗族姑娘,而我的公后来买的杉木山,主要都是在西山小翁。他经常去西山小翁处理生意,总是找当地一家比较有文化、有势力的吴姓人家,喊他们家的一个人做中人,帮他写契约,走动多了之后就看上了他的姐姐,最后就把他家的姐姐娶回来当了我的婆。那时候,他在西山买了三十亩田,还买了大量的杉木山,在小翁还有五间大大的房子,长期都让亲戚在那边帮忙生意,自己也经常走动,他要躲兵躲土匪的时候,都是带全家跑去西山躲的。相反,我的大公发展得就一般,因为在富禄感到生存压力太大,他就跑去了水口街上做生意,最后定居在水口,又在水口娶了一个姓朱的汉族老婆。

"铁门对铁门,竹门对竹门"这一婚姻理想,一方面对于以商业贸易谋生的移民来说甚为重要,这一原则强调的是生存资源和市

江河、商镇与山寨：都柳江下游的人群互动与区域结构过程

场力量的结合，在这一原则之下，族群之间通过婚姻彼此嵌合，移民虽保持着原有的身份认同，但同时也和地方社会产生了强烈的关联，其后代更是深深地置于了地方社会跨越族群的复杂亲属关系之中。而另一方面，通过与移民建立婚姻关系和市场联系，当地苗侗社会也将自己嵌入市场网络，在市场活动中发挥着重要的作用，成为关键一环，因此在富禄，移民与"苗侗"姻亲关系的范畴，往往也与当地的日常生活空间和市场网络相关。

上述材料让我们看到了区域之中超越富禄一地的商业活动与婚姻的关系，以及汉侗、汉苗婚姻的缔结过程，但是，虽然我们可以理性地从生存策略层面去分析不同人群之间婚姻的可能性，但是在移民和当地人婚姻结合的具体情境之中，我们仍能看到不同人群之间因文化差异而产生的对婚姻的不同看法，在这些不同的看法之中，我们更能看出人们对于汉、侗、苗婚姻选择上的真实情感。如今在富禄已八十多岁的沈葆华的恋爱故事让我们有机会从更细微的视角去看待跨族群婚姻。沈葆华老人家祖籍福建漳州，其公太一辈来到富禄，最初也是做木材生意，后来生意失败家中不算富裕，但也能够安然度日。实际上对于沈家来说，沈葆华并不是第一个跨族群恋爱的人，他的公太就娶了富禄侗寨韦姓人家的女儿，他的母亲也是从贵州登晒侗族杨家嫁过来的。即使如此，当他自己要和侗家姑娘谈婚论嫁时，还是发生了一些戏剧性的故事：

> 当时正在高安当小学教师的沈葆华经人介绍认识了韦玉兰，有一天，沈老师去看韦玉兰，在深谈之后，韦姑娘将沈老师戴在手上的手表脱下拿走，两天之后也没有还回来。沈老师感到疑惑不解，一位侗族朋友告诉他："那位姑娘是爱上你了。"并向他解释这是侗族的一种恋爱方式，当女方或男方爱上对方时，便将对方身上的某一样东西（通常是装饰品，或

第二章 富禄移民社会整合与关系网络

手镯,或头巾,或手表等)拿走。沈老师这才恍然大悟。当他再次去看望这位姑娘时,姑娘给他唱了一首歌,歌词的大意是:"我拿你的东西不是拿去做什么,是拿去床头放,拿到箱里藏,想你的时候拿出来看一看。"①

虽然是浪漫的恋爱故事,但客、侗的结合并不被父母所赞同。

当时我和沈老师订婚,我妈是反对的,她说:"富禄客家女人(侗族对汉人的称呼)讨柴火多,辛苦。"(韦玉兰所在的高安,主要是男人砍柴在山上砌成堆,侗话称"第帮",要用的时候直接去挑,或者收工的时候顺便挑回来)我说:"侗族要种好多的地,出去做工还要挑鸭笼(拿鸭到田里放养),带饭。"我还讲:"你们讲富禄人女的去挑柴,挑就挑,人家挑得,我也挑得,挑不死人嘛。"我妈看说不服我,她又给我唱了一首歌:你嫁到富禄,不会做生意,只能挑箩筐。(当时富禄镇是一个商业重镇,有资本的都做生意,没有资本的多卖苦力,尤其以挑码头担为多)我还她一首:我嫁去富禄,不企望去做生意,我宁愿去挑箩筐。②

在这段颇具趣味的故事之中,我们得以看到侗族对于嫁到汉家的真实态度,侗族认为有土地的普通侗家生活比普通移民人家的日子好过,而并非我们普遍认为的侗家女子嫁到客家就是嫁到了"好人家",侗族甚至认为普通移民人家还不如一个有土地的当地人,因而不愿将女儿嫁过去。虽然在这段故事中,我们难以看见汉人在婚姻中的真实看法,而文中的韦玉兰在笔

---

① 朱慧珍:《富禄百年——客家人与少数民族共生共荣关系考析》,第 9~10 页。
② 朱慧珍:《富禄百年——客家人与少数民族共生共荣关系考析》,第 10 页。

江河、商镇与山寨：都柳江下游的人群互动与区域结构过程

者去富禄做田野之前也已去世，难以继续追溯，但是我们依然可以从特别的视角去看待富禄的跨族群婚姻，及人们对"好的生活"的认识。

尽管人们对于不同族群间的通婚有着这样那样的看法和态度，然而移民与今天被称作侗、苗人群之间的婚姻关系，在一定程度上加速了广东和福建成为真正意义上的"故乡"，汉人在地方通过私人关系的进一步巩固，越发强化了对富禄地方的认同。世代之后，人们在这片土地上已经建立起错综复杂的关系网络，而客家人这一称呼几乎只在族群名称上还有其意义，而对于富禄而言，他们已经不再是都柳江的客人。在水口调查时，笔者听到一个真实的故事。水口陆宗广告诉我们，当他父亲去世后，他侗族的母亲怕他长大后抛弃她回广东老家，于是把他父亲留下的广东老家的地址烧掉了，从此在空间上，他们再也无法知晓自己的家乡在哪里了。然而他和他兄弟的名字却被永远打上了故乡的烙印，一个叫陆宗广，意思是记住你的祖宗在广东，而另一个叫陆大东，兄弟两人的名字合在一起，就是家乡广东。

其实，富禄商人的人际网络是相当复杂的，不仅因为富禄处于两省交界处，更与他们所进行的商业活动、婚姻缔结、生存策略以及族际关系等各个方面相关。当我们去对富禄商人移民的人际交往做一个整体观察的时候，实际上也是在超越富禄，看到都柳江下游流域以何种机制因为人的活动而构造出社会关系范畴。可以看到，通过市场网络，富禄和都柳江流域中上下游其他各级市场建立了商业联系，又通过婚姻等私人关系与私人交往继续加深了彼此之间的社会联系。通过各个层面的生活行为，移民不再是初来乍到的陌生人，通过日常生活与经营活动构织起他们得以依靠的关系网络。对于商业移民来说，这一关系网络是他们眼中的"区域"社会，是与他们日常密切相关

的生活圈子,是赖以生存的市场网络,同时也是他们在"铁门对铁门,竹门对竹门"的观念下缔结的姻亲网络。而正是在上述区域被构织的结构过程之中,移民也逐渐对地方建立起了更多的归属感和认同感。

小 结

自20世纪40年代以来,傅衣凌、吕作燮等早期经济史研究者首先关注到商人群体的形成、发展的历史背景及经营活动,试图通过这一群体呈现中国近代社会所具有的过渡性。[1] 也有部分学者关注中国传统社会结构对商业活动以及商人命运的影响,[2] 旨在通过商人群体观察中国社会的总体变迁。与宏观上的中国近代商人研究相对应,研究者们也开展了具体地域商人群体的研究,如徽商、晋商、粤商、闽商等,对其在明清时期区域社会的商业活动特性做了归纳,[3] 旨在表明商人在近代中国的弹性与变革性。除此以外,商人的商业活动常常超出了一隅,学者们注意到商人在更广阔的地理空间内产生联系,并围绕其流动性开展了诸多研究,这些研究一是围绕区域市场进行讨论,如施坚雅以基层市场体系理论,分析了如何以人的市场活动构造区域社会,[4] 形成了以经济区理解中国社会的施坚雅模式;二是将商人置于移民的讨论框架内,探讨商人在移

---

[1] 章开沅提到清末的"绅商"群体,在中国近代社会具有非常明显的过渡性。参见马敏、朱英《传统与近代的二重变奏——晚清苏州商会个案研究》,巴蜀书社,1993,第4页。
[2] 唐力行提出商人的各个层次在转型时都离不开亲缘与地缘组成的社会关系网络;陈支平提出了"族商"概念。参见唐力行《商人与中国近世社会》,商务印书馆,2003;陈支平《民间文书与明清东南族商研究》,中华书局,2009,第20页。
[3] 黄启臣主编《中国地域商人丛书》,浙江人民出版社,1997。
[4] 施坚雅:《中国农村的市场与社会结构》,许建云、徐秀丽译,中国社会科学出版社,1998。

江河、商镇与山寨：都柳江下游的人群互动与区域结构过程

出地和目的地之间的差异、生存策略、文化适应与在地化过程；①三是关注超越国界的商业活动与人群，探讨移民地理、政治和文化边界等相关议题，例如华人华侨研究的相关论述。② 针对流动性之探讨并不仅仅局限于商人群体和商业活动本身，更将之作为一种分析工具将问题拓展到区域社会构造、跨文化接触，并涉及政治经济等诸多层面。

本书所关注的都柳江下游商人即有流动之性质，从18世纪开始，大量闽粤籍移民开始沿珠江、西江流域向西迁徙、经商谋生，清代中期都柳江河道疏浚之后，其商业活动更是依靠水道交通拓展到了广西北部以及贵州东南部等山地地带。随着清代改土归流的实施及对都柳江流域的拓殖与清剿，都柳江流域一方面被纳入国家版图、置于王朝控制之下，另一方面与珠江水系的广阔市场相联系，不可阻挡地开启了区域商业化的过程。历史学者关注到上述两方面相互作用的历史动态过程，如 Steven B. Miles 就将西江上游流域的商业移民看成"双重代理人"（double agents），③ 纵向方面借助国家政策与象征符号在当地经商生存、参与到西南边疆国家秩序的建立过程之中，而横向方面商人与自己家乡的私人关系和商贸联系将西江上游与珠江三角洲紧密联系起来，通过商人的活动使西南边陲成为更大的经济体系之中的一部分。

人类学者则更多地关注在西南特殊的山地/河流地理空间之下，上述历史背景下不同人群的接触、力量交织、观念流动，如何塑造

---

① 参见朱晴晴《江西街——清水江下游一个移民村落的形成》，《原生态民族文化学刊》2011年第2期，第33页；何良俊《清季民国时期长安市镇商人类型及其网络关系》，《北方民族大学学报》（哲学社会科学版）2012年第2期，第22页。
② 陈志明：《迁徙、家乡与认同——文化比较视野下的海外华人研究》，段颖、巫达译，商务印书馆，2012；王赓武：《华人与中国》，上海人民出版社，2013。
③ Steven B. Miles, *Upriver Journeys: Diaspora and Empire in South China, 1570 - 1850*, p. 11.

第二章 富禄移民社会整合与关系网络

多层次社会网络,侧重于将社会关系与文化意义放置在时间脉络中进行讨论。① 且在人类学的讨论中,更多地关注人群之流动性,围绕"移民"开展讨论,特别是在"diaspora"概念下探讨移民多元身份认同和文化上的他性(otherness),② 将移民视作跨越地理、政治与文化边界,穿梭于不同时空的特殊群体,关注移民的主体性建构与地方化过程,并在文化层面上思考移民的文化适应以及因人群流动所带来的文化再生产等问题。

富禄乡的闽粤籍商业移民,是沿西江往上游迁徙经商的人群。有趣的是,这些闽粤籍商业移民均自称"客家",看似以共同的语言和认同与周边侗、苗等人群保持明显的身份界限,但一方面,其身份标签与族群认同的背后,是由不同地方迁徙到富禄的商人一系列文化整合和市场合作的结果,通过创造共同的祖源传说,修建众墓、庙宇,从内部整合移民社会,而另一方面,"客家"移民与地方苗侗土著在互动过程中,也通过婚姻、认亲以及共同参与市场活动等方式将自己嵌入地方。关于"客家"形成的学术研究中,值得关注的是被梁肇庭称作"客家的酝酿"(incubation)③ 之过程,将客家的形成放置到中国南岭特殊地理环境和历史条件下讨论,强调人群的接触和互动;刘志伟在此思路之上,立足南岭山地空间,在区域人群流动性的前提下对"客家"形成问题也进行了相关探讨。④ 本书限于篇幅难以展开关于"客家"这一族群身份历史过程的讨论,但希望借富禄这一都柳江下游商镇,探讨原本来自不同地

---

① 参见赵敏、廖迪生主编《云贵高原的"坝子社会"——历史人类学视野下的西南边疆》,云南大学出版社,2015。
② Diaspora 相关概念梳理参见段颖《diaspora(离散)——概念演变与理论解析》,《民族研究》2013 年第 2 期,第 14 页。
③ 梁肇庭:《中国历史上的移民与族群性——客家人、棚民及其邻居》,冷剑波、周云水译,社会科学文献出版社,2013。
④ 刘志伟:《南岭与客家:从客家历史看山地区域的整合》,《客家研究辑刊》2016 年第 1 期,第 1 页。

江河、商镇与山寨：都柳江下游的人群互动与区域结构过程

域的商业移民，如何在"客家"迁徙历史和祖源传说的叙事之下寻求认同，并构建以河网市场为联结的区域性商业移民社会网络，而移民社会又与地方苗侗传统村落社会相互交叠，积极寻求嵌入地方社会的途径，试图呈现的是在南岭通道中，商业移民社会内部的复杂性以及与地方社会互动的区域整合过程。

综上所述，都柳江下游闽粤籍、被称为"客家"的商业移民来到富禄之后所要面对的，实际上是相当复杂的西南生态空间、族群关系和商业环境。在根植地方的过程中，"客家"移民通过修建众墓来加强彼此认同，并创造了"尖头赖"与"平头赖"的传说以拟建宗亲关系，逐渐清晰"我群"身份和建构人群范畴，而后随着都柳江流域商业活动的繁荣，移民构成更加多元，又通过修建"天后宫""闽粤会馆""五省会馆"对不同层面的外来移民进行整合，维系群体内聚力，克服置身地方社会的疏离感，为自身生存争取空间。然而，移民社会并非一个孤立而封闭的范畴，富禄移民以市场、婚姻等机制，与都柳江流域及其支流腹地的土著社会有着多层次、多面向的互动关系，经过代际变更，在"清晰"的族群身份背后，实则是"模糊"的人群关系历史，而正是在都柳江流域这一特定的时间、空间及区域历史之中，造就了族群间的此种"他性"。

以上有关富禄的商业移民迁徙、定居过程及其商业活动的相关讨论，提供了两个维度的思考。从市场维度看，富禄商镇的兴起与人与物的流动息息相关，不仅与帝国在西南的统治与区域开发相关，也与因水道而兴起的区域开发紧密相连。通过富禄，我们看到在流域和河网交通为主的西南山地，其区域市场的组织更为复杂，市场范围实则跨越多族群与多地区，除了单一的商贸活动以外，在移民与地方社会之间还形成了包括生态、交通、贸易、族群等不同面向在内的多重联系，并且在不同的市场层面上包括了不同的商业类型。此种基于山地、流域、多元族群互动的区域市场，让我们能

第二章　富禄移民社会整合与关系网络

够在不同的区域性和历史性场合中进一步反思施坚雅模式的市场理论所带来的解释局限。

在另一个维度上，对于移民问题的探讨，富禄的例子提醒我们大概不能将移民视作从过去到现在身份认同整齐划一的群体，或仅仅关注"移出地"与"他邦"之间的联系。如书中所示，在西南地方社会与国家关系进程之下，通过被称为"客家"移民的迁徙与地方互动可以看出，在"客家"从珠江水系逐步往上游迁徙的过程中，其身份的形成过程，其实也是一个再地域化的过程。如果把 diaspora 概念置于区域性和历史性的场合中进行考察，进行细致而微的探讨，也许可以将流动、空间与地方性进行衔接，一方面帮助我们重新审视中国"多元一体"格局之下的"族群"概念，另一方面也有助于我们理解跨越族群边界且同质性与异质性共存的"区域"意向。

在这一章中，笔者从富禄的商人移民的视角出发，观察"区域"如何因移民的到来而改变，而移民又如何在富禄建立起自己的关系网络。其中，又具体分析了移民如何通过市场网络、婚姻网络等去构织区域社会，从而呈现由移民社会出发的区域结构过程。这一过程之所以重要，是由富禄在都柳江流域所具有的重要商业地位所决定的，移民则是富禄市场中最为活跃的人群，他们无疑是我们去理解"区域"的关键所在。移民作为区域中的初来者，探究他们如何去构建其关系网络并且维系彼此之间的联系，有助于我们对区域之结构过程的理解。然而，值得继续思考和追问的是，"区域"是否仅通过移民依靠市场所建立起来的社会关系网络来界定？与移民共同居住在富禄的其他族群又如何协调彼此关系？他们对于"区域"的理解又有何不同？

第三章 "九域山、十段河"
——富禄的周边世界

在上一章中,笔者探讨了以商业移民为中心的区域网络建构过程,然而在富禄这一多族群杂居、多文化系统的地方,由移民活动所构织的区域社会网络是否就足以界定"区域"?在富禄生活的其他人群所构织的"区域"与移民有何不同?为了解答上述问题,本章将视野放置在不同人群范畴之上,探讨诸人群如何看待彼此,又如何运用文化象征系统进行沟通与彼此协调。笔者并不试图以"侗""苗""汉"等民族身份界限来划分人群范畴,而是选取了当地人头脑中更为清晰的"高坡"和"山下"的空间分类,去呈现以山地、河流为生态背景的、在空间上更为立体的区域网络。除此之外,本章标题中"九域山、十段河"的表述,是过去生活在富禄的土著对地方所做的人群划分和空间划分。通过本章,笔者也希望探讨"九域山、十段河"所蕴含的村落关系与空间观念如何影响着今天人们对于"区域"的认识,进而从当地人头脑中的分类出发,去呈现"区域"概念背后的弹性与张力。

第一节 坡与岸的共同记忆

在富禄,人们往往将住在山上的人称为"高坡的",而山上寨子的寨名很多都以"岑"开头,如岑洞、岑旁、岑胖、岑牙,在地方方言桂柳话中,"岑"字同"琴"音,而在侗话中则为 jin,意为"坡",所以人们把山上的寨子都喊作这坡那坡。在民族识别之后，高坡上的寨子一部分被划分为苗族，一部分为侗族，而无论是苗还是侗，住在山上的人对山下都拥有一种共识，那就是他们都认为山下的"富禄人"很凶，而山下的"富禄人"则认为坡上的人脑子不灵活。在富禄乡上的中小学校里，这样的观念更是被懵懂少年们肆无忌惮地表达出来。高坡苗族的学生常常被嘲笑长得丑、身上臭，而这种嘲笑并不来自学习成绩。相反，富禄街上的学生在学校中的成绩不如苗侗优秀。同时，他们的界线也体现在穿着打扮上，山下的侗族赶时髦的青少年染头发喜欢染黄色系，而山上的苗族青年染头发却偏好红红绿绿等艳丽的颜色，这种颜色上的审美差异也成为被山下的青年人嘲笑的一个理由。实际上，类似的戏谑也存在于成年人之间，山下的人常常嘲笑那些从高坡上下山赶集的苗族妇女，说她们自己带着糯米饭跋山涉水来赶集，却什么都不买，就只是为了在餐馆要一盘炒粉。笔者最初以为这样的观念和经济贫富有关，然而了解之后才发现并非如此，富禄人常说自己的杉木山都不如高坡的多，高坡的可以修大房子，而他们却没钱修。因此，山下人并不一定比高坡人富裕。当笔者观察这样的认同是否与其族群身份划分有关时，却发现在富禄，侗、苗、汉的身份界限颇为模糊，人们对自己的族别有时说不清道不明。这种现象是区域变迁所产生的人口流动，以及区域人群整合认同的结果。而对当地人而言，似乎更认同的是"高坡"与"河边"划分的居住空间，那么在模糊与清晰之间，人们怎样看待自己的身份界限？日常生活中的互动关系又是怎样的？

一 亦汉亦侗亦苗之廖氏——高坡岑牙与河边侗寨

在富禄侗寨一百多户人家中，廖姓是最主要的姓氏，有40多户。廖家认为自己的祖先是从黎平中潮一个叫廖家湾的地方迁徙到富禄的，但是到底迁到富禄多少代了，却说法各异，有的说5代，有的说10代，不过鉴于辈分的差异太大，这些说法也并不见得就

江河、商镇与山寨：都柳江下游的人群互动与区域结构过程

是乱说。廖氏总强调自己家族并非侗族，而原本是汉族，只是在历史的长河中，人口散到各地去之后才变成了侗、苗等不同的民族，这其中就包含了搬迁到高坡岑牙寨的廖姓。正因为这种说法，如今黎平中潮廖家湾的廖姓仍不能和富禄侗寨的廖姓通婚，而富禄侗寨的廖姓也不能和岑牙的廖姓通婚。

有趣的是，富禄侗寨的廖姓在谈起他们与岑牙廖姓的关系时总有些犹豫，在笔者调查的初期，侗寨的廖家一直坚称和岑牙的廖家没有什么关系，但随着身处田野时间的增加和关系的拉近，侗寨的廖氏有一天告诉笔者，其实二者的祖先在很久之前是两兄弟，从前这两个公是一起离开黎平中潮廖家湾来到富禄的，一个住在如今侗寨的位置，即为富禄侗寨廖氏的祖先，而另一个就住在政府背后的那个坡上（即本书第一章中提到的"岑牙坡"），是现在岑牙寨廖氏的祖先。因此可见，富禄客家人所说的富禄曾居住的苗族先民，即是以廖氏为主的人群，后来商人们从葛亮寨搬到富禄北岸，才发生了如前文所述的故事，买下了地，又通过市场行为将岑牙坡廖氏从山下赶到了高坡之上。通过这样的故事叙述，侗寨廖氏才含蓄地承认了岑牙廖和侗寨廖之间曾一脉相承的关系。

如今位于高坡的岑牙寨与富禄侗寨有着非常直观的差异，走进岑牙寨需沿山路蜿蜒上行，寨中妇女仍着当地的服装，与公路边富禄侗寨的热闹相比，岑牙更为宁静。岑牙被划为苗寨，原本不分自然寨，但自2004年两次火灾之后，便分为上中下3个屯，其中中寨人数最多。岑牙共400多户，主要有廖、潘、滚3个姓氏。滚姓据说自都柳江上游榕江而来，当初是因打了败仗落逃至此，在岑牙定居已不知多少代了；潘姓则是从富禄下游江边的高安迁徙到坡上的，当时因为高安人口太多，于是从高安分上来了一批潘姓；廖姓才是最先到岑牙定居的姓氏，其人数也最多，有近200户，且分了几个房族，不同房族之间也可相互结亲。在民族成分上，如今这3个姓氏都被划为苗族。

第三章 "九域山、十段河"

关于侗寨廖姓在承认与岑牙廖姓关系时犹豫不决的原因,笔者猜测有两个可能。一个可能是来自高坡与河边的隔阂,这几年每年清明都去黎平中潮廖家湾挂亲的侗寨廖姓,一直都在努力地声明自己原为"汉族"的身份,而不太愿意承认自己实际上与高坡的苗族有祖源上的联系。另一个可能性则是岑牙与侗寨的祖源关系是在后来的人群关系中才被建构起来的,特别是从2010年开始,岑牙的廖氏与富禄侗寨的廖氏都非常积极地参与到中潮廖家湾的廖氏集体祭祀活动之中,每年都派代表前去追本溯源,共同建立相互之间的关联。笔者在2012年曾参与了廖家湾的清明挂亲仪式,前去参加的人非常多,包括了贵州黎平、从江、榕江还有广西三江等不同地方的廖氏人群。在祭祀活动中,中潮廖姓带头人会站在祖坟边上,为各地前往挂亲的廖姓"讲解"廖家家族历史故事。实际上,中潮廖氏的族谱也是于2010年以后才修订的,其主要参照的资料以全国廖氏的迁徙材料为主。而具体到黎平廖氏,能依据的族谱材料由于"仅存零星记载",因此能追溯的就只有生于康熙年间、殁于乾隆年间并葬在廖家湾的廖公必选,且廖公必选之墓,也是1992年为其所立——廖氏解释说因为旧碑残破,于是只能为之新建。中潮廖家湾的廖氏族谱资料上,也并没有关于廖氏迁徙至富禄的描述,且中潮廖家湾所讲述的"历史故事"更多的是风水传说,但这些追溯不清的"历史"并不妨碍各地之廖姓拿着自己的族谱来廖家湾寻找宗亲。通过这样的方式,中潮廖家湾将各地的廖姓联系起来,并且将共同的"历史记忆"传递到廖姓人群之中,再带往各地,为不同地方的廖姓建构起某种亲缘的联系。在这样的情形之下,侗寨的廖姓与岑牙的廖姓之间,也有可能通过这样的祭祀活动建构起彼此的祖源传说。

假如如上所说,富禄侗寨廖姓与岑牙廖姓祖源都为同一个公,那他们如何看待今天自己的苗侗身份呢?如今富禄侗寨的廖姓民族成分被划为侗,且也祭祀侗族女神"萨",而岑牙苗寨的廖姓则无

江河、商镇与山寨：都柳江下游的人群互动与区域结构过程

祀奉神灵，且在婚姻方面，虽然侗寨廖家说因为与岑牙廖家是同一祖源，因此互不通婚，然而实际上，就算没有这层关系，岑牙的通婚范围也相对封闭，通婚只在村落内部进行，很少与外面的人结亲，通常是三个姓氏之间，或者廖家几个房族之间相互婚配。如果有人找了外村的人，不论娶进还是嫁出，村里面总会窃窃私语，认为这是一桩不太如意的婚姻，因为不知道外面的人是不是可信可靠，所以也不太存在与山下通婚这一说。在说起侗寨的廖姓为侗、自己为苗时，他们也表现了相当的疑惑，再加上与黎平中潮廖家湾的关系就显得更加错综复杂了，当地人也笑说"我们也真的搞不清自己究竟是苗是汉还是侗了"。

岑牙廖姓虽然对自己的民族身份难以理清，然而在具体的日常生活当中，他们却形成了自己是苗族的身份认同与观念。岑牙廖姓告诉笔者，他们不如山下的汉人和侗族"脑壳好用"，多少年了都没有出一个"说话厉害的人"，而所谓"脑壳好用"和"说话厉害的人"在这里主要是指能在县城谋得一官半职的人，在某些关乎村落利益的事件中能够维护村中利益。岑牙与同在高坡之上的侗族岑旁寨，常常因为山界纠纷而产生摩擦，岑牙的人说岑旁侗寨有个人在县城政府里面办事，所以说话都"大个一点"，几次山界纠纷我们都占下风，现在已经损失了好大一片了。在笔者看来，无论人们过去的身份是汉、侗还是苗，如今都不是很重要了。民族划分为他们带来的民族身份，以及所形成的高坡苗、岸边侗的民族格局，已经深深地影响了人们的身份认同，在人们之间形成了明晰的界线。这种界线也同样体现在婚姻关系上，山下岸边的汉族与侗族很少与高坡苗侗通婚，而主要与沿河地带的村落通婚，而高坡上的侗族也较少与苗族通婚。因此，在探讨人群关系与身份认同时，不仅要关注其历史往来，也需关注其民族身份及其由于居住的地理空间所形成的人群间的界线。

尽管侗寨廖姓与岑牙廖姓的关系扑朔迷离，难以追溯，且高坡

第三章 "九域山、十段河"

与河边又存在着观念上的差异，但是富禄侗寨与岑牙寨确实是区域之中关系相对密切的两个寨子，岑牙每年都会参加富禄的三月三花炮节，且每年都能从中抢得一个花炮，甚至不止一个。岑牙与富禄的紧密联系不仅表现在当下，早在解放之前，二者便来往颇多，富禄福建籍赖家，就曾经在岑牙买了很多的田和山地，据说今天岑牙的一些山名还是由福建籍赖家命名的。除此以外，人们还讲述了一个岑牙与富禄的故事。传说早古的时候，有人从都柳江上游打仗下来，到富禄的时候，富禄打不过，就找了岑牙的一个打架很厉害的人去帮忙，结果打退了敌人。于是，富禄的人就问岑牙的人，你们想要什么东西我们都给你们；后来岑牙的人想了想，要什么东西最后都会吃完用完，于是就说，我们什么都不要，就要一个塘——这里说的塘，就是都柳江江面上的一片区域。这样一来，岑牙的人都可以来这个塘打鱼，就世世代代用不完了，于是富禄就将塘分了一半给岑牙。每年岑牙的人都会去那里用茶麸闹鱼，也就是之前说的"闹塘求雨"。富禄乡上的张燊忠老人将具体的过程记录了下来：

  距富禄街下游约1公里处有一河滩，方圆有10多亩。传说在远古时期此处是龙的藏身之处，故称"龙塘"。20世纪60年代以前，每逢干旱季节，就由富禄、岑牙两村寨老聚集商议，定于某月某日某时在龙塘祭拜龙王。两村全体村民身着节日盛装，在这里举行隆重的烧香祭拜龙王仪式，祈求龙王降雨，缓解农田旱情。每当祭祀礼仪完毕，两村将挑来的榨油过后剩下的茶麸粉倒入龙塘闹鱼，不到几个时辰，不论是否晴空万里，都会飘来滚滚乌云，顷刻降下大雨。据说此举非常灵验，无科学考证。待鱼昏浮水面或毒死塘中，男女老少各自用捕捞工具打捞。路过的行人或闻讯赶来的邻村人同样可以打捞给自己，以示龙王降恩，有福同享。这一天，塘边人山人海，

> 欢声笑语，热闹非凡。随个人的兴趣和意愿，巡塘、游泳、潜水寻找捕捉鱼虾。为了捕鱼，人们八仙过海，各显神通。一直到天黑，人们才恋恋不舍地离开回家。晚上还有人点着松树枝照明守夜捕鱼。天亮，又有人前来巡塘寻找死鱼。

该仪式最后一次举办是在1958年，之后就再也没有举办过。如上文所述，"闹塘求雨"的仪式本是为了求雨，在干旱的季节，富禄和岑牙两地的寨老在一起商量一个日期，到日子后，先由富禄这边的人去到龙塘那里。所谓龙塘，就是在上文提到的都柳江一处比较深邃的水塘，人们也说这水塘实际上最初就是属于居住在富禄的岑牙人所有的，但是岑牙廖氏搬走后，富禄的人就将其据为己有了，因此在后来的日子里，通过象征性的仪式与节日，将岑牙人曾居富禄的历史表述出来。

综上所述，无论是富禄、岑牙的族群身份、标签，还是对"闹塘求雨"仪式的记忆、对于共同祖先的追溯，实际上都彰显着富禄与岑牙曾经以及一直延续至今的密切互动，而此种既清晰又含糊的身份与关系，正是在区域社会变迁、人与物的流动以及围绕其间的人群活动过程中所形成的。今天高坡岑牙苗寨仍旧记得在富禄，还有一片坡是"属于"自己的，并且以岑牙命名，然而这种"属于"只存在于人们的记忆和历史传说之中，没有了真正附属的关系，只具备象征性的内涵。不同人群对区域的意识，正是基于上述这些或可模糊的历史、或可清晰的人群关系，通过有能动性的人的活动，在共同的经济、政治、文化等生活面向上被建立起来。

二 黎平廖氏宗祠——坡与岸的"历史记忆"

如今岑牙廖氏与富禄廖氏之间的关系虽不像过去那般紧密，然而近几年来，二者过去的紧密关系又被人们重新提起，其契机则是前文所提到的清明节祭祖仪式。岑牙与富禄的廖姓都会去黎平中潮廖家湾进行扫众墓活动，每隔三年举办一次，但是在这三年中间，他们之间并非没有走动，据说 2011 年的清明节，就是廖家湾的人到富禄来扫墓。笔者于 2012 年清明节参与了廖家赴廖家湾的挂亲仪式。早上 8 点，廖叔①打开萨坛的门，向萨进了 3 杯酒，烧了香，并放了一挂鞭炮，向萨祭拜完毕后，廖叔便忙着张罗去中潮的车，由于此去一行有 50 多个人，所以需要准备 9 辆车。在等车的空闲时间我和妇女们一起吃了些油茶当早餐，妇女们显得非常高兴，说这次也是她们头一次去廖家湾，还准备了表演的节目，即鼓楼新建仪式上她们表演过的歌舞节目，由于跳舞队伍中的妇女还有其他姓氏，所以此次前去的妇女，并不都是廖家的姑娘或者媳妇。实际上，一般女性并不参与扫墓的活动，以往去廖家湾扫众墓的都只有男性，只是因为在这次祭祖活动中还安排了歌舞表演，她们才要去进行表演、活跃气氛。

上午 9 点车从富禄出发，在一条没有修好的高速公路上行进。到了中午 12 点，才到达贵州黎平中潮廖家湾。一下车，就有廖家湾的一个老人家上来和他们打招呼，接着便带着他们向祠堂走去。祠堂修建在廖家湾一个地势较高的地方，是 2011 年所建，门前立有 4 块碑，第一块碑讲述廖家的历史，记录如下：

刊碑勒石　万古流芳
家祠碑序

　　本族受姓于周内史伯廖，始以廖为姓，惟鼻祖讳及第，字三级，由豫仕黔，明洪武恩进士，是时教职不限本省，持四川授教升铜仁县令，复升山西蒲州知府，跃升贵州铜仁府尹。所生三子长名泰，次名春，三名通。其父历任清廉无力回籍，殁于铜仁任，因而弟兄遂各散居。廖通入蜀，春从军征黎□洞有

---

① 廖叔为富禄侗寨的老主任，全名廖声环，时年 58 岁。

江河、商镇与山寨：都柳江下游的人群互动与区域结构过程

功授千户、入黎住贡院坡，今犹有廖家井尚存。吾泰祖亦随入黎，居住黎所属之开泰县、潭洞屯。

明永乐二年（1404）即大清圣治元年，拨居中潮所汪清屯，龙王洞右侧戚家庄。四世祖逢圣，幼时孤苦，与叔母相依为命，自泰祖以下，继继承承何能记忆？故不能以及第祖为一世祖，泰祖为二世祖，实因泰祖之嫡派相传，恐幼而忘之，兹谨遵能记忆着次第而详之，以遗后裔，则一世祖仲宾、仲文，二世祖有仁、有志，三世祖腾蛟、腾齐，四世祖逢圣□五世祖登庸，生必字四子，必全、必选、必荣、必宣，本支廖谱从此分四房之别，奈心志不一、贫富等，自文字辈以下字辈紊乱，各立祖庙，一祖之裔，两祠之分有"诰封祠""八家祠"。两祠建造恢弘，各有祭田千亩，每年租谷十万石，供家祠每年春秋两祭，培养本族子女读书升学，救济困难之家，廖氏富有之声誉远饰他乡。

在一九四九年解放后，两祠划为古建筑，归财政所管，一九六四年"文革"高峰期"县革委"派"走资派"将两祠拆除，砖瓦拉到黎平建县委大楼和黎平大饭店。如此精良的古建筑毁于一旦，多少世人为之叹息。

今逢国泰民安之时，万众归心之际，和谐盛世之期，外地族人回老家祭祖，多人提议，在本族人中捐资重建廖氏宗祠，不分支派，团结一致共同继承发扬中华传统以"忠孝"为本的美德，自二〇〇三年始，经族人开始集资筹建，有多少古稀老人出谋献策，多少青年男女捐资献力，更有赖远方廖氏族人，他们身在异乡思故里，心怀孝感系祠堂，不吝捐资捐款，历经八年方至于此，不敢称宏伟豪华，但也算了却我族此代人之心愿。

最后，祝祖先在天之灵，佑族人世代平安团结，人才辈出，发扬光大。

第三章 "九域山、十段河"

  而其余几块碑上所刻都是捐钱修祠的名单，其中还按地名分了几类，如从江、富禄等，以及从廖家湾嫁出去的女性名单。富禄前去的人们都在碑前去找自己的名字，其实富禄侗寨廖氏几乎每一家都给了钱，但并非每个人都来过这里看过祠堂。人们都说，早在前些年，类似的宗亲活动还不是很多，只是这两年才热闹起来。说起宗族活动活跃的原因，大家解释说，一是这两年大家有了些钱，有了经济基础，就不在乎花点钱办点活动；二是这两年村里年轻人出去打工的少了些，回家的多了，因此办起这些事来也顺手了。

  在祠堂里面，有一桌是"签到桌"，由廖家湾的几个人负责，只要是来了的廖氏，都要来这里签到，并且交一些份子钱，签到簿上已经有广西、湖南、贵州多地的个人或者家族来签过了。除了签到簿以外，还有一张红纸写上份子钱的名字和金额，比如富禄的一行人，就统一写"富禄廖家：1400 块"。其中有一个从柳州来的廖氏，带来了他祖上传下的一个老家谱本子，是民国年间写下来的，这一天他带来专门请教廖家湾的老人们，看是否可以追溯亲宗关系，可是当时他们并没有解决这一疑问，只是说要翻下家谱对照起来才可知。

  在祠堂活动了一会儿之后，人们便到小学操场聚餐，小学篮球场上已经摆满了桌子，吃饭时，笔者发现坐在一起的人们虽然都姓廖，却未必都认识，所以席间的一个重要话题就是在询问彼此的字辈、盘算彼此的关系。人们说，只要是从这里出去的廖姓，用的字辈都是一样的，都是同样的 28 个字，在场的几个人迅速地用字辈定位了彼此的位置。其中有个老人家是从江县城来的，是廖氏宗族的族长，笔者最初很奇怪为什么一个非廖家湾的人当了廖氏的族长，因为廖家湾才是廖氏祭祖的中心所在。后来才得知，原来这位从江县城的族长，不仅自己被大家认为德高望重、较有权威，更重要的是他的子孙、整个家庭都发展得很好。所谓发展得很好，就是他的子女都在政府部门工作，儿子还是一名政府干部，且家庭和

江河、商镇与山寨：都柳江下游的人群互动与区域结构过程

睦，子女们也都有儿子延续香火，所以整个宗族考虑了种种因素，才在 2011 年推他做廖氏族长。可以看出，在这些活动之中，某种注重地方联系的、跨区域的靠"宗亲关系"来维系的人群关系正在建构，且人们还正处于试图慢慢理清、定位关系网的过程之中，在现阶段也许这些关系仍还有些模糊，但是没人会知道在未来会对人们的生活和观念产生怎样的影响。

饭后祭祀仪式开始，参加扫墓的有近 500 人，这几百人的队伍实在不容易一起行动，于是人们就分成了好几批，每一批由一个廖家湾的当地人带领着去祭祀不同的祖先。富禄的人其实也不了解自己应该去祭祀哪一个坟墓，只是听带队的人说扫这个坟墓对富禄的人好些，可求得兴旺些，也就不再追问。于是富禄的廖姓们被带到田边小山丘上的坟墓前，它几乎要被杂草给完全淹没了，如果无人指点，几乎看不出它下面还隐藏着坟墓。当人们把杂草扒开，露出了两个墓碑，一个是乾隆年间的，一个是嘉庆年间的，但这两个墓碑看起来却很新，原来是廖家湾的人在 1992 年的时候才立起来的。在场的人，除了带路的廖家湾当地人廖家伟知道死者的身份和关系之外，再无其他人知道。

廖家伟带领大家将坟墓清扫得差不多了后，便站在坟头上，如授课一般介绍起廖家的历史故事，而其余的人都在很认真地听着，时不时点着头做回应。他讲述的是廖家如何在廖家湾稳固脚跟的故事，也是个风水的故事。传说廖家最初到廖家湾的时候，廖家湾居住的是姓戚的人群，而现在廖家湾对面的山坡上居住的是姓宋的人群（如今已经没有人住在那里了），宋家居住的这片地方风水最好，廖氏才来到廖家湾时只能以为姓宋的人放牛为生，过着很穷苦的日子。有一天一个地理先生路过这里，夜晚想找地方落脚休息，姓宋的人家并没有接纳他，而是廖家的人家留他住了一晚，后来地理先生为了感谢他们，就告诉他们说，这一处（即这两座坟所在的地方）的风水极好，山坡的走向直指黎平，且可以压住那其他

第三章 "九域山、十段河"

两家,并让他们把坟墓埋在此处。于是廖家的人照此做了,果然在道光年间,廖家开始大富大旺起来。一方面是赚了很多钱,据说廖家最为发达的时候在中潮这片平坦的地方,80%的田都是廖家的,周围的人几乎都是给廖家种田的,甚至廖氏的蒸尝也颇具规模,且廖家湾周围还用石头砌起城墙,上面还有枪眼,据说没有人可以打得进去。廖家发达的时候,祭祀祖先不是放鞭炮,而是向天上鸣枪。可是问到为什么会发了如此大财时,廖家伟也并不清楚,"可是就是怪得很,实在是有钱得很"。廖家湾当时因为富甲一方而声名远播,很远地方的人都知道有廖家湾的存在。另一方面就是人口的兴旺,据说廖家当时繁衍了很多男仔,后来才会开枝散叶发展到各地去。

当他在讲述这些家族故事时,笔者意识到自己正在经历一个集体记忆共建的场合,一位拥有自己家族记忆的人正站在坟头上向从各地聚拢而来的廖氏宣讲廖氏的历史故事,无论这些历史故事是否和在场的廖姓人群相关,它都成了一种"新的历史记忆",重新将人们头脑当中的关系建构起来,这些故事将成为一种共识被带回各自的地方,又在区域之中形成新的联系。

除了前往黎平廖家湾进行宗族的活动以外,富禄的廖氏也试图在富禄侗寨建造廖氏祠堂。廖家祠堂于清代的时候修建,修建321国道时,祠堂三进三出的格局被公路从中间穿过,只剩下一间破败的房间摆放牌位,2011年人们才把廖家祠堂给彻底拆掉,目的是新修一个廖家祠堂。廖家的人说,那个小小的房间不便很多人进去祭拜,所以打算修一个两层的楼,第一层用砖来修,第二层则用木头建造,这样以后人多也方便。因为牌位暂时没有地方放置,于是廖姓将牌位抬到自己住宅的二楼放置,有一块大牌、一块小牌,用一块布盖着。等新的祠堂修好后,牌位又会被放置到新祠堂中。然而廖氏祠堂的修建并不顺利,除了没有足够的资金支持之外,用地也成了一大难题,廖家打算在原来祠堂的位置修建新祠堂,但是其

江河、商镇与山寨：都柳江下游的人群互动与区域结构过程

余姓氏对此颇为不满，因为计划中的祠堂占据了人们日常生活用的小道，于是祠堂迟迟无法开工，直到2012年底笔者离开富禄时，廖氏祠堂仍旧没有修建好。

从上述廖氏的故事之中可以看到，富禄廖氏与富禄及富禄之外的村寨之间存在着种种微妙又复杂的联系。在富禄侗寨，廖氏作为最初的建寨姓氏拥有较高的威望，也曾在富禄市场中扮演了重要的角色。除此以外，富禄廖氏与岑牙廖氏又存在着若即若离的关系，这些关系存在于人们的记忆里和对富禄历史的追溯里，而如今，富禄廖氏又与贵州黎平廖家湾建立起了宗亲关系。在本节中，笔者的意图并非在于理清廖氏真正的"历史"与族群标签。实际上，无论是高坡岑牙廖氏还是富禄侗寨廖氏抑或廖家湾廖氏，都无法说清自身的族群身份，也无法说清在历史上他们是否真的是一脉相承。然而正是这些混乱的表述、"闹塘求雨"的仪式以及今天我们看到的通过祭祀活动建构起来的集体记忆，使我们一方面得以看到高坡与河边的人群是如何进行沟通和互动的；而另一方面，也可以借此看到现在的人们如何运用历史记忆和创造历史记忆去进行区域的构织和关系网络的建构。

在上述"苗民"上山、"侗民"迁徙的故事以及当下人群关系的背后，折射的是都柳江流域相当复杂的社会历史文化过程，都柳江河道贯通后的区域商业化使得"人"与"物"开始快速流动，其结果是不同人群的接触与文化间的交汇。在富禄，区域社会变迁的动态过程不仅体现在河流交织的地方社会中，同时也发生在那些看似远离河流的高坡之上，通过山上山下的互动得以呈现。在人们的历史记忆中，"苗族村""侗族村"远没有表面上的民族身份那么清晰，而"上山"的苗族也并非"被边缘化"的。以河谷与高坡为界，一方面是当地传说中超越族别标签"说不清楚"的联系，而另一方面，却是清晰可见的身份区隔。当我们从人群活动与互动出发，将人群关系放置到地方社会历史脉络之中就会发现，民族身

份界限、族群认同与地域认同实则相互交织,人们在多个层次上划分"自我"与"他者"。在这个意义上,模糊的记忆与清晰的区隔,正是区域历史在人群关系上的一种呈现。

第二节 高坡的日常生活与下山禁忌

高坡的村寨虽不可避免地要与河边的寨子发生联系,然而对于居住在高坡的人来说,他们的生活还是与山下有很大的不同。如今居住在高坡的侗族,年龄在70岁以上的老人以及30岁以上的妇女几乎都不会说桂柳话,他们虽然也祭祀"萨",然而传统节日的时间与习俗都与山下存在着差别,高坡上的婚姻关系网几乎也很少与河边的重合。对"区域"的理解重要的不仅是其联系起来的地域范围,而更要考虑到在此范围之内人们在不同空间层面上的差异与联系。对于都柳江下游来说,山下沿河人群与高坡联系起来的人群范围及其关系都有明显不同,这不仅仅只是笔者一厢情愿的感知,甚至也体现在了传统社会的秩序和结构上。本章第四节"九域山、十段河"便是人们头脑当中的区域图景,河与山,不仅仅是当地人对地方地理环境的空间分类,实际上也是社会关系的分类,从而也是一种文化的分类。在本节,笔者以岑广为例,通过他们的家族传说,对待祖先的态度,与实际生活中的区域联系,去探寻高坡的日常生活。

一 高坡上的侗寨——岑广

岑广为侗族村落,却位于高坡之上,离富禄搭乘摩托车大概20分钟。岑广这个名字是解放后才有的,当地人并不用岑广来称呼这块地方,而是用"大榜"和"地榜"称呼。大榜和地榜指的都是岑广村的范围,"榜"在侗语里面的意思是"一片","大榜"的意思就是"一大片","地榜"则意为"这一片"。站在岑广坡

江河、商镇与山寨：都柳江下游的人群互动与区域结构过程

上，可以遥望富禄岑旁村，再顺着山路往北走便是登晒。登晒一半属于广西一半属于贵州，是和岑广交往最多的村落，彼此结亲也最多。岑广与其结亲最多的除了登晒、贵州的岑扣和岑洞之外，与都柳江南岸的融水县大年乡也有姻亲关系，而这些村寨基本都位于高坡之上。岑广如今有200多户居民，主要姓氏为石，其次是杨，另外有些其他姓氏如吴、潘、姚等。不论是登晒还是岑广的姚姓，都告诉笔者他们其实本是汉人，只是在民族识别的时候他们自愿要改成侗族。他们总说自己住在山上久了，跟着侗族生活习惯了。可见，人们在选择自己的民族身份时，有时更多地出于功用性质的考虑，结合当时当下的生活境遇所进行的能动性的选择。

笔者于岑广新米节时正好有机会跟随山下的人赴岑广做客，实际上，高坡过节很少邀请山下的人来，但是却会邀请山下在政府有职务的当地人前来，这次与笔者一同前往的就有富禄村的支书、[1]主任。[2] 而且这样的情况也并非在每一个节日都发生，往往得依据某个家庭与政府人员的私人关系而定。如笔者所参加的这次新米节并非整个岑广的节日，与山下的节日习俗不同的是，新米节在岑广寨只属于石家的节日，村落中的其他姓氏只是作为客人参与到节日之中，且石家的不同房族所过的时间并不一样。石家有三个房族，就要在三个不同的日子过新米节，此次新米节便是石家第一个房族所过的。过新米节的时间也非常灵活，在岑广并非某一个固定日子过，而是到了稻子要抽穗的时候，由村里的师傅看个日子，大家来过个节，预祝有个好的收成。实际上，岑广新米节的相关习俗，与石家的落寨的传说故事相关：

    我们石家本来是在龙额，但是在龙额那边觉得打仗太多，

---

[1] 2012年富禄村支书为梁清海，37岁，葛亮寨人，侗族。
[2] 2012年富禄侗寨主任为廖声环，42岁，富禄侗寨人，侗族。

第三章 "九域山、十段河"

日子不安稳,就想分出来,正好有老人家来岑广这里来养牛,觉得这里环境不错,便搬过来了,至于搬过来多少代,反正我父亲的那一辈就过来的。我们石家的祖源其实是在石家庄,后来从石家庄搬到潭溪地方,当时战乱纷飞,死人很多,小娃崽也不例外,有石姓一公一婆为了保护自己唯一的一个崽,就把他藏在坛子里面,等过了六天六夜,就揭开那个坛来,发现自己的儿子还活着。后来这个活着的儿子长大后结婚,生了三个儿子,这三个儿子到了龙额安家又分别成了亲。这三个儿子生下来一个是耳朵聋的,一个后来往西边走了,一个住在冲里面,所以,在岑广这里,有三个石姓,一个叫石西,一个叫石冲,一个叫石聋。我们家就是石聋家,是老大;石西家是老二;石冲是老三。我们三家虽然相互之间可以通婚,但是过新米节的日子不一样,我们老大家过的是头天中午那一顿,老二家过的是二天中午的那一顿,老三家过的是二天晚上的那一顿。

在传说中,提到石家是从龙额而来,实际上在现实中,岑广与贵州龙额、古邦等地关系相对紧密,这些位于高坡的村寨之间形成了一个与河边没太多关系的社会关系网络。当说起山下的人时,岑广的人们又告诉了笔者另一个与石家故事自相矛盾的说法。传说侗人和汉人、壮族是一起来到这个地方的,他们都是从广东过来的,汉人留在了河边,侗人到了高坡,壮人去了西北。这一传说与《祖公上河》歌中的故事比较类似,可见《祖公上河》歌中所表达的苗、侗、汉一脉相承的故事,在区域内被人们广为接受。然而高坡的侗族在各种传说故事中所体现的自身源流充满了矛盾,这种矛盾性来源于不同时空和不同境遇下所形成的相互交织的族群关系以及不同人群的相互感知。

实际上,富禄地方高坡人群与山下日常来往并不多,人们说在解放之前,高坡人从来没有去放过排,他们只是把木材运到河边去，让河边的商人收购后，买卖便结束。在石家大房保留下的60多张契约中，与登晒寨所进行的田地买卖最多，其余则是少数与岑扣和岑广本寨签订的契约，最老的契约不会超过同治年间。其中与富禄相关的有3张，一张是石家与富禄所进行的借贷契约，一张是石家与富禄赖家的当水田契，还有一张是将土地卖与富禄赖姓所写下的契约，显示了岑广与富禄河边人群有限的经济联系：

> 立当禾田字人姚老榜母子，情因急用，自愿将祖遗自份水田壹大坵坐落登晒寨脚并无他田角相连，计禾花叁拾吨，托中前来递与富禄赖相成亲出□承买，三两言明当价毫银壹佰捌拾元整，即日银字两交清讫，其田自立字后任凭买主过手招人耕种作收花管业，伯叔兄弟再无异言亦无重腹〔复〕典当他人财物。此系正行交易，两此甘愿□立当禾田字一纸为据，一批其田惟卖人□年依期收赎不准别人代赎，即日买主代出中用银叁元整，收赎之日便还买主批明
> 　　中见　代笔　石甫朝
> 　　任杨母　姚奶全
> 　　民国廿一年壬申六月廿一日立当禾田字人姚老榜

可见，岑广与富禄河边的关系多为土地买卖之上的联系，而岑广在木材贸易的整个链条上只将木头运往河边卖掉即可。老人们回忆说："放排的都是河边的人去放，不归我们管。"不仅是岑广如此，高坡的岑牙、登晒也持同样的说法。正是因为高坡与河边这种有限的联系，形成了高坡与河边不同的生活方式和世界观，虽然同为侗族，然而高坡的侗族与河边的侗族也存在着较大的差异。

二　远离山下的风水故事与禁忌

高坡人爱住高坡，特别是老人家认为高坡才是他们的家。与岑

广交好的高岩寨，用山下人的话来说，那里曾经是个"比较封闭的寨子"，他们的地形是里面平坦、出口狭窄，所以高岩世世代代的人都警告后代说绝对不可以走出这个关口去住，因为里面的风水才最是好的，一旦出去了就会"不好"，所以当前几年政府要求高岩人下山搞新村的时候，高岩的人就表现得较为抗拒。政府为了劝说山上人下山，就找了一种风水解释来告诫，说高岩这块地方，其实地形就像个牛栏，把门一关，高岩人就只是牛，出不了人才，现在必须要把牛栏打开，人走出去，才能发展。也不知是这种说法起了作用，还是别的什么原因，总之最后高岩人接受了要从这里出去住的建议，搬出去十几户到新村居住。

高坡人最终决定下山居住算是一种妥协，然而下山定居的过程并非顺利，下山居住的高坡人又以另外的方式表达了自己的不适。以仁里新村为例，葛亮上游1公里处大年河口的苗寨仁里新村，就是在2008年从高坡仁里苗寨搬迁下来的。在还未搬迁下山之前，仁里就流传着山上的人不能下坡居住，下坡则会遭遇不测、多灾多难的说法。尽管如此，新村还是被建起来了。可是当地人告诉笔者，就在山下居住的这几年当中，这批下山的居民也许是不适应山下生活，生病、意外时有发生，似乎是应验了高坡人不能下山居住的说法。这种说法在高坡盛传，最后仁里新村有些人家无法忍受这种担惊受怕的生活，最终又搬回高坡居住，2012年时，只有少数人家还住在大年河口处的新村之中。从这些风水传说与下坡不测的说法中，我们可以看出高坡人与山下的隔阂，一个是山上的世界，一个是山下的世界，当地人头脑当中对这两个空间的边界感非常清晰，认为任何超越自己空间的生活都会"不好"。虽然他们在特定的时间和情景中，会有共同的利益，在互动过程中如同岑牙与富禄侗寨那样，形成共同的历史记忆，并且木材的贸易链的确将山下和山上两个世界连通起来，然而在他们的世界观中，山上与山下，仍旧是两个大为不同的空间，而这两个世界中间的隔阂则是文化的

江河、商镇与山寨：都柳江下游的人群互动与区域结构过程

差异。

在信仰方面，对于高坡的人来说，祖先是一个令人敬畏的力量，他也许会带来好的东西，也许也会害家里人，尤其是高坡苗族，甚至在解放后很长一段时间中都不会为去世的人立碑建坟，人死后埋掉即可。直到改革开放之后，市场经济的观念也影响到高坡，听山下的汉人说建坟拜祖先可保佑发财，高坡苗就也开始建坟供奉祖先了。高坡侗族对祖先的态度也很谨慎，除了清明节扫墓之外，祖先的墓地是需要时不时去探望的。新米节之后笔者参加过岑广石家大房的一次祭祖活动，供品必是不可少的，有鸡、鸭、猪头肉，还有一篮子煮熟的糯米饭；除此以外，做仪式的石姓老人身上带了个包，里面是铃铛、一盆生糯米、一些红线。到了正午太阳最大的时候，仪式正式开始了，仪式主要部分是在先人墓前念诵一段文字，撒些生糯米。实际上那天并非什么节日，当问起为什么要扫墓时，他们回答说高坡人除了清明要扫墓以外，如果祖先希望后人来看了，就会附身或者托梦以传达信息，这次正好石姓老人梦见了自己的父亲，于是他们也要再上来做做仪式。"如果祖先希望你来看，你没过来，家里就会不好"。那天在山上祭祖的人除了几个石家的兄弟以外，还有几个从贵州登赛而来的姚姓，因为姚姓与石姓是亲家，因此必须相互参加彼此的祭祀祖先活动。

除了文化差异与文化禁忌以外，高坡与山下也形成了对彼此诸多方面的固定看法，这些看法使得高坡不愿下山居住，山下的人也不愿与高坡结亲。今天在山下，虽然人们也承认居住高坡也有一定的好处，但却并不相互往来。例如，如今山上岑广寨的房子普遍建得很宽敞，富禄侗寨的人就评论说，那是因为高坡的山地很多，杉木也很多，高坡人卖杉木比较有钱，所以他们的房子就修得大。但相反，"你看我们，想修房子也修不得，就那点杉木山，几兄弟一分也就那么一点了。我们住富禄的离市场近，你看人家吃什么好吃的了，也想去市场买来吃，看见什么好用的也去买，买来买去就没

好多钱了。高坡的树又多,又不用到下面来花钱,比我们好多了"。但是他们也同时表示,河边的寨子也不愿意嫁到高坡去,即使是相爱了老人家也很难同意。乡上的富禄中小学校里面自动分成了三派,一派富禄河边的,一派高坡侗族的,一派高坡苗族的,形成了"一派笑一派"的格局,最后被笑的总是高坡苗,可是高坡的学生有机会也嘀咕道:"那帮富禄的学习那么烂,根本没我们高坡的学习好。"其实,"校园政治"已经很好地呈现了当地人心中对各个人群的认识。

如前所述,高坡与河边成了相互联系又相互区隔的两个世界。虽然苗、侗、汉的身份界限在某些特定的情况下非常模糊,如岑牙苗寨与富禄侗寨的廖姓那般对自己的族群身份说不清道不明,然而并不意味着生活在其中的人们不清楚自己的定位。在笔者对富禄地方的苗、侗、汉分别进行观察之后,发现从高坡与河边的空间层面探讨人群的互动显得更为必要,因为似乎在当地人的头脑之中,高坡与河边的空间感差异,将此种界限感表达得更为直接。当人们各自居住的空间没有被打破的时候,人们所强调的是民族标签与身份认同、强调他们与河边的侗人没有区别,然而,当面临居住空间改变、从高坡搬迁到河边时,差异与"区隔"就会显现。笔者对高坡与山下不同空间的关注,并不意味着简单地从地理生态上划分人群,也并非忽视同一空间中不同族群的文化差异性,只是试图强调当我们在对当地人的"地方""区域"概念进行探讨时,需要看到文化分类的复杂性,也需要看到在多元族群、多元文化系统地区,区域内部所呈现的既结合自然生态、又与人的文化属性紧密相关的多变性与弹性。

三 市场、婚姻、把兄弟——下山的动力与机制

对于居住在高坡的苗侗来说,山下的世界既充满了紧张感,又是热闹与好玩的。如今凡是成年男性几乎都有一辆摩托车,经济条

江河、商镇与山寨：都柳江下游的人群互动与区域结构过程

件稍好的家庭甚至有不止一辆，女性几乎只能坐在摩托车后座。笔者在都柳江下游调查的过程中，除了个别镇上在政府工作的女性职员骑女式摩托车之外，没见到任何一个苗侗女子骑摩托车，而摩托车也在年轻人中成了是否有男子气概的标志之一。这些摩托车成了今天高坡人下山的最重要的交通工具，对于成年人而言，摩托车主要用于下山采购、办事或者前往较远的田地干活，但年轻一些的男性甚至声称自己10岁就已经会骑摩托车了，经常开着摩托车去其他村寨"做玩"。笔者常常在考虑，有了摩托车，是否会使得人们交往的圈子更广、村落联系范围更大，可是当与年轻人闲聊时，他们却说，就算骑着摩托车去其他村玩，也是因为有认识的人，他们并不会无端地跑很远去。按照这种说法，他们仍旧是沿袭了过去的村际交往网络，尽管摩托车能够超越原来传统时期一天步行距离的范围，但是人们驾驶着摩托车交往的地方，还是没有超越传统的人群范围，并无明显的扩大。不过，摩托车使得原有关系更加紧密这一点几乎是毋庸置疑的。年轻人玩耍的机会增多了，尽管如此，高坡上的年轻人仍旧不会与山下的年轻人在一起玩。苗族少年的摩托车甚至从外观上就可以被分辨出来，他们喜欢在车上绑亮闪闪的东西，也喜欢装音响，开着震耳欲聋的音乐呼啸而过。

而对于这些骑着摩托的年轻人的父母而言，他们下山的次数远远少于孩子，山下对他们来说最重要的还是市场，不过如今山上的人对山下市场的依赖程度，又比其祖辈们高很多。随着织布、染布、刺绣等工艺的机器化大生产，山上的妇女们不必事事躬亲，她们可以在山下就买到民族服装成衣，或者机器绣片，还有发亮的布匹等，而如果在山上要亲手做一匹发亮的靛蓝布需要费很大的精力与时间，甚至还需大量鸡蛋清，可是在山下她们可以随时买到类似的布匹。可以说，富禄乡上的少数民族服装店，就是针对高坡的妇女们而开设的，因为在山下的妇女几乎没有人再穿民族服装了。另

外，高坡上除了少数妇女还在进行手工刺绣以外，几乎所有妇女都在山下购买机绣的绣品做衣服，如今妇女们打发时间的时候虽然也进行刺绣，不过都是以商业化的十字绣为主，且主要是为了休闲娱乐，而非看重实际功用。为了购买十字绣样，高坡的妇女也需要下山来进行挑选，她们所挑选的商品当然也包括时下的普通时装、鞋子等。有的妇女下山则纯粹是为了带小孩来游玩，吃一碗米粉，逛逛集市娱乐而已。

山下的电器行对山上的人来说也是使其下山的原因之一。一家电器行的老板告诉笔者，高坡的人在十几年前几乎不怎么用电器，后来慢慢开始使用电饭锅、电磁炉、电冰箱等工具了，洗衣机在2010年前还未在高坡流行起来，2010年以后高坡的人也开始在山下买洗衣机了。不过，据笔者了解，高坡对电器的需求并非完全出于实用的目的，电器行老板告诉笔者，自己店里那些最大型号的冰箱和洗衣机几乎全由高坡的人家买走，而买这些电器最主要的目的，是在娶亲时用来当聘礼，这些电器已经超越了使用的功能，而被赋予了财富象征的意义。其实，高坡的人并不需要那么大的电冰箱，高坡自来水普及率也并不高，使用洗衣机比较麻烦。有的人家将洗衣机摆放在堂屋之中，甚至连包装膜都不曾拆掉，只是为了彰显对它的拥有而已；有的人家把大型号的洗衣机用来装米，认为洗衣机装米老鼠进不去，甚是好物。总的来说，电器对于高坡的象征与礼物的意义超过其实用价值。

笔者在上一节描述了高坡上的人作为一个整体不愿到山下居住，其中包含了风水的传说以及相应的空间文化观念，但是仍有少数高坡人希望下山生活，这部分人大多数是出于下山做点小生意、挣钱，或者下山"闯一闯"以获得更好的物质生活的考虑。以上这些下山的动力，是在受市场经济影响后的部分男性的想法。实际上，高坡女人下山的历史远远超过男性，从20世纪20年代开始，高坡的女人就通过婚姻的形式到富禄生活了，在《百年富禄——客家人与少数民族共生

江河、商镇与山寨：都柳江下游的人群互动与区域结构过程

共荣关系考析》一书中，作者母亲的一段口述向我们生动描述了一个高坡女人下山所面临的文化冲击和适应过程。

> 我出生在贵州省黎平县地坪乡高岩村，高岩村由几个小寨组成，我所在的寨子叫"芬纠"，意思是"高高的山顶"……我在15岁那年，父母亲就把我许给杨家（订婚），我们没有见过面。16岁以前我没有出过苗寨，不知道外面还有天。……最使我难忘的是那年的拉鼓节，这是改变我命运的一年。拉鼓节是我们苗家最隆重的节日，13年才举行一次。拉鼓节的头一年，砍下一条大木头，破开、挖空，又重新合起来，用藤条扎紧，两头蒙上牛皮就成了鼓。拉鼓时，本寨群众拉一头，外来客人拉另一头，时拉时停，直拉到太阳下山。寨上选了一些漂亮姑娘给拉鼓的人敬酒。我当然也就成了送酒肉中最引人注意的姑娘了。那时来看拉鼓节的人山人海，有的是来卖糖的，有的是专门来看热闹的，就在那次拉鼓节上我未来的丈夫看见了我，后来听我姑妈讲他一直追着我看。拉完鼓家家杀牛杀猪招待客人，你愿意到哪家吃都可以。大块的牛肉挂在梁上，客人自己去割肉烧来吃。追我的那个年轻人追到我家，在我家吃晚饭，找机会和我谈话。当时我姑父（汉族）也跟他一起来，帮他翻译，他夸我漂亮，说要带我出山，问我愿不愿意。①

上文中的口述者为滚丽萍，她的丈夫为朱维先，祖籍福建永定，为客家人，其父亲15岁时就随堂兄从福建到广西三江富禄居住，而后又到贵州榕江跟人合伙做生意。根据这段口述，当初滚丽萍以及她的父母都不愿她嫁给汉人，然而她的姑父作为一个娶了苗

---

① 朱慧珍：《富禄百年——客家人与少数民族共生共荣关系考析》，第77~79页。

第三章 "九域山、十段河"

妹的汉人，极力撮合这桩婚事，于是她未来的丈夫及她姑父，在她不置可否的情况下，连夜将她带到富禄，就算把婚事私定下来了。其实她未来的婆家当时早已为男方定了亲，对方是富禄有钱人家的姑娘，因此对这桩婚事极为反对，实际上男方的母亲本身就是个侗家，但因为娘家是都柳江江边荣阳寨人，所以也很反对儿子从高坡找个苗妹，但是在二人的坚持之下，没有嫁妆与聘礼，也没有举行结婚仪式，男方去买了个猪头，煮熟了摆在门口插上香，两人对天磕了几个头，就算成家了。然而婚后的日子才刚刚开始：

> 首先是语言不通，他懂侗话，也懂一点苗话，我不懂汉话，但也懂一点侗话。于是他从家里的用具开始，指着用具一个一个词地教我，还教我怎样称呼人。我也算灵，经过两三个月的学习，我基本上可以用汉语跟他们对话了，还学会了一点客家话，有个别词实在不会讲，就用苗话或侗话补充。他在教我讲汉话的同时，又教我做饭做菜，做鞋子，织毛衣。……丈夫做商店的内柜出纳，有吃有穿，丈夫疼爱我。有空我丈夫就手把手教我写字，看书，两三年功夫，我就连认带猜地读了一些古典小说，像《啼笑因缘》《金粉世家》等。他还教我唱京戏，什么"苏三起解""汾河湾"等，我背得滚瓜烂熟。他还教我打麻将，打纸牌，有空的时候，还和太太们玩上几圈。为了和太太们交往，我丈夫还让我穿上旗袍，高跟鞋。是他使我这个大字不识的苗妹发生了天大的变化。看到我的变化，我家婆对人家讲："苗变客，了不得。"眼红我的人也编歌来讽刺我，说什么"好笑多，好笑客家讨苗婆，讨得苗婆生苗仔，娘娘仔仔唱苗歌"，"千不怪，万不怪，只怪苗子当太太"。[①]

---

① 朱慧珍：《富禄百年——客家人与少数民族共生共荣关系考析》，第 80~81 页。

江河、商镇与山寨：都柳江下游的人群互动与区域结构过程

虽然滚丽萍通过自己聪明的头脑将适应过程较为轻松地应付过去了，然而口述材料中也显示了在这个过程中的各种误会和痛苦，在生孩子之前，她的语言也还未完全学会，与家公家婆生活过程中摩擦不断，这使她常常垂泪，感叹生活艰辛。而她还要面对上述人们针对她的"苗"身份赋予的嘲笑。如上所示，高坡苗族女人虽然通过婚姻的形式得以下山，然而却需要冲破种种世俗的观念和压力，而这种观念和压力至今仍存在于富禄。高坡与山下人的婚姻仍旧是不被人们看好的，就算如今的人们思想更为开明，却也仍旧认为，与高坡谈谈恋爱可以，结婚是父母一定不会答应的。这不仅包含高坡的苗族，也包含生活在高坡的侗族。

对于今天的男人来说，下山做生意也并非易事。对于在山下无依无靠、没有房屋的高坡人来说，下山做生意需要"投靠"某个人或者某个姓氏，才可以得到在山下或者镇上居住或者经商的权利。投靠有不同的途径，其中最重要的一个是"拜把兄弟"，拜把兄弟时也无须太多的仪式，就在家里杀一只鸡，将鸡血滴进酒杯喝下去，而一旦拜了把兄弟，几位弟兄也就成了额外的家庭成员，会彼此出席各种各自的家庭活动，对于彼此的父母也应尽到子女的义务。当笔者问到是亲兄弟好些还是把兄弟好些时，人们告诉笔者，也不一定，有时候把兄弟彼此来往更加多些，但是出了矛盾把兄弟也有鱼死网破的时候。通过拜把兄弟，高坡的人可以参与到山下某一个家庭之中，而作为兄弟的山下人家庭，则为其提供必要的帮助。

笔者是在无意中得知高坡下山投靠山下人家的规矩的。在2012年清明节时，笔者与福建籍赖姓后裔一同上山扫墓，却发现一路上跟随了一个安静内向的年轻人，上前搭话才得知他是从仁里苗寨下山的滚姓人士，25岁。他向笔者讲述了他家与赖家的渊源。原来他的姐夫在多年前就结识了赖家一位男性，这位赖姓人士在十年前还在富禄经营木材生意，常常上仁里山上去找木头、要木

第三章 "九域山、十段河"

材,一来二去就与滚家熟识起来,当时赖姓人士与他的姐夫就拜了把兄弟。有了这样的交情,赖家在仁里的木材生意更为顺利,且他的姐夫也带着一家人搬到富禄居委居住,住在老粮油站里经营些小生意。又过了几年,他的姐姐对他说,山下的钱还是比高坡来得快些,不如也下山,跟随他们与赖家,一起做点小买卖。于是小滚就下了山,租了赖家的一个铺面,与他姐姐一起做起了裁缝生意,专门做少数民族的服装,生意颇为兴隆,笔者路过他的店铺时,常常见到这位赖姓人士也在铺子里与他们说笑打发时间。正是因为有了这层关系,小滚在清明节时,必须跟随赖家一家上山扫墓,帮忙打点祭祀所需用具和拎东西——他说这也是一般的规矩。

这两年,赖姓人士说木材生意慢慢不好做了,已很少再上高坡,然而他与滚姓人家的交情就这样保持了下来,甚至在清明节当天扫墓前后所吃的两顿饭,也是由滚家准备的,晚上还在滚家聚餐。这些年,下山到富禄来的苗族开始多了起来,慢慢地成了一种趋势,人们也感叹道:"就是这样的啊,富禄乡上的人越来越少,都到大地方去了,小地方的人又来到富禄,一层一层地走哇。"不过,山下的赖家并不承认滚家是来投靠他们家的说法,认为"都是关系好,并不存在投不投靠的"。实际上,苗族人下山跟随山下人做生意并不是这些年才有的事情,早在民国时期,就有移民商家老板在苗山认一个苗家崽做干儿子,把他带下山来留在自己身边打理生意的例子。人们说那些生意好的大商家,总是养败家子,家里面的儿子都吃喝玩乐而不晓得打理生意,不如苗家仔手脚勤快、能吃苦,所以好多个老板都去苗山认领了干儿子。可见,高坡与山下的隔阂,需要通过"拜把兄弟""认干儿子"等文化手段,建立起新的拟制亲属关系才得以打破。

高坡上的人不仅在过去投靠富禄居委的移民,在今天的富禄侗寨,也有着类似的现象,而他们之间的关系义务在平日里并不明显，需在清明节挂亲时才得以显现出来。笔者于 2012 年参与了富禄侗寨吴姓的聚餐与挂亲。每年侗寨的吴姓人在各自祭祖之前都会进行一次聚餐，并且共同祭祀"吴姓祖先墓"，在前文笔者已经对此做过描述。当天在上坟的这些人当中，大多数是吴姓，但是其中却有几个石姓和欧姓的人。问及原因，原来石姓和欧姓是后来才从高坡上来的少数姓氏，他们来到富禄侗寨无所依靠，所以找到吴家希望投靠，于是石姓和欧姓便成了吴家的人，每年扫墓都必须一起来。他们自己姓氏的坟也会去扫，但是并不是侗寨所有的石姓和欧姓的人都投靠了吴家，有的同样是石姓、欧姓的人也投靠了其他两家，全凭个人选择。

通过结拜兄弟、投靠姓氏的方式，少数高坡人也逐步变成了河边的人，开始了一种新的生活方式。一面是市场经济、消费主义驱使下的下山动力，一面是高坡人祖祖辈辈流传的"高坡人下山不好"的"忠告"，高坡人在两种观念的矛盾之下所要面对的选择更加艰难，虽然下山的高坡人得以在山下做些小生意，然而传统与现代的张力仍旧存在。于是，高坡与山下显现出某种若即若离，既相互联系又相互区隔的图景。正如富禄侗寨，在人们的日常生活中，村落与村落交好的"吃相思"活动也会与高坡登晒、龙额等寨的人一起进行，似乎也与高坡关系交好，然而又不愿与高坡人群通婚。这种种在区域内部不可言说的矛盾与张力，正是人们头脑中形成地方认识很重要的一部分。

第三节　山下的世界

高坡人群的联系在摩托车出现之前只能靠脚力，过节请客需要人们步行到各个村寨通知，相较之下，居住在河边的人通过水路所能联系到的地方则更为广远，沿河分布的村寨来往也更加频繁，富禄下游的产口、良口、大滩、洋溪、勇伟、波里、高安，富禄上游的葛亮、匡里、①八洛、新民、梅林等村寨便成了人们口中常常提到的地方,而其中下到洋溪、上到匡里,则是富禄人通婚最为多的村寨。前文提到,在水路货运兴盛的时期,沿岸的村寨几乎包揽了放排的职能。可见,由物的流动连通起来的市场,是这些沿河村寨建立联系的重要因素之一。放排的人来到富禄进行交易,或者将船停泊在富禄作为一个中转站休息、过夜,人群之间的关系也就此建立起来,商业的联系也在此基础上得以维系。今天,我们虽然再难以看到都柳江上千帆往复的景象,难以复原水路在人们交往中所扮演的重要角色,但是通过人们对往昔木材流转情景的回忆,通过今天仍能够观察到的婚姻关系,以及人们口述的村落故事以及当下开展的斗鸟活动,我们还是能够感受到沿河村落的关系格局。

一 倒栽树苗的诅咒——富禄与高安

由上述可见,在水运为主要交通方式的时期,富禄与沿河上下的村落因市场而联系紧密,例如今天在匡里村,人们向笔者讲述最多的还是从前人们放排的情景。据匡里的老人回忆,以前匡里有十几条船,搞船生意的有20多人,逐渐地,跑船的人不只仅满足于进行撑船的活动,和下游商人熟识之后,这些侗族船夫取得了商人的信任,就会揽得更多的营生,比如直接负责和富禄的商人交接,时间一长商人老板有时也会分些货物给他们,让他们参与交易。不仅仅是匡里,沿河的村落在靠水运的时代都是以这样的模式生活的,相互间来往甚密。

然而,沿河村落来往的频繁并不意味着他们的关系就毫无冲突,实际上,冲突正是村落间互动的另一个面向。在下游两公里处与富禄相邻的高安村,就与富禄的关系甚为微妙。高安位于水口河

---

① 匡里村属富禄乡,位于富禄上游11公里的江边,居民主要为侗族。

江河、商镇与山寨：都柳江下游的人群互动与区域结构过程

与都柳江的交汇处，又名"敲头"，主要姓氏为潘姓，潘姓多为侗族，其余还有覃、吴等姓。另外，高安还居住了一部分外来汉人商业移民的后裔，如王姓、李姓。高安沿水口河可去往贵州黎平境内的诸村落，在前文中笔者描述了富禄与水口紧密的贸易与婚姻关系，而高安则是富禄经水路去往水口的必经之地，与富禄交往的密切程度可想而知，且高安作为富禄下游所经过的第一个村落，与富禄的来往更为频繁，然而富禄与高安之间的关系却不如笔者最初所猜测的那般友好。据富禄的人回忆，由于富禄与高安毗邻，常常因山界纠纷而闹矛盾，小摩擦总是不断，而富禄赖氏与高安在清朝光绪年间所发生的一次纠纷，至今仍被记载在赖氏族谱之上。

广东籍赖氏十九世祖公赖超瀛是在富禄能找到墓碑的最老的一辈人，生于道光三年（1823），曾居住在广西长安，后辗转至贵州古邦，最后落脚富禄，光绪三十三年（1907）赖超瀛无疾而终，赖氏将他葬在高安的一块坡上。在1907~1926年的这段时间里，高安认为自己寨中总遭遇不测，寻找原因之后得出结论是赖家的墓葬在了寨上的一块风水宝地之上，高安希望赖家能将坟墓迁葬，然而赖家认为事隔多年再提风水之事未免蹊跷，拒绝迁葬，于是高安与富禄就迁葬之事产生了摩擦。这件纠纷的结果以高安将赖氏十九世公的墓逐出"风水宝地"而告结束，赖氏最后将坟墓迁至高安背后高坡之上的岑牙村。有意思的是，在1907~1926年的时间里，正是赖氏在富禄逐渐发达起来的时间，虽然今天人们已无法描述迁坟事件的细节，然而笔者猜想，在风水之说的表达背后是否也有实际利益的考量。

富禄与高安的纷争不仅仅在于风水之争，清代富禄侗寨和高安还发生过一次很激烈的械斗。富禄人回忆说，当时高安的侗家与富禄的侗家来往还是很多的，相互之间串门走寨的人也不少。有一次高安的一些男崽来到富禄地方闹姑娘，在富禄的一口井边看见一个

漂亮的姑娘，就开始逗耍，结果不知怎的这帮高安人把妹仔弄到井里淹死了，随后就挑起了村落间的矛盾，富禄侗寨的男人们暴怒地冲到高安械斗。之后两村贤达在一起商议，把一兜杉树苗反着种在土里，老人们发誓说："如果这棵树苗栽活了，那么我们两个地方就开亲，如果栽不活就永远不结亲，谁要是结亲，谁就全家死绝，且永远生不出娃崽。"这个不结亲的约定就这么一直持续到解放之后，中途即使有男女相爱的，且父母同意的，两个村也都不会同意。

不过这样的情况逐渐发生了一些变化，随着时间的推移，高安与富禄开始也打破了这一婚姻禁忌。一位吴姓老人告诉笔者，其实五六年前那个杉木桩子还插在河边的土里，虽然近几年两边才完全摒弃了这样的说法而自由通婚，但是在这之前也并不是没有通婚的例子，如富禄侗寨曾家就讨了一个高安的老婆，他年纪大概在40岁左右。然而，这样的婚姻必须要经过一个特别的仪式，那就是在结婚之前必须拿着祭品去那兜倒种着的树桩前祭拜，方能结婚，并且也只有经过这一仪式，他们的婚姻才会受到人们的祝福，以及神灵的庇佑。

在笔者看来，富禄与高安总是处于一种有张力的关系之中，他们之间有着紧密的商业联系，却又常常因为山界纠纷而关系紧张。在今天富禄侗寨与高安结亲的情况并不少见，却仍旧流传着高安富禄不结亲的说法。正是透过这种微妙的关系，我们反而更能理解富禄与高安关系的复杂性，看清他们之间频繁的互动。当我们在看待人们所形成的地方观念时，除了那种相互交好、整合性的力量可以构成人们头脑中联结区域的因素之外，冲突和张力有时则在另外一个层面上刺激人们的区域感知，正是这种长期的接触过程中产生的不可避免的冲突与联结的并存，一个地方的人们才能建构出对地方"爱与恨"交织的情感与无法摆脱的地方感。

江河、商镇与山寨：都柳江下游的人群互动与区域结构过程

二 斗鸟——游戏娱乐与村寨交往

除具体的村落关系和人们回忆的村落故事外，沿河多个村落之间也会共同举行某些活动，人们从四面八方汇集在一起共同参与，而区域则在这样一些共同参与的活动中显得尤为明显。在山下的世界里，可以看到人群间的互动往往更多的是在沿河的村寨间进行，其中最能体现沿河村寨间互动的活动，要数人们经常举行的乐此不疲的斗鸟活动。实际上，整个都柳江流域对于动物打斗这件事都相当痴迷，如都柳江中游的斗牛比赛，几乎是倾全寨之财力买一头肥大的水牛，平日养尊处优绝不劳作，一般养在寨中的公共空间之中，如鼓楼、社堂或风雨桥边，寨上每一户人家轮流出糯禾供养，只是为了在区域性的比赛当日，能够为村寨赢得荣耀。这几乎成了都柳江中游的村落之间进行往来互动的最为重要的活动，不仅仅是河边的村寨，高坡的寨子与河边的寨子都共同参与到了斗牛活动之中。从前人们在没有汽车的年代，将牛赶到牛场去的路途中遇到沿途村寨则会停留做客欢闹一两天，村寨间的关系也因斗牛活动得以维系和加强。然而以从江为分界点，都柳江下游的斗牛活动则难以见到，饲养牛的人家也并不多，取而代之的是养马的人家占多数。人们解释说，买马比买牛便宜，但还有一个重要的原因是，富禄地方的人不敢买牛。在富禄有个叫岑洞的苗寨，在富禄人们几乎谈岑洞则色变，传说这个苗寨世代以偷牛为生，且技艺之高超无人能敌，相传岑洞还有很多隐藏的地洞，拉牛去之后则藏于内，即使去岑洞找牛也一无所获。笔者在 2008 年在贵州贯洞的时候，就听到过这种说法，岑洞偷牛的区域相当广泛，成为人们对地方的一个恐惧的情感而存在。人们说如今岑洞偷不到牛了，因为人们都不再养牛了，岑洞转而代之开始偷摩托车，不过随着年轻人外出打工，岑洞的偷盗行为再也不如传说中的那么神奇，但却永远成了人们谈论中的一个重点。

第三章 "九域山、十段河"

不知是由于岑洞的存在抑或其他原因，总之富禄地方养牛的家庭并不多，也再无斗牛的习惯，取而代之的则是斗鸟活动。笔者在富禄至三江的一段公路上，常常能见到红纸贴出来的斗鸟通告，有时是村内部自己举行的小型斗鸟会，有时则是村落间相互邀请的斗鸟会，而农历三月二日的斗鸟会则是整个区域之中最大规模的一次。笔者于2012年农历三月二日参与了斗鸟会的全过程。

斗鸟活动在公路背后的山坡上举行，早上9点多笔者就跟着那些提着鸟笼的人上山去了，到了斗鸟场地一看，这里分明就是一大片坟坡，斗鸟场就在坟地间一个稍微平整的空地举行。两个多小时中，陆续前来的人和鸟的数量之多超乎了笔者的想象，鸟笼有200来个，在树枝上密密麻麻地悬挂着，一个本该阴森的坟场突然变成了一个鸟鸣声百转千回此起彼伏的热闹之地。前来斗鸟的人从富禄沿河上下而来，如坡里、良口、融尾、高安，以及贵州龙额、皮林、水口等地。斗鸟和斗牛的不同就在于，斗鸟更为个人化一些，他们借由鸟去争取的，并非如斗牛那般是村寨集体的荣誉感，而更多的是偏向于个人荣誉，以及所带来的奖金。在斗鸟会中，同一个村寨养鸟的人可能会来十几二十个不等，且只要参与的人就是相互竞争的关系，他们仅代表个人而非代表集体。以2012年农历三月二日的斗鸟活动来说，第一名奖金是3000元钱，在他们看来，这个金额已经是区域之中比较高的了。斗鸟的规则是，先由某一个村落或者斗鸟协会发出通知，打印出来的通知一般都趁着上一次比赛的时候发给在场的各位，如今富禄的斗鸟协会在节庆的时间都举办斗鸟，如以正月十五、三月三、清明、五一、国庆这些节日为主，一个良口的人告诉笔者平均每个月都会斗鸟一次，地点一般也不一样。在比赛开始之前，人们就开始交会费，会费的底线是50元钱，如果希望自己的鸟先上场，就多交钱，且无上限，因为先出场的鸟会比较兴奋好战，人人都希望自己的鸟先出场，相反时间拖久了鸟就不肯打架了，比赛的奖金也从会费之中出。会费交完之后，人们按照交钱的多少，依次排开上场，赢了的就继续打下一家，看谁累积的轮数最多谁就赢得第一名，斗鸟没有打平之说，因为总会有一只鸟先放弃斗争躲开，这样就算输掉了。当笔者很好奇地朝笼子里张望，希望看到一些凶狠的鸟儿时，看到的却都是些外表美丽近似于温顺的鸟，远想不到它们上场后能勇猛好斗。后来有人善意地提醒笔者，陌生人是不能在比赛前看鸟笼里的鸟的，因为陌生人的观赏会让鸟失去打架的心情，如果你看了某人的鸟笼最后这人又很凑巧地输了的话，他将会把自己失败的原因归结到你的身上。

实际上，提着鸟笼前来参加集会的人太多了，原本笔者以为每只鸟都会上场比赛，但是据说其中有 1/5 的人比赛就算多的了。经过观察，那些没有上场比赛的人和鸟更像是开了一个市场一般，人们在那边买鸟卖鸟，甚至进行鸟的交换。鸟的价格相差很大，从几十元到上万元不等，如果某人的鸟在比赛中取得了很好的名次，就可以马上在一旁的鸟市中以一个高的价格将它卖出去，所以也有人将此看成一个生财之道。因为背后"斗鸟经济"的趋势，使得斗鸟成了区域中一个具有动力与生命力的活动，也正是在人们这样的心理背后，我们更能看到将区域联结起来的那些细枝末节。

斗鸟虽不似笔者在都柳江中上游所观察到的斗牛那般，是村落与村落间的区域性活动，也不似斗牛活动中那样投入了强烈的集体荣誉感，然而当我们沿都柳江下游行进，却常能看到在某一村落墙上，贴着一张斗鸟通告，人们按照通告约定赴斗鸟场，进行比赛、交易、赢钱或输钱，人们也在这个过程中进一步产生联结，又或者加强了人们之间本有的关联，而常常邀约斗鸟的村落范围，正好为我们提供了一个观察区域的视角。

三 流动的"土著"

居住河边的人群与高坡人群的另一个不同之处，则在于其较强

第三章 "九域山、十段河"

的流动性，这一差别在都柳江河道疏浚完成之后更为显著，都柳江流域商业化的发展将沿河的居民迅速卷入市场之中，也改变了人们的谋生方式与社会关系网络，因此，在今天沿河的村寨中，总是会听到人们讲述自己祖辈迁徙历史的故事。虽然无论是高坡还是河边的人们，都有自己的祖先迁徙故事，但是只有极少数人会说自己是世世代代居住于此。笔者希望借由这些迁徙历史，讨论由于区域开发和出于富禄市场发展需要而产生的人口流动性，这种流动性不仅仅针对从闽粤溯江而上的移民，也包括地方土著的迁徙，一方面是居住岸上的当地人从上游到下游，或者相反方向流动，另一方面则是水上不能上岸的"船上人"，他们在20世纪80年代彻底上岸之前总是处于"流淌"的状态。

梁清海支书的父亲甫清海①最早来到这里，老家是大年河平校，他说准确地算起来，其实梁家算是苗族，后来因为甫清海的公逃荒去了永从，给永从的县长打工，去到清水江上给人放排，这个石姓的县长还是个大地主，他们帮地主种田，每年年底的时候才得一套衣服和一个裹头的围巾。有一次他父亲帮石放排，石给的工钱太少，他父亲就去找石理论，后来被石抓起来关在监狱里面，全家的生存就靠甫清海讨饭来维持。解放之后，他们家才来到葛亮。初来葛亮的时候，他们没有地也没有房子，只能住在一家陈姓人家的楼下，由于这位陈姓人家也是从平校来到葛亮的，所以同乡平日常相互照顾。甫清海的母亲本是很想回到平校的，但是葛亮另一家梁姓的人却请他们家留在葛亮，因为说葛亮的梁家太少了，他们如果能留下也能壮大梁家的力量，再加上那个梁姓人家当时正好担负了土改分田地的责任，所以保证如果他家留下来就让他们不受委屈和欺负，这样一来，梁家便留在了这里。

---

① 此称呼为侗族传统的父承子名制，"甫"意为父亲，"甫清海"意为清海父亲。

江河、商镇与山寨：都柳江下游的人群互动与区域结构过程

在都柳江流域颠沛流离最终定居的故事并非只有葛亮梁家，其他的家庭也有着相类似的经历。今天富禄侗寨吴姓的吴国强大爷也向笔者描述了他家到富禄定居的经历。吴国强说其先祖从贯洞街上来，来到葛亮已经有7代了，来到这里的原因还是"为了生活而来"。吴家来的时候，是为别人打工种田，靠给别人扎排维持生计，但是后来，吴国强的公开始认识一些广东籍的商家老板，广东的老板觉得他老实，也就把钱汇给他，让他当中介买木头。靠着这一途径，吴国强祖先赚了些钱，还在葛亮买了田地，生了三个儿子，其孙辈又去了富禄侗寨，也就是吴国强的公这一辈。到了吴国强父亲的时候，吴家的房子也常常给那些从上游来到葛亮的人居住、当旅馆，这样一来二往熟悉了以后，上游从拱洞乡、大年、平卯等地来的人，就直接将木材放到葛亮来，让吴国强的父亲帮他们保管木材，并出一个最低价，让他的父亲帮忙找买家，如果卖的价钱好，多余的部分就归其父亲所有。就这样，吴国强的父亲开始在葛亮站稳了脚跟。

吴国强1924年出生，小的时候还常住在葛亮，但他回忆葛亮寨常常有土匪出没，所以才跑去富禄侗寨那边居住。他在侗寨上过私塾，开私塾的先生就是他的外公，廖姓。来到富禄后，由于他的公的某个兄弟认字、有文化，就开始在富禄搞点生意，而他的公和他的父亲都不认字、没读过书，就只有在富禄打工。后来等土匪没那么猖獗的时候，因为他的公在葛亮还有房子和田地，因此他的父亲也就搬回了葛亮，从此在葛亮居住没有离开。

不仅仅是人们的定居故事具有流动性，据人们回忆，在水运交通占主导的时代，河边人群的日常生活与谋生方式都与门前这条江有着密切的关系。据人们回忆，在富禄的江面之上，还居住着一些永远处于流淌状态的人群，那就是住在船上的人。船上的人没有土地，在岸边也没有房子，只能居住在船上靠撑船和打鱼为生，他们活动的范围虽不局限于富禄，但晚上还是会将船靠在富禄过夜，由

于富禄商家多,他们平时也可多揽些生意。

人们对生活在船上的人并不是很瞧得起,甚至那些修建在岸上的庙是不允许船上的人去拜的。当船上的人因小孩身体孱弱需要化解时,船上的人家便会在岸上找一户家庭兴旺壮实的人家象征性地过继,拜为干爹干妈。人们说,经过这种象征性地过继之后,身体就会壮实起来,而就算以后兴旺了,也不可忘记岸上过继的家庭,逢年过节还是要提点甜的东西去岸上看望。当笔者问起为何船上的人不去向神仙祈求保佑时,当地人说,因为他们是船上的人,在岸边又没有土地,岸上的人不会准许他们祭拜天后或者关帝的。有趣的是,船上的人并不向往岸上的生活,如同高坡人认为他们下山会遭受噩运那样,船上的人认为自己一旦上岸居住,也会遭厄运,比如身体衰弱、子嗣单薄,持续不了多久就败完了。

船上的人也有自己的信仰,可是就算今天上岸后的船上人的后代,也不知他们究竟信什么。据老人回忆,有时候过节会看见他们就在河滩上拿纸钱烧掉,然后喊他们的祖先来,仅此而已,甚至他们自己都不知道自己的祖先是从什么地方来的。也有一种说法,认为河上的人所信仰的是"茅山公",但对具体的神灵与仪式内容却不甚明了。过去住在船上的人主要姓唐、陈、叶,人们说他们所说的都是"船上话",就像广东的土白话,将吃晚饭讲作 kei ya。总的来说,船上人与岸上的人有很多不同,拿船上姓唐的人家来说,唐家与叶家是不吃牛肉的,因为他们说自己的母亲很早就过世了,所以他们是喝牛奶长大的,为了尊敬牛,所以不吃牛肉。据说,过去船上人当中大多数是从广东来的,有少部分是解放后搞生产队的时候,他们对当时的制度不满意,就自己造了船生活在船上,因为住在船上的人政府是不管的,直到20世纪80年代之后,政府才开始关注这样一群人,让他们上岸安置下来。但是即使如此,他们直到现在都和别人的待遇不一样。一方面，船上人所享有的政府的低保只有别人的一半，比如你家有四个人，但你只得两个人的待遇；另一方面，他们至今都没有土地，没有山地，只能自己想办法挣钱，而挣钱的方式则与他们的祖辈并无差异，仍旧是在江上打鱼为生，再将打到的鱼卖给饭店。

从人们述说的祖先迁徙故事到富禄的船上人，我们感受到的是山下人群与高坡人群不一样的生活境遇。例如，他们所面临的地理生态环境有着较大的差异，山下的人群临江而居，当都柳江航道打通之后，人们的生活重心以及出门的交通方式都呈现一种流动性，他们的社会关系网络也沿着江河在更大的范围内得以构织起来，而高坡坐拥群山，依靠步行进行人群间的相互联系，有着相对固定的人际关系格局，于是他们眼中的区域网络与河边相比便呈现种种差异。然而，从风水故事、下山禁忌、上岸禁忌等我们也能看到，人群间存在的这些区隔与认同并非仅仅与不同的生态环境相关，更与彼此间的文化差异有关，高坡与山下并无明显的"边界"抑或"界线"，只是不同的人群运用文化将他们维系在其所认同的"区域"网络之中。

第四节　"九域山、十段河"

当我们在分析区域时，往往会借助一些便于讨论的机制，如市场、婚姻等，在其中观察人群的关系和活动，以此界定区域的范围以及内部联系。在研究过程中，这些不同层面的机制的确帮助我们理清了都柳江下游之中各个面向的区域联系，然而，随着调查的推进以及对当地社会了解的深入，笔者发现，虽然婚姻等联结机制能够将人们统合进同一个关系网络之中，虽然市场能够让不同的人群在同一套市场规则下保持密切的来往，然而，不同人群对于他们身处的"区域"的理解是不尽相同的。"九域山、十段河"是笔者从

第三章 "九域山、十段河"

地方苗侗人群那里获悉的一个概念，来自侗语 Jus dangx jenc 和 Xebc dangx nyal。在侗语中，它们总是以一个句子的形式出现，所包括的是若干个村落联合体，而它代表的则是生活在富禄周边的苗侗人群头脑中的"区域"。这一概念可追溯的时间较为久远，可以说，在中央王朝还不曾对都柳江下游加强控制之前，"九域山、十段河"就是生活在此的地方人群社会空间范围。"九域山、十段河"较类似于学者们研究颇多的侗族"款"组织，然而笔者在此节之中并不打算对这种侗族特有的自治联合组织进行社会结构方面的探讨，而是将注意力关注在由此产生的人群关系和地方感知上。今天，侗族的年轻人未必懂得"九域山、十段河"的意思，甚至老年人也说，其中的一些地名是连他们也听不懂的古名，但是，这并不意味着"九域山、十段河"与今天人们的生活没有关联。2012年发生的一次由河滩开发所引起的冲突，让我们可以看到生活在这种结构之中的人们已经内化了的情感和联系。

一 "九域山、十段河"的传说与记忆

老人们说九域山、十段河的产生，早已无法追溯，是祖先就这样划分的，当他们解释祖先为什么要这样划分的时候，总说那时候山高皇帝远，我们这里没有人可以管，所以就划好区域，自己管自己。他们还提到以前三江县城在丹洲时，根本没法管理这片地区。实际上，关于侗话 Jus dangx jenc、Xebc dangx nyal 的解释，人们有不同的说法，概括起来有几种，一种解释为"十种人、九种河"，一种解释是"九域山、十段河"。而仅从字面上理解，"jin"在侗语中意为"山坡"，nia 在侗语中意为"河流"，按照这种说法，在都柳江流域，被分为九片高坡、十段流域。至于九域山的范围，葛亮寨的老人吴国贤这样告诉笔者：

这两个东西我不知道该怎么用客话说，但是 Xebc dangx

江河、商镇与山寨：都柳江下游的人群互动与区域结构过程

nyal 大概的意思就是住在河边的人，而 Jus dangx jenc 就是山上的人，shu dang nia 是从石碑到良口洋溪这一段的人群，而 ju dang jin 是梅林到白云大浪这一带的山上人，其中岑旁、岑牙、白云大浪、平卯都属于其中。这两片地方分别有人在管，有的也是某个寨子在管，那个管理的人被喊作"帮统"，天长久远，其他的都已经不记得了，我只记得如果同是 Xebc dangx nyal 的人，在这个里面随便要木头都可以。现在的人，都听到过这个说法，但是他们都不晓得怎么说。

九域山的范围较为复杂，据老人回忆，其中包括百一、百二、百三，直到百九，[①] 而分别哪些地方是，老人们记忆已比较模糊了，也很难囊括所有，通过老人的记忆笔者拼凑出了一个大致范围，其中百一是良口高坡一片；百二是岑广所属的部分，包括岑胖、八百街、龙额，往北界限在龙额；再往北就是百三，包括高岩村附近；古邦是百四；百五是黎平中潮一片；百六是贯洞；百七就是葛亮所属的范围，包括周边苗寨的七个寨子；百八、百九信息有限难以追溯。虽然关于九域山的范围今天已经难以复原，但清楚的是，百几内部的关系是不同寻常的，比如过年的时候相互做众客，且相邻得近的百几也走动得比较多，其中，百二、百三、百四之间走动得就多些，过节他们请其他人去，其他人也会去，但如果隔得太远，往来也会相应少些，过节邀请去做客，回应得也少。当问起婚姻关系时，老人们表示百几之间并没有明显的多，而同属百几的寨子里面，嫁娶得多些，比如岑广，还是本寨嫁本寨的比较多。当笔者粗略地在地图上圈出这些区域后发现，这些区域都主要集中在

---

① 在都柳江流域，传统侗款组织通常会用"百""十"这样的数量单位称呼某一村落集合体，如前文所提到的葛亮寨所属的"七十"款，也被称为"百七"款。

第三章 "九域山、十段河"

都柳江的北岸，唯独富禄葛亮所属的百七，包括了南岸大年河的仁里苗寨、匡里、葛亮等地。当地人告诉笔者，说都柳江南岸那边河已经是融水①范围了，那边河的地方又是另外的规矩了，和我们这边的不一样。可见，这些空间范畴背后实际上是一套人群划分的范畴，以及不同的社会秩序范畴。

在都柳江沿河的村落中，很多老人会向笔者提起"溶江十塘"的说法，且在地方志中也有关于溶江十塘的记录。

> 侗族地区合款组织……它是以地域为纽带的村与村、寨与寨联盟的社会组织，其范围或大或小，小款是由一二十个相邻的村寨组成；大款是由若干个小款联合组成。……在侗区流传的《从前我们做大款》的款词中，有"头在古州，尾在柳州"的大款。三江境内有林溪款、武洛款、苗江款、五百和里晒江款，溶江十塘款、浔江九合局扩大款等6个小款。②

从上述这段材料可见，"溶江十塘"是侗族村落联盟的款组织，到了民国时期，政府沿用了这样的社会组织，在全县划了甲乙丙丁4区，区下设团，而丁区则为溶江区，辖溶江十塘地方，区治位于富禄。关于溶江十塘的说法，都柳江中游巨侗寨的老人这样说道：

> 从前这条河总共有十塘，巨洞这里属于八塘，其实这个塘的范围比较宽，并不限于河边的寨子，比如九塘就是在山里，巨洞和平江、噶里、党九、腊娥等属于八塘，八塘之中也包括

---

① 即广西融水苗族自治县。
② 三江侗族自治县民族事务局编纂《三江侗族自治县民族志》，广西民族出版社，2012，第73页。

苗寨。从前每个地方都有塘炮，有两响，如果哪个地方受到威胁侵略，就会点燃塘炮两响，属于一个塘款的寨子听到之后，也马上点燃两响，最后整个地方的都听到炮响之后，人们会去平江的"塘款"集中，平江离巨洞40里，在下江再往上。其他地方也有塘款，比如四寨河口有个塘款，平由有个塘款，这个塘款中心在哪个寨子，哪个寨子就要出具一些基本的费用。顺着这条河还有其他的塘，比如恰里是第五塘，岑约、岑改是第七塘，所谓几塘几塘，其实在侗话里面完全没有塘这个意思，他们喊八塘叫 Beds Dangx，Beds 就是八的意思，而 Dangx 是团的意思，意味这一团人。

据老人们说，这十塘是从榕江到良口的十个河段，主要包括河边的寨子，分别是：洋溪、良口、柑橘江、勇尾、匡里、梅林、贯洞、下江、停洞、榕江。根据"九域山、十段河"的说法，看似山上和河边是相对独立的，但是据笔者观察，沿河的寨子也有可能属于九域山，葛亮就是一个例子；而山上的寨子也有可能归属于十段河。至于从小到大的序列为何如此排列，现在的老人们已无法说清，只知道这个序列跟人口规模并没有太大联系，实际上不管是九域山还是十段河，规模还是比较势均力敌的，基本可以相互制衡。

二　百七与葛亮

"九域山、十段河"的说法由于时间久远，人们的记忆似乎已经不再清晰。但是当笔者具体深入到某个百几内部时，却发现"九域山、十段河"中所形成的人群分类与村寨关系并没有在地方消失，而仍旧被人们沿袭并运用着。在此，笔者将以葛亮所属的百七的内部关系为例，探讨"九域山、十段河"在过去和今天的表现方式。据人们回忆，原来有6个高坡上的苗寨和葛亮，共七个寨子，被称作"百七"。百七属于"九域山、十段河"中更小的村落集合体，准确来说，是属于"九域山"之中，这"百七"用当地人的话来说，就是他们从不知哪一辈就结成了兄弟，所以兄弟有事，其他寨子必须帮忙。吴国贤告诉笔者说，以前这7个寨子多是为了山界纠纷一类的事情在相互扶持。他举了一个例子，说永从县和怀远县曾经因为葛亮罗家所有的100亩田产生了纠纷，罗家原本居住在葛亮，后来搬走到怀远县去了，但是又想来把田要回去，于是当时7个寨子就联合起来斗争，帮助葛亮争回田地，这就是百七最初团结的故事。

实际上，最初的百七并非有7个寨，只有百二的说法，而葛亮并不在百二这个范围之中，但是后来葛亮觉得自己太弱小，只有80来户，但是田和地又蛮多，为了壮大自己的力量，不让田地被别人霸占，葛亮就投靠了百七，而投靠百七的过程，主要是通过与葛亮毗邻的位于高坡上的苗族村寨仁里寨交好完成的，人们说，是因为葛亮投靠的仁里，所以才得以加到百七中去。今天，在百七之中，当地人又将葛亮和仁里称之为百二，也就是百七之中一个更小的村寨联盟，只包含葛亮和仁里两个地方。人们说，这样对仁里也有好处，因为他们在山上不近河边，来河边也有人可以支持。葛亮加入百七之后，"百七"才如名字那般拥有了7个寨子，分别是：大顺（两个屯）、仁里（上寨、下寨、滚跌、响田）和葛亮。

值得一提的是，在百七之中只有葛亮一个寨子是侗寨，其余的皆为苗寨，且葛亮作为临江的寨子竟然依靠了山上的苗寨也颇为蹊跷。当笔者询问葛亮为什么不投靠富禄那边，毕竟葛亮与富禄有着历史渊源，人们说其实葛亮和富禄关系不是很好，以前吹芦笙什么的还要打架，这里所说的富禄，其实是特指富禄侗寨。富禄侗寨与葛亮下游高坡的岑胖又共属于一个村寨联盟，而笔者在葛亮居住的日子里观察到，葛亮与岑胖关系也并不紧密。虽然这些村寨联盟彼此关系亲疏远近的原因人们早已遗忘，但是今天不同人群对于彼此的认识与看法，仍然来自并沿袭了在历史上所形成的村寨联盟的种种关系。

20 世纪 80 年代，青旗也想加入百七。青旗寨位于富禄下游凭江而立，属匡里村管辖，青旗主要的姓氏有赖、刘、覃、石。如前文所示，青旗这个地方，原本没有寨子，青旗的地盘原来是仁里与滚跌的田，后来来了一些专门从事铁器生产的人，他们向仁里借了这片地方生活并从事铁器的生产活动，日子久了仁里就将这块地送给那些铁匠，田也送给了他们，才慢慢发展出现在的青旗寨子来。青旗由于居住的都是外地人，希望生活有所依靠，因此有一年，青旗请了百七的寨老们去，杀了一头猪，提出了加入百七的请求，但是百七的人拒绝了，认为青旗想跟他们做朋友可以，但是如果要加入百七，肯定不行，就这样青旗没能如愿。

直到 20 世纪 80 年代，百七相互之间的权利义务还非常清晰，地方社会仍然延续了传统的社会秩序并进行内部协调整合，人们记得，百七还曾聚在一起按照传统的方式开了两次会，一次是在仁里下寨，隔了 3 年之后，又到葛亮开了一次。这几次会的主题是聚拢人心，来共同保护山界，当时百七范围的山界还有好几块石碑标志，后来才慢慢没有了。

三　2012 年篮球冲突事件

通过上面的叙述，似乎"九域山、十段河"的概念已经是"古老时候"的事了，然而，其背后所形成的人群关系与区域观念仍旧影响着今天在九域山、十段河中生活的人们。2012 年一次突发事件让笔者重新看到了"九域山、十段河"在人们头脑之中的根深蒂固。2012 年春节，青旗于年初三举办了吹芦笙比赛，邀请了周边寨子的人前来参加做客，其中包括了百七之中的各个寨子，在吹芦笙比赛结束后又开始了村际篮球友谊赛。然而，就在这样一个被认为是增进交往的村落联谊活动中，一个看起来热闹祥和的节

第三章 "九域山、十段河"

庆里，却酝酿着一起冲突。在篮球赛中，青旗寨的一个青年踩到了仁里寨队员的脚，原本无关紧要的肢体接触逐渐变成了二人的对殴，紧接着，百七的年轻人们骑着摩托车离开了，当他们再次聚拢到青旗寨时，几乎叫上了各自寨中所有回家过年的年轻人，与青旗发生了一次冲突，冲突的结果是青旗寡不敌众，其中青旗赖姓房族在冲突过程中几乎被毁，而赖氏的几人暂时离开了青旗寨不敢回寨居住。实际上，一个简单的踩脚事件不大可能会产生如此大范围的冲突事件，芦笙冲突事件的背后则是百七与青旗间错综复杂的关系。

如上文所说，青旗所在的地方，是百七几个寨子一起商定，借河滩给他们居住的，虽然地方社会几经变迁，水道的重要性也在公路交通的冲击下大大下降，但"七十"仍在强调对青旗河滩的权利，而青旗门口的河滩，也被视作百七几个寨子所共有。2010年，青旗欲在河滩上开发河沙，对于山下的青旗人来说，青旗临江，河滩自然应该由青旗有经济实力的人承包开发，主要领头的就是青旗寨中的几个赖姓人士，而对于百七来说，原本处于象征中的"河滩共有"突然成了可以运用的资源，于是，百七寨子也要求从河沙开发中分一杯羹，于是百七联合起来告诉青旗赖氏，这个是百七共有的河滩，河沙赚的钱需要几个寨子一起分，而赖姓则认为这种说法未免太老古，不予理会，于是才发生了百七与青旗之间的龃龉，借赛芦笙的村寨共同体活动时一起爆发了，且在赛芦笙之前，百七实际就已经做好了要教训青旗的准备，因此看似是打篮球所引起的纠纷，其实并非偶然。

有趣的是，村寨联合体中也并非事事都意见统一，就拿2012年的青旗事件来说，虽然葛亮人也在场，且高坡苗寨希望他们也加入破坏的行列之中，可是葛亮人并没有出手，事后几个苗寨对他们都比较有意见。而葛亮的年轻人在说到这个事情时，都表现得有些不好意思，并认为因为此事，葛亮一定会被其他七百的寨

江河、商镇与山寨：都柳江下游的人群互动与区域结构过程

子嘲笑很久。虽然葛亮寨的年轻人在这次冲突事件里面并没有"出手相帮"，然而他们的立场却是非常明确地向百七倾斜，葛亮的年轻人说，青旗那个寨子本来就很不受人待见，因为那个寨子有的人赚了些钱，平日表现得比较跋扈，其他寨子有什么事情，他们也从不出手相帮，才积攒下了矛盾。而此事件的结果是，青旗涉事的赖姓房族房子被砸烂，而相关的个别人事后都躲到外地去了，不敢回家。

从这次芦笙比赛的冲突看来，虽然如今人们已经淡忘了"九域山、十段河"的内容，也无法清楚地复述它的边界和它的故事，然而并不代表人们已经摒弃了"九域山、十段河"中所包含的人群关系和人群范畴，人们身在其间，处理各自村落之间的关系。虽然今天的行政区划和国家力量已深入村寨，"九域山、十段河"已经失去了其地方自治的功能，成了一种历史记忆或者身份象征的符号，然而当面临实际的利益问题和村落问题时，却是人们第一时间所去动用的资源和关系，人们一边在说"我们忘记了"，而另一边又在对兄弟寨情深义重，因为"九域山、十段河"中的关系和空间范围，已经成了人们看问题想事情的一个前提。可见，当我们在看待区域，用各种机制分析人们如何缔结相互关系之外，还需关注区域中不同人群对区域理解的差异，这种差异来自多元人群各自的社会历史脉络，同时也是由不同人群背后的不同文化系统所决定的，也需看到在侗族和苗族的区域观之中，并非是一个相对平面的地理空间范围，而是一个包含了不同层次的空间感和人群关系，随着时间的流逝，这样的区域观念也会发生变化以适应不同的境遇。

都柳江流域传统的"九域山、十段河"地域组织，虽看似将山与河相分隔，实际上，该地域组织背后的地方秩序，也是山地人群与河谷人群互动接触的重要保障机制。如今人们似乎已经淡忘了"九域山、十段河"的内容，也无法清楚地还原它的边界，然而

"九域山、十段河"中所包含的人群关系和人群范畴仍然延续至今,内化在当地人的彼此关系和村落互动的方式之中。河边寨葛亮、青旗与"七十"之间所呈现的张力,正是源于河道所带来的人群、物品流动,使得高坡与河谷必须在垂直空间上跨越界线形成新的联系,然而,"九域山、十段河"所蕴含的地方社会传统秩序与村寨关系并未在河道疏浚后的区域商业化过程中逐渐式微,而是在不同的历史境遇下被灵活运用;同时,高坡与河谷的接触虽紧密,却也有限,如葛亮、青旗寨虽与高坡寨子有着紧密的来往,但在婚姻层面,却鲜有通婚。"九域山、十段河"虽其内部有着复杂的人群互动与博弈,且村寨联盟中"侗""苗"交错,然而作为一种身份界限和人群分类,形成了高坡与河边不同的生活方式和世界观。

小　结

在富禄这样一个具有族群多样性的地方,"区域"甚至不是由某一人群进行界定,不同人群所依赖和理解的"区域"是不尽相同的。对于闯入都柳江下游流域寻找谋生机会的移民来说,区域是其市场活动中能联系起来的人际关系,是舟楫可以方便到达的地方,然而对于高坡的人来说,区域是其合适的婚配范围,是步行方便到达的地方,而区域的边界就是那些不能下山居住的禁忌和风水。正如侗语"九域山、十段河"所描述的那样,山与河是同一片地理范围中的不同空间层次,也分属不同的生活方式与人群关系格局。

在这一章中,笔者呈现的是高坡、河边甚至船上人不同的区域观念,这些观念的差异来自各自的身份认同与文化差异,同时,笔者不愿因过分强调坡、岸、河的区隔,而忽视它们之间特有的联系,但可以看到,当人们要打破坡、岸、河的界线时所要面临的来

江河、商镇与山寨：都柳江下游的人群互动与区域结构过程

自文化的焦虑和现实的压力，如政府需运用风水传说来说服高坡人到山下建新村、高坡人下山做生意需与山下的人拜把兄弟，而高坡女嫁下山的艰难过程甚至在今天仍存在着观念上的障碍。通过探讨"高坡""山下"不同的区域网络及观念，以及"九域山、十段河"背后复杂的人群关系，我们得以看到，"区域"实际上是一个充满弹性的概念，这种弹性来自生活其间不同人群间的文化张力，也来自人们在不同时间面临不同境遇之下所做出的灵活选择，而并非一个可清晰勾勒的地理空间范围。

另外，"区域"之中也充满了张力，它有的时候表现为整合，而有的时候则是通过冲突的方式表现。文中富禄与高安的迁坟事件，以及对双方通婚的诅咒，甚至"百七"兄弟寨与青旗的冲突，实际上都是区域的另一种呈现方式，正是在这些无法逃避又无法调和的张力之下，我们才能够解读使区域不得不联系起来的那些拉力，而区域也正是在上述人群千丝万缕的复杂关系之中得以构织。

且从本章人群身份划分来看，在都柳江流域，由于特定的区域开发以及人、物流动的历史，而造成了生活其间的不同人群，其族群身份意识也呈现一种多层次性与多元性，而族群边界也就相对具有复合性。自20世纪60年代的族群问题讨论开始，研究者关注的重点就逐渐从单一族群转向相互为邻的多族群研究。利奇在缅甸边民的研究中注意到了山地部落和河谷部落的差异，描述了两个不同社会的结构特征以及它们和印度与中国社会体系的关系，[①] 而伊西科维奇则在此基础上进行了延伸，以老挝分层式的族群分布为例，探讨了河谷地带的"泰族"（Thai）、"寮人"（Lao）以及居住山地的"卡人"（Kha）之间族群区隔的不同类型，认为应将复杂得多

[①] Leach, E. R, "The Frontiers of Burma," *Comparative Studies in Societies and History*, Vol. 3, 1960, pp. 49–68.

的族群关系看作正在发生的社会变迁的一部分。① 上述问题被置于客观文化特征与主观认定的争论框架之下，随着巴斯"族群边界"理论的提出，曾极大丰富了对族群概念的认识。另有学者将关注点放诸山地与河谷人群之间的互动之上，如斯科特以"zomia"区域为例，认为山地人群刀耕火种的生计模式和无文字传统是原本居住山下的人群出于对"国家"的逃离，主动上山并理性选择的一套生活方式与文化观念。②

上述研究以山地与河谷两种极具差异的地理生态环境为界，讨论了居住于两种空间的人群在主动或被动适应环境的同时，自身如何不断地强化对于环境特征的认同，多为强调二者之"区隔"。然而对于中国的族群研究而言，在中华民族多元一体格局下，族群现象因多样性与流动性而更显复杂。王明珂将羌族研究放置于华夏"中心"与"边缘"的框架之下，指出族群所呈现的边缘可能是模糊的与不确定的，进而强调应在"本土情境"（local context）③之中讨论族群问题；麻国庆则将族群问题放置到文化互动的场景中，观察到族群内部的差异性甚至会大于族群间的差异，④ 族群之间的互动在一定的地域范围内会整合出一种互相认同的超越族群的地域文化，从而反思了巴斯由界线概念界定族群的限制。近年来，更有学者建议应当重视族群发展过程中过渡性的中间地带，如农耕与游牧、山地与平原，探讨其开放性与闭合性之间的关系，并重新审视这一地带族群迁徙的模式及文化认同形成和发展的过程，进而从文

---

① 卡尔·G. 伊西科维奇：《老挝境内的邻居们》，〔挪威〕弗雷德里克·巴斯编《族群与边界——文化差异下的社会组织》，李丽琴译，商务印书馆，2014，第121页。
② 〔美〕詹姆士·斯科特：《逃避统治的艺术》，王晓毅译，生活·读书·新知三联书店，2016，第168页
③ 王明珂：《羌在汉藏之间》，中华书局，2008，第76页
④ 麻国庆：《全球化文化的生产与族群认同》，中南民族大学民族学与社会学学院编《族群与族际交流》，民族出版社，2003，第34~35页。

江河、商镇与山寨：都柳江下游的人群互动与区域结构过程

化的复杂性上去理解处在变动和迁徙中的族群关系及其心态，[①] 这一说法，实际上强调了在人群流动与文化交互性的情境下去理解族群文化认同形成的机制。历史学者则通过文献中的族群标签，探讨了山地人群如何被放置在王朝统治话语之下，从而理解国家政治控制和文化扩张、土著人群的身份与角色的演变以及相关的社会历史文化过程，对族群的形成过程进行了追溯，提醒我们要避免标签化的族群研究。

高坡与河谷作为两个不同的地理空间，生活其中的人群面对的是极具差异的生态环境、社会交往与市场网络。一方面，高坡人甚至用"不能下山"的风水传说，将高坡与山下分隔开来，"九域山、十段河"的传统人群分类，也分别涵盖着不同的村际关系和交往圈；另一方面，不同的族群穿插在高坡与河谷，族群内部的差异仍非常巨大，被外界视为"侗""苗""客家""汉"的人群，身份认同却在族别、空间、历史记忆与实践、传统社会秩序和文化象征方面呈现多层次的自我识别。这些多元的族群组成与身份认同现象可以说是都柳江流域河道疏浚以来的人、物、观念流动的社会历史结果，如刘志伟教授在提到南岭区域研究时所说，"这些本来在历史文化传统上有很大差异性的人群，在流动中彼此之间发生频密的互动，在同一种生态处境中，这种流动和互动的过程，逐渐酿成了文化上的共同性，也形成了新的分类"。[②] 正是上述种种区隔与联结、矛盾与清晰，才构织了作为整体的地方社会，也才能真正帮助我们深入展开交织了观念、实践、认同、道德、记忆与历史、经验与想象等层次的更为丰富的族群现象讨论。

本书无意强调高坡与河谷二者的对立，相反，富禄高坡人群与

[①] 赵旭东：《适应性、族群迁徙与现代的文化认同》，《广西民族大学学报》（哲学社会科学版）2012年第3期，第2~9页。

[②] 刘志伟：《南岭历史地理研究丛书》，广东人民出版社，2016，第4页。

第三章 "九域山、十段河"

河谷人群之交往互动是相当频繁的，河道疏浚后的木材市场与山货贸易将二者网罗到区域市场体系之中，而表面上将高坡与河谷相区分的"九域山、十段河"传统村落联盟所形成的地方秩序，使得河谷地带若干村落不得不依赖高坡兄弟寨立足。崇山峻岭中看似远离山下的人群，以何种机制参与市场，基于自身的社会结构和文化逻辑又如何处理市场行为，是一个值得继续深入的问题。施坚雅的基层市场体系理论虽然为我们提供了一个具有启发性的区域研究视野和方法，但当我们真正从当地人的角度出发，从矛盾的族群关系、传统的地方社会秩序和不同人群的文化逻辑出发，就会发现一个交织着经济理性和非经济理性，并包含了时间和历史过程的更为生动的区域。

尽管富禄高坡与河谷的不同人群对"区域"的理解并不相同，但随着人群长期的互动和文化流动，形成了跨越族群身份、高坡/河谷地理隔阂的文化上的意义系统，只是这里的"区域认同"仍是一个弹性的概念。有学者提醒，如果仅从外在客观结构来探讨，很容易陷入演绎式、命定式的论点。即使是"地域"这个因素也必须放置在"社群观"的架构下来看，它不完全是外在客观的决定条件，它既是"实质的"（physical），也是"想象的"（imaginary）。① 而都柳江下游富禄多元族群互动与复杂的身份认同研究，不仅有助于我们从地方历史脉络及文化观念出发，深入地理解山地与河谷人群的关系，更有意义的是可以借由这一视角去探讨一个从人的活动出发的多层次的区域概念。

---

① 黄应贵：《社群研究的文化思考》，陈文德、黄应贵主编《"社群"研究的省思》，台北：中研院民族学研究所，2002，第359~367页。

第四章　交错的庙宇空间
——观念流动与多重象征

　　人与物在都柳江快速流动的同时也带来了文化的流动,不同人群带来了不同的神灵与信仰,在富禄呈现了民间信仰的丰富性和多元性。这些不同的神灵最初毫无交集,但在族群互动的过程中,人们试图找寻一种象征性的沟通方式来调试彼此之间的关系,也试图创造能够涵盖各方神灵的仪式实践来应对不同的世界观。在这一章中,笔者试图对富禄的诸多神灵进行探析,讨论不同的神灵缘何出现在富禄,不同人群又如何通过文化的再解释与再创造,去讲出新的故事,创造出新的关系,以及发明出一套仪式操演来将不同神灵纳入各自的观念世界中。除此以外,富禄地方信仰的某些神明,其庙宇或仪式均已消失,但在人们的日常生活中却若隐若现地留下了往昔的痕迹,这种模糊与含混的情形,反映着不同人群及文化在互动过程中的选择性与创造性。笔者希望通过此章的讨论,从而能更深入地理解文化创造在区域的结构过程中所扮演的角色。

第一节　"诸神林立":葛亮的庙宇记忆

　　"葛亮"作为一个侗寨的名字本身就很引人入胜,侗话中的葛亮寨为 ban,是一个当地人也说不出具体意义的普通名字。本文第一章已提到,葛亮是商人移民来到富禄时最先居住的地方,而最初的富禄市场就在葛亮,因而其人口具有较大的流动性,也正是因为这样的流动性,今天我们才能够在葛亮接触到那些遗留下来的庙宇与流传着的传说。葛亮寨如今作为富禄村的一个自然寨,居住着第五、第六两个村民小组,共有632人,姓氏有石、罗、骆、梁、赖、杨、覃、潘等。曾经的人口流动为葛亮带来了姓氏的多样性,甚至是同一个姓氏相互之间也有区分,如葛亮的罗姓分为两种,分别是"罗"和"箩"。当问起为什么要分两个姓时,人们说两个罗是从不同的地方来的,"罗"是广东来的,是最早来到葛亮的姓氏,具体的时间人们表示已无法追溯,而"箩"则是从贵州贯洞而来,是第二个到达葛亮的姓氏,而且罗、箩两家也互相通婚。第三个到达葛亮的是吴姓,据说吴姓也分了两家,分别为"吴"与"巫",吴也是从与八洛河连通的贯洞来的,而巫不知道从哪里来,如今在户口本上,无论是"罗"或"箩"还是"吴"或"巫",都被写为"罗"和"吴",而其内在的区分,只有葛亮人自己清楚。

其实葛亮并不完全是在河南岸,在北岸也有一部分土地属于葛亮,如今只有五六家居住在都柳江北岸,大多数的人家仍旧在南岸的聚落里居住。实际上在清末民初时,葛亮的人口与户数并无今天所见的那么多,当时所有的人口户数只有四五十家,而其中就有来葛亮开铺经商的移民,如今葛亮寨的老人们还记得当时在葛亮开铺的两家铺号名,一个叫万隆,一个叫万胜,都是姓赖的两兄弟所开,他们经营木材生意,也卖食盐、百货等,买卖做得颇具规模。当富禄地方市场成熟起来之后,罗家搬迁到葛亮进行扎排放排等营生,覃家则来到葛亮帮人种田,解放后便都成了葛亮寨的居民。正是因为这样的高度流动性,还有受移民商家影响颇深的缘故,如今葛亮虽然作为一个侗寨,但是居住其中的侗族在很早以前就已经不再穿民族服装了。据37岁的罗秀莲回忆,她从未看到过她母亲这一辈的人穿过侗衣,然而寨中使用的语言仍为侗语,妇女发式也为侗式。这些年大家觉得侗衣好看,才开始去找高坡的老妇人要来绣片样子,自己刺绣做侗衣。

也正是因为葛亮高度的流动性与复杂的人口组成,今天我们才

江河、商镇与山寨：都柳江下游的人群互动与区域结构过程

能够看到遗留在葛亮的丰富的历史遗存和大量的传说故事。每一个人都急切地向笔者谈论孔明的故事，或者热心地带笔者去参观马岱部队在葛亮作战的旧营。而在葛亮，除了闽粤籍商人移民所修建的闽粤会馆、天后宫之外，至今坐落着关帝庙、孔明庙与孟获庙，当然还有土地庙，以及侗族村寨皆祭拜的萨坛。这些庙宇除了天后宫仍是从前遗留的古旧建筑之外，其余都是曾经出现在葛亮，后又在各种运动中被毁灭，直到近几年又重新被建立起来的。虽然庙宇不再是从前的庙宇，神灵居住的空间也有所改变，但是关于神的信仰与故事，仍在葛亮居民的头脑中异常鲜活。这些庙宇和故事，都是在不同的时间之中，不同的人群在葛亮留下的记忆。今天，葛亮的居民把诸神都当成自己必须供奉的神灵，并且在日常生活之中也恪守一套行为规范以做到对神的尊敬。笔者感兴趣的是葛亮诸庙宇建立起来的过程，以及葛亮居民如何运用自己的再解释，将不同的神灵统合起来。

一　天后与关帝——从移民神祇到侗寨神祇

如果将葛亮的庙宇按出现的时间进行排序，那么天后宫则是葛亮的第一个庙宇。今天，葛亮的天后宫仍旧矗立在原来的地方，虽然墙面斑驳，其中的木质建筑已经倾颓，但是天后仍旧居住其中，也仍旧是当地人重要的祭拜场所。如第二章所抄录的碑文中所记载，天后宫初建于清道光丙午年间，乙卯年间曾遭兵火之灾，后于光绪十三年（1887）获重修。当时修建天后宫的主要为居住葛亮的客家商人，他们集资从广东请来建筑工匠，将天后从广东请到都柳江河畔，求她保佑这些远在他乡的客家人。除了用作庙宇进行祭拜之外，天后宫同时也作为闽粤会馆使用，修建天后宫之后，闽粤籍的客家移民既有了精神世界的依靠，同时也有了自己的联络机构。

今天站在天后宫大门外，还可以看到这座古老建筑门楣上写着

第四章 交错的庙宇空间

的四个大字——"闽粤会馆",屋檐和门楣间悬挂的一块牌子写着"天后宫"。门前还有两副对联,大的一副是用黑色的繁体字写在漆白了的墙上——"建设农村,复兴中国",看上去应当是民国时期写下的;小的一副则是用红纸写好糊在大对联内则——"汉壮苗瑶侗五族,闽粤湘黔桂一家"。这副小对联则是这几年过年的时候,人们贴上去的,借用的是"五省会馆"对联中的句子。

走进天后宫,庙宇为四合院结构,天井取光,廊亭阁则围绕天井而建。四壁基本完好,壁上还留着不同历史时期的模糊不清的字迹,从墙上的字迹依稀可以看出,天后宫曾是葛亮居民聚集议事的地方,很多公告与名单都在斑驳的墙上若隐若现。与正厅相对的门楼戏台已经大半陷塌,人们回忆说,在过去,闽粤会馆逢年过节都有连场的戏剧演出,有侗戏、桂戏等;演戏期间,会馆内人来人往,热闹非凡。今天的戏台即使已然塌陷,却仍从中能看到过去繁华的痕迹。妈祖娘娘像端坐在庙宇正厅正中央的神案上,未燃尽的香烛和堆积的香灰显示这里是一处还在使用的庙宇。庙中除了天后之外,还有六尊神像,这些神像都与关帝的形象类似,然而就算管庙的谢氏与赖氏也无法说清他们究竟是谁,就统称他们为菩萨,是要在这里守庙的。

在过去,祭拜天后的主要为客家商人,商人们希望天后保佑货物在水路运输过程中能够平安抵达,也希望所放木材不要遭遇洪水而被推散。由此看来,最初天后与门前都柳江的江水有着非常密切的关系。天后宫修建起来以后,与妈祖有关的节日也被移植到了葛亮,那就是三月廿三妈祖诞,妈祖诞由于节日中放花炮的环节最为热闹,因此也被称为"花炮节"。花炮节的习俗虽然延续至今,然而妈祖在花炮节中所扮演的角色却在逐渐淡去,这一过程笔者将在第五章详细叙述。实际上,虽然今天的花炮节已被作为侗族的民族节日,然而在富禄,该节日却与天后宫在葛亮的修建紧密相关。

江河、商镇与山寨：都柳江下游的人群互动与区域结构过程

图 4-1 葛亮寨三月廿三花炮节祭祀天后

　　天后宫修建的初期，当地人并未将天后视为神灵来祭拜，侗族参与到汉人的祭祀活动中是在关帝庙修建好之后的事情。关帝庙在妈祖庙修建好后的第三年搭建起来，主导修建的人群仍为赖氏家族。天后宫与关帝庙出现以后，也一直由闽粤籍的人在管理，目前吴阿公所记得的管理过庙宇的姓氏有赖、陈，他们都是遗留在葛亮的商人移民。当时葛亮的侗家对这两个新出现在葛亮的神灵还感到很陌生，他们把妈祖喊作"奶玛"，意为大妈，将关帝喊作"甫玛"，意为大爹。还有的人将天后称为天后娘娘，而将关帝称为天后公公，认为他们二人是一对夫妻神。但侗家也并非完全不参与天后与关帝的祭祀仪式，至少葛亮的石家和罗家，自从有了这两座庙以后，搞庙会的时候都和闽粤籍移民的人一起拜神、一起操办。人们都说，那是因为石家与罗家在葛亮的位置最重要，甚至有人将其比喻为葛亮的"地保"，因此必须参与到祭祀活动的主持中去。

　　同治年间客家商人搬离了葛亮之后，天后与关帝并没有被客家人带走，而是留在了葛亮。管理天后与关帝的人虽仍旧是闽粤籍移民的后裔，而搬离葛亮的客家商人却只在过年的时候才来葛亮祭拜天后。当三月三的花炮节在富禄重新开始之后，居住富禄北岸的闽粤籍移民逐渐与葛亮疏远，并在富禄修建了"三王庙"祭祀，开始将花炮节演变为祭祀"三王"的仪式。笔者希望强调的是，随着闽粤籍移民居住空间的变动与人群关系的变化，天后与关帝被留在了葛亮，逐渐成为侗族人祭祀的神灵，天后的形象与内涵也在这个过程中被重新塑造与再解释。

今天在天后宫的左侧还遗留着一块木质的人形画板，上面画着一个女性的形象，当地人说，在2006年之前，天后娘娘的神像尚未做好的时候，天后宫所供奉的就是这个木质的天后像。从这块木牌上可看到侗族人头脑中的"天后形象"，她头戴侗族的头冠，身穿的衣服与侗族的衣服也很类似，穿戴如侗家女的天后代表着客家人离开葛亮之后侗族对其形象的再创造，也标志着天后成了侗家的神灵。如今的闽粤会馆已经变成了葛亮的一个代称，连节日时以村寨为单位的篮球联谊赛中，队名都取为"闽粤会馆"，他们把这个名字印在球衣背后，作为葛亮的标志，这样的景象对于一个侗寨来说颇为有趣。

闽粤会馆中的天后，如今逐渐脱离了与水的关系，人们祭拜她不再因为希望其庇佑水路平安，而是更希望妈祖能够保佑人们生下男崽，继承香火。今天的天后与送子观音的功能类似，在葛亮或是葛亮之外的人们常常来此求子，葛亮的居民也常常强调天后的"灵验"，那些求子如愿的人会挑来猪头、酒，请葛亮寨的人吃饭，以此来还愿。天后不仅与生子有关系，和才出生的婴儿以及小孩子的关系也很紧密，如果哪一家的小孩子身体比较羸弱，或者人丁不兴旺，这户人家就会把小孩带到天后宫去，让小孩认天后做继母，经过一系列仪式后，相当于将小孩过继给天后当孩子。这样一来小孩就会身体强壮，家庭也会人丁兴旺。笔者在2011年冬日走进天后宫时，便发现天后宫供桌上有两瓶白酒，据说是下游广西融安那边的一家人，曾经在这里求妈祖赐给他们一个儿子，后来他们真诞下一子，得偿所愿的人必须带来酒和一筐糯米粑粑，同时备上酒菜来天后宫

江河、商镇与山寨：都柳江下游的人群互动与区域结构过程

摆几桌请葛亮的人吃饭。今天天后的名字甚至也起了变化，虽然人们对其尊称仍为"天后娘娘"，然而在平日的表达中，也能听到人们称其为"灵大姑"，人们取天后的"林"姓发音，却不熟悉天后的传说，只用"灵"字取代"林"姓，于是经当地人改造，便有了"灵大姑"的称呼。

对于关帝来说，人们对他的理解变化不大，从前商家们祭祀关帝为的是生意顺利、兴隆，如今，葛亮的人们祭祀关帝也是为了一切顺利，特别是对那些做生意或与经商有关的人家来说拜关帝会非常"灵验"。今天的关帝庙与孟获庙、孔明庙并排在一起，位列中央。在花炮节中，关帝将附在花炮之上被抢得花炮者带入家屋中居住，抢得的人需要在初一、十五到庙中进香祭拜，平日对家中居住的神灵更是需要悉心照料，才可保证关帝不会"生气"而带来噩运。相反，今天居住在富禄的商人移民后裔，已不再祭拜天后宫与关帝庙，只是在节日之时，受葛亮邀请来村中做客在交谈的时刻，还会提起闽粤会馆与自己的祖先有关，然而在他们的日常生活中，天后与关帝已不再属于需要祭拜的神灵，而真正成了驻葛亮一隅的地方神，成了侗寨的神祇。除了葛亮之外，前来祭拜天后与关帝的还有仁里苗寨、贵州平校，大年河口内的广西融水县大年乡、贵州贯洞等地，这些地方的居民都是如今的苗族与侗族，在这样一个范围之内，人们对葛亮神"灵验"的说法深信不疑。

当客家人离开葛亮以后，我们可以通过今天人们对天后的理解与天后的"侗家形象"，看到侗族如何将闽粤籍客家人的祭祀对象天后纳入侗族的祭祀系统之中，成为居住葛亮的侗族神灵世界中的一部分。从"灵大姑"的称谓和天后娘娘的送子功能可见，居住葛亮的侗家将天后信仰的含义进行了改造，使之成了真正的地方神灵。如今当笔者有时将天后喊作妈祖时，当地人都会即时纠正，并说明天后与妈祖不是一个神灵，这些举动的背后则是天后信仰意义的变化。

二 孔明与孟获——历史记忆制作与族群意识

"葛亮"的名字即来源于这里的孔明传说,不仅限于葛亮,甚至周边的村落都相信孔明在葛亮留下过足迹,并对此引以为豪。"葛亮"的寨名由来已久,清代的县志中就已出现了"葛亮"的地名,凡是到过葛亮的人,村里的人都会热心为其解说孔明在这里的故事。孔明的传说在葛亮不仅仅是一段故事,也是当地人头脑当中真实的村落历史,一种人人愿意表述和展示的关于村落的历史经验。人们相信,葛亮是诸葛亮率领的马岱部队驻扎和战斗过的地方。

在葛亮,不仅仅是土墙旧营与孔明相关,还有很多以孔明命名的空间,如孔明庙、诸葛亭、孔明井、孔明桥。人们还记得的诸葛亭,就修在都柳江北岸,因为北岸来往的行人和商人最多,是最重要的通道。诸葛亭旁边还有一股山泉,供行人停歇喝水之用。如今诸葛亭虽然不复存在,然而地名却保留了下来。与葛亮相对的都柳江北岸的公路边至今有一股山泉流下,喝不惯自来水的富禄人都会来这里挑水回家,而这里至今仍被人们喊作诸葛亭。孔明桥也修在河北岸,虽然由闽粤籍的赖姓主持修建,然而据赖守基老人的回忆,那个孔明桥和风雨桥几乎一模一样,其形制也基本相同。

孔明井是今天葛亮居民唯一的饮用水水井,井口位于葛亮寨寨尾处,其水质清洌,居民挑水回家后可直接饮用。今天水井四周还有四根亭柱石托,据人们回忆,在"四清"运动之前,孔明井上有一个遮挡风雨的亭子。水井的正前方有一块年代已久的石板雕刻,上面有两个模糊的人形。正因为这些残存遗迹,孔明井成了葛亮孔明传说中很重要的一部分。人们传说当年诸葛亮曾派马岱领兵屯扎于此,从而对盘踞在云贵一带的少数民族首领孟获形成包围之势,作为进攻孟获的一股重要力量。马岱引兵到达古措,饮用了都

江河、商镇与山寨：都柳江下游的人群互动与区域结构过程

柳江的水之后，其部人马出现了上吐下泻的情况，遂不敢再饮用，因而陷入缺水的困境。诸葛亮接到报告后，亲自到此地探察，他在屯兵场一侧的山边插下一根棍子，令士兵开挖。井水喷涌而出，饮水困境得以解决。

图 4-2　葛亮寨孔明井

马岱部队驻扎葛亮的传说在葛亮深入人心，人们习惯于用这个传说解释如今在寨上的很多事，如孔明井里放有两条鱼，这在都柳江流域本是较为普遍的做法，是传统的测试饮用水水质的方法，但人们解释说，那是从三国时期就开始的，因为马岱部队的战马需要喝水，但是又怕人家在井中下毒，所以就要养鱼。正因为如此，在解放前，逢年过节，葛亮居民不仅要去井边烧香烧纸，祭拜石板上的两个人形，还要撒一把米到井水中去，以求孔明保佑，这样的习俗沿袭至今。大年初一的凌晨，葛亮寨的人们就带着家中的水壶，来到孔明井处争抢新年全寨打上来的第一桶水，相传谁抢到这第一桶水，喝下去谁家就会顺利一整年。最初人们对孔明井的祭拜只是

196

第四章 交错的庙宇空间

祭拜孔明,然而当孟获庙在葛亮建成之后,人们又解释说,石板上的另一个人形是孟获,他因为听说这里有孔明而来投靠他,所以我们也要祭拜。

实际上,诸葛亭、孔明桥以及孔明井的修建如前文所介绍,都是闽粤籍客家人在葛亮居住时主持的,虽然我们现在已经没有办法去探寻孔明传说在葛亮缘何兴起,但是在都柳江流域,孔明传说并不仅仅只出现在葛亮。笔者在都柳江沿岸多次听到过有关孔明的传说,传说虽然内容各异,但都将少数民族喜闻乐见的传统活动与孔明的统治结合起来,认为这些传统活动都是孔明带来的,目的是使都柳江流域土著玩物丧志。例如,当人们说起都柳江流域侗族与苗族吹芦笙的传统时,会说"芦笙其实是诸葛亮发明的,这地方原本野蛮,诸葛亮为了统治地方,麻痹土著不让其造反,所以就发明了芦笙给他们吹,好让他们沉醉于玩芦笙的喜悦之中,从而避免反对统治"。而芦笙不是唯一一个被当地人认为是孔明引入的外来事物,笔者在榕江听到人们说过斗牛也是诸葛亮引入来娱乐土著的,让当地人天天打牛,就忘记了要反对汉人的事情,再也没有精力反对统治了。不仅限于娱乐活动,甚至人们所使用的农具、工具,相传也是由诸葛亮带到都柳江流域来的。老人们说当时孔明带兵西征驻扎在这里,把火药制法传进来,并用于生产、狩猎中,同时还将古老的灌溉工具水车传给了这些夜郎王国的先民,时至今日,融江两岸还有很多"吱吱呀呀"日夜转动发挥抗旱作用的水车。

当地人以孔明的传说来重塑自己的历史,背后充满了不可言说的隐喻。作为孔明征服"南蛮"的对象,为何要将孔明与自身社会的历史联系起来,是否通过孔明传说为自己塑造出一种"历史"?今天我们无法得知孔明传说缘何起于葛亮,然而对葛亮的侗民来说,孔明的传说的确使葛亮成了一个"有历史"的寨子,相比其他寨子的祖先迁徙故事来说,葛亮的"历史故事"为其在区域之中带来了一种分量感,特别是当市场重心移至富禄之后,葛亮

江河、商镇与山寨：都柳江下游的人群互动与区域结构过程

的侗民通过孔明传说在地方彰显其地位。更值得注意的是，孔明传说不仅仅是葛亮人自己所讲述的历史故事，也成了居住富禄周边人群的共同记忆，今天孔明传说不单是以传说的形式出现在富禄，更是以一种"真实的历史"被人们所接受和传播。如今对于孔明传说的讲述又有了新的意义，出于地方开发旅游的需要，孔明在葛亮的故事被一再提起，甚至通过网络传播，吸引人们赴葛亮参观旅游。然而在旅游开发的需求之外，当地人的确将这样的传说当成了自己的历史，旅游开发只是继续强调，并非一种建构。

我们不禁想问，在因闽粤籍商人汇集而繁华的葛亮，为何留下了那么多与"孔明"有关的传说，而今天居住于此的侗族居民，又为何将此作为村落历史一再留传？实际上，这些在西南地区较为普遍的有关孔明的传说叙事早已引起了学者的关注，讨论主要围绕对诸葛亮南征过程的考证以及诸葛亮南征对西南边疆社会的影响展开，或者分析诸葛亮南征叙事中所呈现的本土反映的复杂性。[①] 在上述研究成果的基础之上，笔者感兴趣的是这些孔明传说具体是如何在地方社会历史过程中被生产或被表述的。

实际上，孔明作为一种文化符号由寨名衍变为传说，进而成为一套加以操演的信仰和仪式，不仅与都柳江特殊的区域历史过程息息相关，更反映了村落社会生活中特定人群的身份诉求。可以说，对孔明这一形象的加工与创造过程，本身也是一个社会、历史和人群关系的互动过程，葛亮寨中的孔明符号看似错综复杂，实则真正的含义和隐喻应放置到具体的区域社会历史脉络中加以揣摩。葛亮如今居住的侗族，原本是居住在都柳江流域的苗侗人群，因富禄市场发展，他们由上游或支流地带的榕江、西山、贯洞、龙图、黎

---

① 参见方国瑜《诸葛亮南征的路线考说》，《思想战线》1980 年第 2 期；江应樑《诸葛武侯与南蛮》，《西南边疆民族论丛》，珠海大学出版社，1948；李福清、白嗣宏《汉族及西南少数民族传说中的诸葛亮南征》，《民族文学研究》1992 年第 2 期；等等。

第四章　交错的庙宇空间

平、广西大年等地迁徙而来。最初苗侗人群迁徙葛亮多是迫于生计，来到葛亮后，依靠早到的"同乡"帮忙，为老板看铺、放排或者种田，逐渐安居下来。这一历史也体现在葛亮多样的姓氏上，葛亮如今有石、罗、骆、梁、赖、杨、覃、潘等姓，他们总爱强调其是从四面八方走到一起的，甚至同一个姓氏内部也有区分。这些只有当地人才能区分的姓氏关系与说法，反映了葛亮区域开发后人群交错的状况。

由各地迁徙到葛亮的苗侗移民，其最初的生存境况较为被动，一方面，葛亮市场由闽粤籍商家主导，苗侗移民在村寨中相对弱势，只能"为老板打工"；另一方面，葛亮寨属于都柳江下游流域"七十"兄弟寨之一，虽然兄弟寨之间相互有防御和帮衬的义务，但他们之间的关系实则非常微妙，"七十"兄弟寨除葛亮外均为苗寨，主要分散于葛亮上游500米处的一条支流——大年河两岸高坡，大年河口以及葛亮河滩是苗寨木材交易的重要通道。由前文所述，最初的"七十"兄弟寨并不包含葛亮，但葛亮这一移民村寨希望借由村落联盟寻求庇护，而高坡苗寨则希望借助葛亮的地理优势进行木材贸易，因此同意葛亮加入"七十"的行列，同时，高坡苗寨依靠"七十"结盟的约束力对葛亮这一移民村寨也形成了一定的控制和影响。从周边地区迁徙到葛亮的苗侗移民，既无力如闽粤籍商人那般以会馆、市场整合移民社会，同时在"七十"兄弟寨中又呈现被动地位。这种"尴尬"的处境也使得葛亮苗侗移民的身份呈现模糊性，他们既不是文化上的"陌生人"，其语言、生活习惯与沿河苗侗也并无明显差异，但同时又不能完全融入"当地"，唯一可依靠的只是移民间的同姓、同乡关系。

民国期间孔明桥的修建与复建给葛亮苗侗移民整合提供了一个契机。孔明桥实际为南侗建筑特色的"风雨桥"，始建于1933年，后被洪水冲毁，1946年葛亮苗侗移民联合富禄闽粤籍移民开始重建孔明桥，资金则从富禄、葛亮、青顾、匡里、拉拢、梅

199

江河、商镇与山寨：都柳江下游的人群互动与区域结构过程

寨、石碑、龙图、贯洞、八洛、西山等地筹措，而参与捐银的地方与葛亮苗侗移民的迁出地有很大程度的重合。这次修建以葛亮寨为主导，所用木材和人工均由葛亮提供，并由葛亮寨民负责监工。孔明桥的重建对葛亮苗侗移民具有多重意义：其一，通过共同参与修桥，苗侗移民得以凝聚成为一个"整体"；其二，以诸葛亮命名的"孔明桥"，使得葛亮以空间为载体拥有了共同的象征符号，并使"孔明传说"与现实生活衔接；其三，葛亮寨作为整体参与到地方的公共事务中，为其在该区域中找到相应位置奠定了基础。

当富禄大商家离开葛亮后，继续居住在葛亮的苗侗移民借助"葛亮"这一地名以及孔明符号，逐渐形成了围绕"葛亮"的地域认同以及"我群"意识。苗侗移民进一步修建了"孔明庙"，将孔明作为神明祭拜，并将这一文化符号融入了相关的节日习俗之中。

实际上在一段时间，孔明只是作为一种传说，而并不具备神性，也没有专门供奉他的庙宇。在商人移民还未离开葛亮之前的花炮节中，葛亮只放两个炮，即专门为天后和关帝所放，并没有孔明炮。那是什么时候又为什么有孔明庙的呢？关于孔明庙在葛亮的建立，还伴随着一个故事。大概在20世纪80年代，葛亮的一位梁姓侗民有一天梦见孔明坐着船从上游而来，船上还有很多铁锁链，孔明到了葛亮决定在这里下锚上岸，不再走了。醒来之后，梁姓侗民对这个梦确信不疑，去河边一看，正好有一根被大水推下来的大木头，于是他认为这就是孔明乘坐的"船"，于是更加笃信孔明作为一个神已经来到了葛亮。于是，梁氏与罗、潘、吴几个姓氏，一起在葛亮修了一个孔明庙以为孔明提供住所，并且决定每年的花炮节也给孔明做一个花炮。而岸边的那根木头，也具有了神圣性，虽然这根木头后来又被大水冲走了，但是人们说，在某次大水时老天又还回来一根木头，现如今它就躺在岸边的一个地方。笔者在当地人

带领下去看那个地方，但所见到的只是一片普通的河滩，当地人说，那个木头就被埋在泥土下面，现在没有人敢在这里锄地，因为如果砍到了木头，后果是很严重的。

图 4-3 葛亮寨孔明庙

孔明从一种传说到一种历史记忆再到成为神祇出现在葛亮的过程，也是葛亮对孔明传说不断进行修改与创造的过程。这些在区域商业化进程下汇集在一起的不同人群，都在区域社会构织的过程中形成了各有差异的社会关系与区域联系，他们不仅通过市场分工、婚姻、姓氏等不同层面发生互动，而且极具创造性和能动性地运用文化在象征层面和意义层面，为其各自的族群意识、区域意识进行建构。经过上述与孔明信仰相关的节日、习俗和仪式实践，葛亮苗侗移民形成了一套共同的观念和共同遵守的习俗与秩序，从而建立起了关于地方的知识及其对"我群"的看法，确立起身份的标识。那些关于"过去"的"历史记忆"的表述，通过"孔明"这一象征符号和文化手段加以实践，转换为当下对族群身份的理解。这些从节日、仪式中观察到的诸多复杂内容，正是不同时期葛亮寨苗侗

江河、商镇与山寨：都柳江下游的人群互动与区域结构过程

移民在不同的境遇下，运用意义、象征、关系、秩序所织造出来的丰富的历史文化图景。

葛亮寨的历史折射的是特定的区域社会历史与人群互动过程，在都柳江下游这样一个多元人群交会的地带，族群之间的"界限"不再清晰一致，如葛亮寨的苗侗移民以及说"客话"的闽粤籍移民和真正的"土著"之间，身份呈现模糊不清的状态，他们不仅要处理现实而复杂的人群关系，而且文化的交会也带来意义的交错。在这一过程中，他们并非纯粹被动地接受或调适自己与其他人群的关系，而是运用文化手段主动参与和创新，这不仅是他们适应客观环境的动态过程，更是在自身文化逻辑中加入想象的创造过程。表面上看，葛亮寨的苗侗移民不断对孔明这一符号进行演绎与创造，制造出碎片化的传说叙事、神圣空间以及复杂的习俗，但其背后却是族群成员通过文化手段建构自我意识与情感归属的过程。通过将孔明与村落历史相结合，围绕孔明信仰进行仪式实践，来自四面八方的葛亮移民逐渐在心态上建立起一种对地方与"我群"的认同，进而得以联系为一个整体。

在今天的旅游开发之下，孔明传说也有了新的版本，人们赋予了葛亮的花炮节一个与孔明相关的说法。传说当年诸葛亮派马岱屯兵于古措，他为了让寨与寨之间加强团结，便用抢花炮这一竞技项目让人们增进友谊，抢花炮的习俗也就这样流传了下来。这种说法流传的时间并不很久，其中所使用的"加强团结，增进友谊"等词语仍旧是官方使用的宣传词语，但是孔明传说成了一种普遍的解释，成了人们介绍任何活动时都可以利用的资源。

在葛亮最为有趣的现象则是孔明庙与孟获庙的并存，笔者好奇这两个敌对立场的人物如何在葛亮寨里得以和谐相处。实际上在富禄地方，并没有祭祀孟获的传统，祭祀孟获原本在浔江地区较为流行，传说孟获当年兵败之后辗转至同乐孟寨后，当地侗、苗少数民

族以盛大礼节恭迎他们。为志其事，孟寨后人曾在当地为其修庙立像，即最初的孟公庙。孟获信仰在2005年之前从未在葛亮出现过，而今天在天后宫旁边的三个小庙，祭祀的分别是关公、孟获、孔明。孟获来到葛亮的过程充满了戏剧性。

相传2005年的时候，独洞八江那边的一个老婆婆，做了一个梦，她梦见三江一个地方在开山修公路，把孟获住的地方给撼动了，孟获就托梦告诉她说，他想来葛亮这里居住，因为这里有他崇拜的孔明。就这样，八江那边的人就集资在葛亮建设了孟获庙，并在2007年正式完工。当然，这个梦也不是毫无根据的，据说独洞八江那里的人本来就崇拜孟获，那里主要的姓氏就是孟，可是，在孟获庙迁来之前，八江和葛亮并没有多少关系，人们之间也很少走动，实际上孟获庙迁到葛亮之后，八江那边也很少会有人过来祭祀孟获，因为路途遥远，只是每年过年的时候八江那边会有人来祭拜。孟获才搬迁到葛亮时所扮演的角色并不十分突出，似乎他只是借住于葛亮的一个神，再加上两地的人群确实缺少历史往来，葛亮地方对于孟获信仰并不理解，其内在的意义也并未真正建构起来，人们对待孟获神犹如对待一个客人，恭敬客气但并不熟悉，若非重大节日，平日也不会祭拜孟获。但这样的情况在慢慢发生着变化，随着时间的流逝，葛亮又出现了一些关于孟获的传说，孟获不仅仅出现在刚刚修建不久的庙中，也出现在了更久远的时代里。现在人们将孔明井正前方石块上两个模糊的人形，解释为左边的那个人像有个帽子，即是孔明，而右边的那个人头上是平的，没有帽子，便是孟获，且表述也变为当初修成这个井的时候，孟获就一定要跟着诸葛亮来，所以就有了他们两个并排在一起映在了石头上。笔者走近看那块石头，发现上面两个人的身上都放着一些板栗和红籽，甚至还有一块没有剥开过的奶糖。支书说，这个村里的小娃崽每个季节有什么应季的好吃的东西，来井边的时候都会顺路放在这块石头上的两个人身上，以此来孝敬他们，也求得保佑自己。

江河、商镇与山寨：都柳江下游的人群互动与区域结构过程

图 4-4　葛亮寨孟获庙

图 4-5　孔明井边石头上的两个人像

孟获神的出现，一方面是一种偶然性，是由八江人偶然的梦境促成的；另一方面也是葛亮的孔明传说在区域中流传的结

果。即使在今天,神灵的关系仍旧在随着环境的不同在改变,传说继续被建构,村落关系也因此在改变。在葛亮,孔明庙与孟获庙的共存并不矛盾,当地人解释,因为孟获很崇拜孔明,所以他才想来葛亮跟着孔明。由此可见,人们通过对传说创造性的运用、改造并加以表述,正在合理化孟获庙的存在并持续生产出新意义。葛亮所呈现出的此种文化弹性,与其流动的空间特性以及人群的互动历史密切相关,不同的观念、象征符号、知识在葛亮交会,而人们又通过富有能动性的实践,对其进行理解、接纳与转换。虽然今天孟获在葛亮并没有被重视,在花炮仪式中我们也看到人们对孟获关注还很少,但是这并不意味着人们对孟获庙宇的出现是无感的,今天葛亮人已经开始萌生要在花炮节中为孟获创造花炮的念头,而关于孟获与孔明的故事,相信会继续被人们解释和修改,也许有一天,他也会真正成为葛亮的地方神祇。

三 神圣空间中的多元信仰与多重表述

因为人与物的流动,汇聚在富禄的不同人群带来了他们各自信奉的神灵,在长期的文化交流过程中,不同人群也将不同的信仰接纳到各自的文化体系之中,成为自己精神世界的一部分。今天我们通过葛亮属于多个信仰体系的庙宇就能感受到这段文化交流的历史,不同的神灵一起存活在当地人的精神与生活世界中,而这些信仰背后原本极具差异的文化分界,也在文化的交流过程中被逐渐解构,经过再解释与再创造,构成具有复合性与多样性的文化格局。

如前文所示,葛亮的神灵除了居住在庙宇之中的天后、关帝、孔明、孟获之外,还有着以其他形式存在的神圣空间,他们多是由今天被称为侗族的人群所建立的。在富禄侗寨和葛亮侗寨中,都安放着侗族所祭祀的萨岁,萨岁堆上长着茂密的大树,看起来有一种

江河、商镇与山寨：都柳江下游的人群互动与区域结构过程

欣欣向荣的感觉。萨岁在侗族文化之中是整个村落的根本，用当地人的话来说，她就是寨子的母亲，所以逢年过节，或者要出去赛芦笙的时候，人们总会先来祭拜萨岁，而萨神信仰的背后是传统侗族社会中强调平权的观念。

富禄的萨坛位于富禄侗寨鼓楼边上，当地人习惯将其称为"社坛"，"祭萨"本为侗族特有的民间信仰，"萨"在侗语中为奶奶的意思，如今也是侗族仍旧在使用的亲属称谓，"萨"也是侗族对所祭女神的称谓，亦称"萨岁"。在南侗①地区的都柳江下游流域，每逢侗寨必有萨岁，安寨之前必安萨坛，以此保寨中平安。富禄侗寨的萨坛很早之前就存在着，人们说不知道存在了几百年，也记不清什么时候它就在这里了，今天在侗寨中所见的萨坛于2009年重新修葺过，与一般的萨坛仅为一个土包或是简单的围墙不同，侗寨中的萨坛建得颇有汉风，有卷翘的檐廊做装饰，门内有一块碑，中间写着"圣母祖太之灵位"，右边写着"保民安寨"，左边写着"庇佑生灵"。碑前祭着三个酒杯，有很多残香，碑后种着一棵树，每逢初一、十五，人们来拜萨时就打开房门，余日门紧锁，不让人出入。

虽然萨岁信仰由侗寨居民所持，但今天关于萨岁的诠释和解释，却多由富禄移民后裔们进行。由于富禄移民后裔的贤达们在地方仍然拥有较高的话语权，因此当侗寨中有将萨岁信仰付诸文字的需要时，往往要请他们撰写，而在这一撰写过程中，富禄侗寨对于萨岁的理解和移民后裔所赋予萨坛的解释又出现了差异，二者之间的差异最为集中的则是关于"萨"的传说。社坛的背后有一副印刷的文字说明，是广东籍客家后裔张燊忠老人整理的关于萨岁的介绍，记录如下：

---

① 按照语言特点，学术界将侗族语言分为南北两部方言，北部方言区简称北侗，多属长江水系；南部方言区简称南侗，多属珠江水系。

第四章　交错的庙宇空间

图 4-6　富禄侗寨萨坛

　　传说远古时期，"萨岁"原是一位仙女，名叫"嫦娥"，身居月宫，与玉兔为伴。她怨恨月宫寂寞，羡慕人间美好，更怨恨王潮（王潮系仙界仙人）纠缠，于是下凡到今贵州黎平县侗乡螺蛳寨投胎。其父叫吴睹襄，其母名叫仰香。夫妇两人得其女，根据得梦把她叫作"仙奴"，意为仙女。仙奴自小长大，聪明伶俐，且能文尚武，武艺超群。从小与父母收养的孤儿石道青梅竹马，情投意合。长大后，结成伴侣。

　　螺蛳寨里有一恶霸，名叫李董顺，自开衙门，横行乡里、鱼肉百姓，无恶不作，是地道一个土皇帝。他见仙奴美若天仙，垂涎三尺，意欲霸占仙奴，但又惧怕石道武艺高超，不敢贸然下手。

　　再说天上王潮，不见嫦娥，心想她定下凡尘投胎。随之，王潮改名为王素，化妆道士，下到人间四处查访。当他到了螺

江河、商镇与山寨：都柳江下游的人群互动与区域结构过程

蛳寨，正见嫦娥在此。是晚，投宿李董顺家，当晚他俩席上饮酒，臭味相投。于是王素献计，助纣为虐，强抢了仙奴。石道在寨老惯公（人名）的支持下率众踏平李府，杀尽李家人，分其财物，当众宣布李家原霸占村民的田地、山林物归原主。但这次暴动行动没有抓到王素，让他逃跑了。也正因为如此，给螺蛳寨留下了祸根。

王素逃跑后，疾奔州府将此次暴动踏平李府的事件密告在州府干事的李董顺之子李项郎。李项郎即上奏朝廷，说侗乡侗民造反。朝廷震怒，委派平蛮大将军率兵八千前来镇压。仙奴得知此讯，即组织侗民起来与官军对抗。当得知官军准备趁侗乡过节之时，兵分三路向侗寨进攻，达到斩尽杀绝的目的。于是仙奴交代村民，在官军入村后，用酒肉招待官军，事前在食物中拌上桐油，使官军吃后上吐下泻。而后，仙奴带领埋伏在村外的起义军乘官军力乏之时，猛扑入村与官军械斗。官军大败而逃、死伤过半，被驱出侗境。

后官军又卷土重来，在仙奴领导的侗民起义军英勇打击下，第二次败走。后来，官军在王素的密谋献计下，官军第三次采取剿抚兼施的战术，动用一万官军专剿仙奴、石道所率不到千人的一支起义军。在强大官军的进攻下，寡不敌众，只得被迫退进上岜三书（今贵州榕江境内），凭山势险峻据守。经死守阵地三月，山上粮草断绝，被迫突围，随都柳江顺流而下，经下江、丙梅、八洛、六洞（今从江境内），辗转"龙堂开""九龙山"（黎平境内）安营扎寨。后官军又尾随而至，将营寨团团围困。谁料，山上无粮、无水，只得下山与官军拼一死活。最后终因寡不敌众，石道与起义军全部阵亡，只剩下仙奴与惯公二人。官军意欲将二人活捉，步步逼近，仙奴、惯公只得从陡峭的山崖纵身跳下九龙潭，潜水逃出重围，奔上对岸山崖。此时，九龙民怒，苍天感应，一时狂风大作、冰雹直

208

第四章 交错的庙宇空间

下,把官军打得落在流水中,最后官军不剩百来人,侥幸狼狈逃窜。仙奴见到此情此景,心中有所安慰。于是与惯公下山,走到六甲寨子(今龙额乡岑旯村)进入岩洞,生火烘烤衣服。待衣服干后,仙奴对惯公说:"老人家,我今实话告诉你,我乃天上嫦娥,因羡慕人间美好,才下凡投胎,本想能过上幸福美满的生活,然而事与愿违,灾祸连生。如今官军已灭,恶霸已除,我的夫君已死,我只有返回天庭去了。现只求公公走游侗乡百洞,告慰侗民,重建家园。"说罢,仙奴腾云驾雾飞上云天,独剩惯公。

按照仙奴的话,惯公走游百洞,告诉人们:"仙奴是我们侗族人民的女英雄、大恩人。从此,我们应该敬称她为'萨玛田岁',年年岁岁祭祀她的英灵。"又说:"龙堂开、九龙山是她魂魄的根基,也是她消灭官军的见证,六甲岩洞是她回天之处,今后凡是侗族村寨都要祭祀她,建祠安坛,要她魂魄,就到九龙山顶取一杯土,祭祀她只要三杯茶。"

惯公之言,侗族人民世代相传,永远遵守并建祠安坛。商孖八甲诸寨也依惯公之言,在仙奴回天之处、岩洞上面立祠安坛,年年正月初八寨上男女老少汇聚在此举行隆重的祭祀活动。此祠始建何年无法考究。

再说仙奴回天后,乃名叫嫦娥,守在月宫。王素也是天上仙人,也回仙宫,乃名王潮。如今,在风清月明的十五晚上,我们仍能看到皎洁的月亮中,嫦娥在月宫之下看着人间。王潮思恋嫦娥,尾随其后。这一景象只能在深夜凌晨之际方可看到。[1]

---

[1] 此萨岁介绍由富禄居委张桑忠所撰写,今打印成条幅贴于富禄侗寨萨坛外墙上。

江河、商镇与山寨：都柳江下游的人群互动与区域结构过程

而富禄侗寨居住的老人们对于上文中将萨岁与嫦娥相提并论之事一笑置之，他们告诉笔者吴杏妮的故事才是真正的萨岁传说。吴杏妮的故事也是以侗族反抗为主题，其反抗的部分与上述材料中的战争部分基本类似，地名也都相符，只是与嫦娥并无关联。故事的结尾侗民解释说，因为杏妮当时死的时候是站着死的，所以死后就成了一块石头，人们就将那块石头供起来祭拜，这就是为什么萨坛里面总有石头的原因。今天在社坛的外面，也有一块石头，大概也和这个传说有关。由此看来，即使在当下，富禄移民后裔与侗家对萨岁的诠释仍有所不同。富禄居委的贤达将祭萨岁与中秋节相结合，创造出嫦娥即萨岁的故事，侗寨居民对这种传说的再创造虽并不十分认可，却也不拒绝将这个传说张贴在萨坛背后。于是在节日与传说之中，我们看到了两种文化的相互妥协与再诠释，形成了富禄特有的文化景观。

这类有趣的现象实际上并不仅仅发生在对待萨的态度上，在今天的富禄、葛亮，笔者同样发现当地人在对其他神祇诠释时也存在这种"暧昧不清"的态度。"暧昧"一是来自两个人群长期的互动所产生的文化采借和文化创造；二是出于当下"挖掘旅游资源"的需求，地方政府将地方"文化传承人"的头衔赋予了富禄乡能书会写的移民后裔中的老人们，于是他们掌握了"地方文化"的话语权。关于富禄所有文化符号的诠释，主要由富禄街上移民后裔的赖守基、张燊忠、沈葆华、王仁生、朱先明等贤达在主导，而他们所表达的地方文化，是经过移民对地方文化的再理解和再创造而产生的，侗族虽然在内容上私下表示异议，然而却接受他们对地方文化进行塑造的意图。通过萨坛在富禄的两种诠释，我们得以看出，当地人对于地方性知识的表述与理解，确实是在长期的时间中通过不同人群之间的互动与适应特殊的时代背景的产物，我们听到的传说和故事，内部也充满了时间的要素。

除了萨岁以外，富禄还存在着其他神圣空间，如榕树。在葛亮寨尾有一颗很高的榕树，当小孩子身体不是特别好的时候，人们就

会带小孩来拜树为干爹干妈，意为身体就像树一样坚韧和挺拔，经受得住灾难。另外，葛亮寨闽粤会馆外篮球场边上的一兜大榕树下还保留着土地公和土地婆。除了这些存在于村落中的神圣空间，在当地人的宇宙观中，还有只有极少数代理人可接触到的神与鬼。笔者最初被葛亮的文化丰富性所吸引，然而久居之后，却发现在当地人的头脑之中，不同的神圣力量是有差异并且有秩序的，其功能也各异。虽然各个神灵在人们观念之中都十分重要，并且需要当地人在日常生活中通过仪式实践去敬奉，但是实际上这些多元的神圣力量也存在分类，在不同的境遇中人们所求的对象并不相同，因而在村落事务中所扮演的角色也不一样。

　　如果揣摩当地人对不同信仰的看法，则可以发现神灵之间功能的不同。萨坛的地位非常微妙，与其他庙宇都由女性管理不同，葛亮只有萨坛与土地庙由男性管理。当人们遇到个人问题而非集体问题时，则不会求助于萨岁，萨岁代表的是整体，只有与整个寨上的集体利益有关的活动，才会去祭萨，因此在平常的时间中，除了管理萨岁的人初一十五会前去打理、清扫一番以外，很少会有人去祭祀，而在整寨参与的活动如花炮节，人们一大早就会赶在所有活动开始之前，拿上供品去到萨坛面前敬萨，保佑节日顺利举行。人们解释说萨是安寨、为寨上保平安的，比如保佑人们免受火灾、水灾之类侵袭，侗族没有寨子也要先有萨岁。

　　如果个人的身体方面有什么不好，还是拜天后的多些。由于天后为女性，因此拜天后的也多为女性，特别是当有与生育相关的愿望亟待实现的时候，天后是唯一一个可以帮助女性的神灵。与萨岁和天后都为女性的情况相反，关帝与孔明则与男性相关，特别与男性开展的经济活动联系紧密，比如要是手上有木头需要卖出的人家，拜关帝可以赐给自己一个好价格，或者有生意可做的人家求关帝可以使自己发达。除此以外，人们认为孔明有着很精明的头脑，无论是生活上还是经济上都没有什么事能够难倒他，因此他可以保

江河、商镇与山寨：都柳江下游的人群互动与区域结构过程

佑一家事事如意。

在葛亮所有的神灵之中，只有天后、关帝与孔明可以通过附在花炮上的形式入住某个特定的人家，成为家庭的专属庇佑神，而其余的萨岁、土地、孟获等则只能存在于特定的空间中，不可移动。因此，天后、关帝与孔明这三个神祇在地方文化中更像人类一样，有自己的性情和脾性，他们能洞察到人们对他是否足够"诚心"，如果一旦他们认为你诚意不够，则会不予理睬。但是，即使天后、关帝和孔明住进了某一人家，祭拜庙宇中的天后也是同样可以灵验的，因此对于这三个神灵来说，他们有着多重空间。在当地人心目中，这三个神灵也是最"灵"的，而神灵出现在葛亮的时间先后，也成了人们衡量他们是否"灵"的标准之一。比如，当地人认为天后在葛亮是最早的神，她现在居住的房子是最古老的，因此，天后是最"灵"的，关帝只比天后晚几年出现，虽然他的老庙已经倒塌了，然而关帝也是第二灵的，孔明则是排第三，而新出现在葛亮的孟获庙则尚未有特别的说法，人们并不对他怀有什么期盼，也还不知他究竟对什么比较"灵"，甚至在葛亮的人们还没有将孟获当成自己的神，只是在特定的仪式上对他照拂有加而已。

在葛亮除了有庙宇的神灵之外，还有没有庙宇的神灵，例如祖先。祖先在空间上位于每一户人家的灶台边，从前侗寨传统家屋还有火塘的时候，祖先则居住在火塘的边上，如今，现代灶台角落中的三杯酒水和一盏香灰处即为祖先所在的位置。祖先对于葛亮的人来说，是需要供奉的，当家中请客或过节的时候，食物必须先摆放在祖先面前，意为招呼祖先前来进食，以示尊敬。祖先对家庭也有庇佑的功能，如果供奉祖先足够虔诚，他会阻止不好的事情发生在家庭中。但是，祖先不会对特殊的事件予以关照，因此，有特别意愿的人们往往不会求助于祖先。

当笔者在询问葛亮不同的神灵在村落中所扮演的角色时，听到过甚为有趣的比喻。据梁清海说：

第四章　交错的庙宇空间

　　萨坛呢，我们平时不怎么管，但是如果是关于寨上集体的事情，我们就得去拜，过年过节什么的，也会去敬她。打个比方说，她就好像是寨上的书记，但是具体的事情呢，还是要拜托其他的神灵，比如求子要拜妈祖，做生意和成功就要拜关公和孔明，他们就像寨上的部门主任，而更小一点事情，比如小娃崽生病不好什么的，就要去拜土地公和土地婆，他们就像办事员一样，负责更琐碎的事。孟获，我们葛亮屯的人其实不怎么拜，孟获虽然是独洞河边一个叫孟寨的那边的人过来修的，但是他们也很少来，我也很奇怪。按照我的想法，我觉得以后的花炮节应该弄四个花炮，拿一炮来放给孟获的。

　　他说这只是他的想法，但是不知道能否实现。他与葛亮的仪式专家赖婆婆①关系甚好，在赖婆婆眼中，他是十分理想的下一任接班人，甚至在2012年的花炮节中，他已经在仪式中担任祭祀的任务，因而他对未来节日的设想，也不是完全没有可能发生的。文化的创造与叠加也就在这一过程中产生并累积起来，历史的层积也从人们所创建的意义与说法中被理解和观察。这样一来，葛亮的各位神灵在人们心目当中的阶序关系不仅仅是一种与日常相关的功用性质，其中也包含了人们如何理解不同神灵背后的不同文化，人们通过自身文化中的要素去对其进行再解释与再创造，从而增添出新的意义。

　　从这些当地人关于神圣空间以及民间信仰的表述里，笔者真正得以从当地人的内部视角对葛亮纷繁杂乱的神灵体系进行了理解，那些原本按时间线索层叠累积起来的庙宇，才真正从区域历

---

① 赖婆婆原名赖锦秋，65岁，为福建籍移民后裔，今仍居葛亮，为葛亮的庙宇管理者以及仪式操作者。本章第二节将予以详细介绍。

江河、商镇与山寨：都柳江下游的人群互动与区域结构过程

史中走出来，成为当下葛亮以及周边村寨共同信奉的多元信仰体系。这些神灵以地方文化逻辑进行了改造，成了一个有内部差异，然而又是相对整合的意义体系，构成了人们头脑中的宇宙秩序。

如果总结这种宇宙秩序，就会发现一套结构体系。在葛亮，人们把所有的非人力量都称作"鬼"，而在此基础之上，则分为四个层次，分别为"神鬼"、"仙鬼"、"家中鬼"与"野鬼"。第一个层次，"神鬼"指的是那些有居所的神，包括"萨神"、"土地神"、"关帝"、"天后"、"孔明"与"孟公"，他们无一例外都有具体供奉的庙宇和神灵空间。萨坛、土地神象征着村寨和集体，而关帝、天后与孔明对应成人个体，其中存在着性别功能的划分。第二个层次是"仙鬼"，这些神灵诸如太白金星、观音在葛亮没有庙宇，他们只是随着仪式专家的仪式实践而发挥作用。第三个层次是"家中鬼"，所指的就是祖先。第四个层次，则是"野鬼"，也叫作外面鬼，其他几个层次的鬼是友善的、具备积极力量的，但是"野鬼"则是"外面的"和"危险的"，当地人认为这些野鬼通常都是顺着河来的。

上述信仰秩序并非一蹴而就的，而是在长期不同人群的共同生活过程中经过文化的转译，嵌入了当地人的生活世界，其中所呈现的内与外、集体与个人、男性与女性、儿童与成人等系列关系，不仅代表着诸神的秩序与内部差异，也代表着葛亮人头脑中的宇宙秩序与生活秩序。与诸神相处成为葛亮人日常生活的一部分，在当地人头脑中，诸神有着各自的位置，人们会在特定的时间、因特定的情境选择对待不同神灵的方式。

在这一节，我们对出现在葛亮的诸多庙宇进行了探讨，葛亮众神并立的现象实则是不同时期不同的人群在葛亮活动的结果。天后与关帝由闽粤籍客家商人带来，当客家人离开葛亮后逐渐演变成侗民祭拜的神灵；孔明传说与乡村历史相结合，最初是移民

所使用的一种象征资源，而后又变成侗民能够自由运用的象征符号，并从口口相传的民间故事变成庙宇祭祀，真正转化为当地人的神灵。除此以外，侗族文化中的萨岁信仰和其他信仰活动仍具生命力，与其他神灵一起在人们头脑中毫无冲突地构成了一个神灵体系，在这个体系中，每个神灵都有其功能与位置，并且当地人因其显灵的范围和时间排序的差异，形成了他们心目中独特的神灵阶序。这样一个复杂的神灵体系的形成过程，也是都柳江下游区域被国家力量打开之后，不同文化间所进行沟通和适应的过程。

第二节　个体叙事、仪式专家与文化再生产

自 2010 年至今笔者仍与葛亮人保持着学术上和私人间的紧密联系，笔者来到这里，参与他们的生活与信仰活动、与关键报道人聊天。当回头看时，笔者发现自己对于葛亮信仰、象征、意义的了解，竟大多数来自一个女性——赖锦秋。她是村中神灵的代理人、信仰的诠释者、仪式的执行者，而同时，她与众不同的人格魅力，犀利的眼神、铿锵有力的大嗓门以及有穿透力和感染力的笑声，都将她和当地其他妇女截然区分开来。和她相处的时间总是非常愉快，而笔者也借此更为细致地了解了葛亮人复杂的宇宙观与文化逻辑，同时，也了解了她作为一个女性、一个闽粤籍移民后代、一个侗家媳妇，曾面对的艰难人生。她的客侗双重身份、从普通人到通灵者的奇幻经历、对诸神创造性的诠释和仪式操作，似乎正是追问上述问题的一个最佳切入点。

杰克·古迪在研究口语文化里的神话与仪式过程中，意识到文化的可变性和创造性，他指出了想象力与"幻想"的重要性，认为仪式与神话的执行者和传诵者会或多或少地进行个性化处理，并

江河、商镇与山寨：都柳江下游的人群互动与区域结构过程

按照自己的需求生产出来。① 在赖锦秋的口述中，包含着许多与"梦境"有关的表述，"梦"是她沟通神意并解释当下的重要依据，与个人生命历程紧密结合的、极具主观性的梦境在这里成了知识生产与转换的途径，也成了将多元信仰创造性构织的关键环节。诸多人类学者尝试在民族志书写过程中通过个体生命历程，关注在"整合的秩序"之外的"能动的个人"，如台湾学者简美玲在苗族歌师研究中，结合歌师个人生命史和苗人古歌文本，看到同时作为仪式专家、苗人文化记录者和翻译者的歌师，如何通过极富个性的主观创作进行知识生产和文化创造。② 而本节，也是在上述讨论基础之上的一种尝试，将赖锦秋的生命故事放置在都柳江区域社会历史脉络中，探讨葛亮复杂神灵体系的生成过程，以及人群接触过程中创造性的文化并置对接。

一 赖婆婆的故事：个体叙事下的文化诠释

赖婆婆原名赖锦秋，是留在葛亮寨中为数不多的赖姓之一，祖籍福建。然而她的故事与前几章赖氏在富禄风生水起的生意故事大为不同，赖婆婆的重要性并不在于市场，而在于她身上所具有的"神性"。如今她是葛亮的仪式专家，被当地人认为具备与神圣世界沟通的能力，而笔者正是通过与赖婆婆的接触，才得以对葛亮当地人头脑当中错综复杂的神灵谱系进行勾勒与描绘。

赖婆婆几乎是葛亮的一道风景，她个性鲜明且豪爽，举手投足间透露着男性气质，与村中其他女性不一样的是，喝酒抽烟样样在行，早上的那一顿就开始喝，烟只要有人递给她，可以做到烟不离手。她的大嗓门与疾步行走的形象在葛亮尤为显眼。

---

① 参见〔英〕杰克·古迪著《神话、仪式与口述》，李源译，中国人民大学出版社，2014。
② 简美玲：《苗人古歌的记音与翻译：歌师 Sangt Jingb 的手稿、知识与空间》，《民俗曲艺》第 183 期，2014，第 191~252 页。

第四章 交错的庙宇空间

虽然赖婆婆身上的神性让其与众不同,然而她却是整个葛亮唯一一个不必对诸神小心翼翼的人,就好像她平日的作风那般,她不必严格按照世俗的规矩行事。虽然她姓赖,但是赖婆婆的穿着已和普通侗族妇女无异。在葛亮,由一个闽粤籍客家赖姓后裔担任仪式专家这件事本身就非常有趣,赖婆婆不止一次告诉我,虽然大家都将天后称作"林大妹",但天后其实并不姓林,而是姓赖。实际上,赖婆婆在村落中所具备的"神圣性"以及称天后为"赖"姓的表述,都与葛亮闽粤籍客家在此居住的历史息息相关,是赖氏主导修建天后宫的历史经历在今天的投射。然而有趣的是,在葛亮当地人从不会主动提起闽粤籍赖氏与葛亮的关系,对于赖婆婆的角色,人们有另外一套表述进行诠释。

赖婆婆"神圣性"身份的获得,与她坎坷的命运很有关系。赖婆婆老家在福建,她的爸爸兄弟三个,一个在融安,一个在柳州,而他爸爸则从融安来到了葛亮,据她说刚来的时候也没有什么钱,更别说土地。后来逐渐参与一些木头生意,常常放排去柳州再去广东,后来才慢慢发家,买了点土地,成了后来所谓的地主。她7岁的时候父亲就去世了,只有她的母亲带着她和哥哥生活。她说她7岁的时候已经死过一次,死了7天,但是由于当时她母亲带着兄妹俩在柳州,找不到土地可以埋她,于是就放在了家里。有一天,来了一个白胡子老头,他进门就说他是来救一个人的,当时她的哥哥也生着病,但还没有死,所以她母亲以为他是来救她哥哥的,但是他说,我是来救那个已经死了的人,然后掏出一些药,撬开她的嘴喂进去,她竟然奇迹般地复活了。说到这里,她指着一个太白金星的神像说,你看,就是这个人救了我。她说这个人在她7岁、28岁、39岁那几天找过她3次。有一天她做梦,梦见观音站在她的床前,眉心间长着如同硬币大小的红黑圆点,观音从这次以后,就决定一直跟着她了。在这之前她的日子过得很苦,一个人拉扯着几个孩子,一次过年的时候她什么吃的都没有,别人来收电费她也没钱交,她说她这样一个不怎么流眼泪的人,在那年过年的时候对着天号啕大哭。

她说自己早早死了老公,儿子结婚不多久才得一个女娃崽又夭折了,由于他们家实在是太穷了,儿媳妇改了嫁,留一个孙女给她带着,如今在县城读高中。村中的人都感叹她的命运多舛。30岁左右的时候,她做了一个梦,梦见天后托她来行使职责,做一个"神灵代理人",于是她便获得了仪式专家的身份。不仅葛亮,在沿河上下,前来寻求她举行仪式的人很多,她的家中一面墙上所挂的全是还愿人送的锦旗。赖婆婆自己说,自从神仙决定跟着她以后,她的日子就好起来了,连同她的孙女也都好了起来。

赖锦秋的人生故事叙述,将"苦难"与"不凡"相结合,将自己的生命历程与诸神进行了联系,她的苦难使她获得了一种"力",这种"力"是将诸神整合的前提,她在叙述自己人生经历的同时,也是对这种"力"的强调。重要的是,这种叙述不仅仅因为笔者——一个人类学者——的出现才进行的,也同样出现在她与当地人的交谈之中。在葛亮,她的身世已经成了一个公开的历史,人们相信她特别的经历与她的梦境赋予了她与诸神沟通的能力,因此信赖她并认为她很"灵"。

有意思的是,除了赖婆婆以外,当地还存在着拥有其他知识的仪式专家,他们彼此之间相互独立地进行仪式,并且在不同的信仰体系之下相互并不认可。比如赖婆婆会觉得那些门上贴着的煞之类是封建迷信,笔者跟她走在寨子里,指着那些符问她,这是什么,她竟然会一把把这些符撕扯下来,扔在旁边的沟里,说这些都是鬼的,是迷信。而在她的家中,实际摆放了很多来自不同信仰体系的神像,有太白金星、妈祖、如来佛、观音等,这些不同的信仰符号被赖婆婆非常灵活地使用,诠释着各类事件,并依据不同的情境选择不同的神灵进行仪式。

村中还有一位谢氏阿婆在与她一起进行此类事情,赖婆婆解释

第四章 交错的庙宇空间

说,自从有神仙跟她了以后,来求她的人越来越多,她也觉得需要一个人来和她一起做这些事情。但是找谁来当她的徒弟是个问题,起初她找了一个人,那个人做事还是可以的,但是到了天气热的时候,总喜欢穿裙子和短裤,"观音说这个短裤的肯定不行"。后来她又找了第二个人,那个人来这里管观音的时候她丈夫总喜欢跟着来,"观音也很不喜欢,她们都倒了点小霉,一个是上山的时候掉到洞洞里面,上不去也下不来,一个是做生意的时候赔了4000块钱。我没办法,就去问观音说,你到底要谁来管?"观音告诉赖婆婆说她想谢氏来管,因为谢氏当时命运也很坎坷,家境贫穷,衣服的两个肩和膝盖都打着补丁,而且她年轻的时候曾从树上摔下来一次,当时嘴都摔歪了。赖婆婆解释说,观音总是喜欢让那些生活困窘且身世悲惨的人来管,她并不喜欢有钱人家。就这样谢婆婆成了赖婆婆的徒弟,她们有各自的分工。据赖婆婆说,赖是管天,谢是管地。所谓管天,就是那些"来自天上的神仙",观音、太白金星都是;而地上的神仙是天后、关公、土地,这些都是谢婆婆管。

葛亮神灵体系的复杂性与复合性让笔者吃惊,除了妈祖、关帝、孔明等看得见的庙宇以外,还有观音、太白金星等佛教、道教体系中的神,他们在葛亮通过赖婆婆这一媒介参与到人们的日常生活之中。虽然人们所祭拜的只有庙宇的神和家中祖公,然而在特殊的事件中,如有特别的向往或是家中遭遇不幸时,还是会向赖婆婆求助。求助赖婆婆并非是对应某个特定的神,而是向她背后所代表的"灵"求助,且时间非常重要,如果是求神保佑顺利,那么十五这天求神是最虔诚也是最"灵"的,逢五逢十的日子也不错,然而没有十五那天这么好,其他日子就会更差一些。

通过赖婆婆的描述与日常仪式的实践,笔者得以真正从当地人的内部视角对葛亮纷繁杂乱的神灵体系进行了理解,那些原本按时间线索层叠累积起来的庙宇,以及赖婆婆口中的诸神才真正从区域历史中走出来,成为当下葛亮以及周边村寨共同信奉的多元信仰体

江河、商镇与山寨：都柳江下游的人群互动与区域结构过程

系。这些神灵以地方文化逻辑进行了改造，成了一个有内部差异，然而又是相对整合的意义体系，构成了人们头脑中的宇宙秩序。

上述神灵阵列经过像赖婆婆这样具有多重身份（福建移民后裔、侗家媳妇）、受多重文化系统影响的仪式专家的再诠释与再创造，极富能动性的将因观念的流动汇集于葛亮的不同神祇，进行整合与杂糅，并经过仪式实践、神话传说、个体叙事等方式，将其嵌入当地人的生活世界，成了葛亮人头脑中的宇宙秩序与生活秩序，与诸神相处成为葛亮人日常生活的一部分。在当地人头脑中，诸神有着各自的位置，人们会在特定的时间、因特定的情境选择对待不同神灵的方式。

每年农历三月廿三是葛亮酬神的节日，亦称"花炮节"。花炮节原是闽粤移民举行的妈祖诞，移民离开葛亮之后逐渐演变为当地侗族举行的节日。在这个文化内涵极为复杂、充满历史感与文化流变的节日之中，人们对待诸神的态度值得玩味。清晨，在赖锦秋的引导下，葛亮会祭祀所有的"神鬼"，祭祀的顺序为"萨神—土地神—天后—关帝—孔明—孟公"，这一顺序体现的是诸神之间的序列，从集体象征的萨与土地开始，人们祈祷保寨平安，随后将3座特别制作的花炮分别敬向天后、关帝与孔明，天后与关帝曾经是闽粤籍移民举行妈祖诞祭祀的重点，20世纪80年代孔明庙修建之后，当地人特地为其增添了一枚花炮供奉，最后是对外来的孟公进行礼貌性地祭拜。在花炮节中，人们将诸神汇聚、整合，又有差别性的对待。

上述不同层次的诸神鬼的阵列与秩序，是当地人头脑中的信仰体系，这一多元信仰体系并非是孤立自主的，而是葛亮人群与文化流动及相互关照的结果，是经由像赖锦秋这样的神灵代理人再创造、再解释后与当下现实生活紧密结合的意义体系。尽管人们对天后的理解发生了扭曲、对区域的历史已经遗忘，但是通过特定人物主观性的再创造，生产出了一套新的知识，这套知识将不同的文化体系相互"融合"，却又并非简单地相加，而是在新的内涵之上并

置对接,重新建构出的宇宙秩序意义。从这一意义上讲,葛亮的多元信仰体系不仅包含了都柳江流域复杂的社会关系的表达与建构,也有着深层的文化意涵之确认和再生产,诸多庙宇的汇集是各种关系的相互汇集与联结,而赖锦秋的"人生故事"与"梦境"表述,以及花炮节中对诸神祭祀的仪式实践,则是一种区隔之上的沟通,围绕着这些多样信仰活动,葛亮人将诸神的再理解转化为生活世界的秩序体系,又通过"花炮节"在特定时间中,强化和再生产了诸神的宇宙秩序。

二 多元信仰下的禁忌与日常

笔者住在葛亮的日子里,感受颇深的是存在于此的多种禁忌。人们对神灵非常的谨慎和虔诚,也告诉了笔者很多关于"报应"的故事。

"诚心"是出现在他们语言和脑海中最多的一个词,在他们看来,诚心是对待神所应该持有的最重要的态度,出于这样的诚心,因此在谈论抢花炮的时候有一些忌讳,比如"抢一下试一试,不知道行不行"这样的话,是万万不可说的,否则,你到时连"摸都摸不到花炮"。他们认为神可以感应到这样的诚心,且大多数时候都可以应验。虽然每一个人都希望神年年关照自己家,但又有一种很质朴的公正的观念,因为他们相信神是公正的,他们说神必然不会总管着一家,一家最多连续两年可以抢到花炮、接神进家,之后再抢不到也是理所当然的事。且如果一个人太贪心,无论你多么诚心,神也是不会理会你的,所举的一个例子是第二炮妈祖,如果一个人家已经有了好几个儿子,他还想再多要一个,神一般是不会鼓励他的。

当地人一再向笔者强调和解释天后是多么灵验的一个神,据说从前供奉的天后,是老祖先做的,当时她的喉咙的位置还镶了一块金条。后来"破四旧"的时候,有几个带头的把神像给弄到河里

江河、商镇与山寨：都柳江下游的人群互动与区域结构过程

去了，和其他地方听到的传说一样，那几个丢神像的人，是不得好死的，有一个背上都烂到长虫，而且好多年没有死掉，被活生生的折磨了很久，前些年才死了。还有一个也是得了某种怪病，受折磨了很多年也没有死，但是如今他们都死了。人们继续着用这样的传说来证明天后的神性是不能侵犯的。如今在葛亮渡口渡船的是一位姓潘的老人，按照普通的判断标准来看，他的生活足以让人同情，唯一的儿子进了监狱，自己一个人过日子，靠村里给他的一些粮食和有限的现金度日。然而葛亮的人们并不认为他是可以同情的，相反，人们认为他今天的遭遇正是因为神灵是公正的。年轻的时候，他是将天后像扔到河里去的鼓动者之一，现在他窘迫的生活正是受到了那时候的"报应"。人们向笔者讲述妈祖的重要性时，都一定会强调，妈祖的灵验并非只是在葛亮一地，周边村落的人也都相信妈祖，有求子什么的需求，都会来葛亮求妈祖。他们在解释为什么人们这么信葛亮的妈祖时会说，因为妈祖在这里很古老了，她是古时候老祖先建的庙，所以比其他神要灵验。

  其实有关报应的传说在笔者到过的都柳江下游区域十分普遍，特别是当人们在回忆起庙宇的毁坏和神像的遭遇时，总会讲出与上述故事模式相仿的事例来说明违反禁忌的各种下场。笔者在西山听当地人讲述九子娘娘庙时也听到过类似的故事。九子娘娘庙曾是西山最受人崇信的一座庙，据说大年初一进香的时候，需要排很长的队伍，九子娘娘庙里的塑像也是非常精致的，是一尊菩萨，身上爬了9个小孩，左手3个，右手3个，肚子上坐1个，两只脚上还各坐着1个。这个庙当然有求子的功能，那些不能生育或者没有生男孩子的人家都会去求，但是她的职责又不仅限于求子，凡是有什么需求的，都可以去求，而关于她灵验的说法也特别流行，所以当地只有九子娘娘庙是全寨人都拜的，其他村寨的人也可以来求她。后来"破四旧"的时候，有两个男的领头将九子娘娘像扔下了河，但是后来他们两个都死得特别的惨，而且他们死了以后，人们都不

第四章 交错的庙宇空间

敢去抬他。

葛亮村里也流传了很多因为不信神或对神不敬而遭到各种报应的传说。据说一个富禄侗寨的人曾经在葛亮抢到了一个花炮,后来他那一年觉得自己蛮不顺的,就很生气,说了花炮不灵的话,并且倒上油把花炮烧掉了,结果发生了灾难。还有一个例子是外地方的人对神不敬,也遭到了惩罚。传说有一个从外村来的人,看到葛亮新修的庙都很小,和想象中的不太一样,所以说了一句"嘘,我还以为多大的庙呢,就像住在厕所里一样"。人们说他在说完这句话后还没有走到河边,精神就开始不太正常了,他在大伙儿眼皮底下把自己的衣服脱光了,甚至连嘴都歪到了一边,直到后来他的家人带东西来给妈祖赔不是,他才逐渐恢复正常。在村里,这样的传说会一再地被人们提起并强调,以巩固人们对神灵的行为规范。

除了直接对神灵口出狂言或者惹神灵不高兴之外,日常生活中也有不少禁忌需要遵守。当有人家生了小孩未满月时,外人进门的时候需要在门外等候,家中人取出一块炭火放在家门口,让外人从炭火上跨过,因为家中有刚出生的婴孩,所以外面的人来总需要驱驱邪气,以免小孩受到侵扰,对成长不利。在坐月子的这一个月中,产妇是不能去别人家的,哪怕是亲戚家也不行,据说这样不仅不利于自己孩子的成长,还会给别人家带来祸患。

除在特殊场合下必须遵守的禁忌外,日常的仪式也是不可避免的。对于家中供有花炮的人家来说,每餐饭前必须祭拜花炮,烧香拜三下,以请神灵共同进餐;如家中有客人到来,主人家也必须对花炮烧香烧纸,以通知神灵家中有客来访;如果家中人都出门去,最后一个离开的人也要祭拜花炮,通知神灵一声;如要出远门,也必须向神灵敬香烧纸,告知神灵自己的动向,并求神灵保佑。这些规矩已经成为日常生活中的一部分,有时大人在忙着烧饭,会让小孩子代以向花炮敬香,小孩子虽然眼睛不离电视上的动画片,但也得将这样的仪式完成。如果不按照规矩敬奉神灵,神灵就会不高兴，可能会给家中带来噩运。

人们对待祖先也是如同对待神灵一般。每当有节日聚餐，人们在将饭菜摆上餐桌之前，都要摆在灶角供奉祖先，包括三杯酒和一碗饭，并烧三根香、七张纸。当地人解释说，把菜摆着敬祖先几分钟，是因为过节都要请祖先先吃饭，强调以祖先为重。

本节描述了至今仍在葛亮存在的多元信仰体系，也对葛亮人头脑中鲜活的关于神祇的记忆进行了记录。值得强调的是，如今在葛亮的各路神灵实际上是在不同的时期先后出现的，其背后是不同时期的特定人群在葛亮活动的痕迹，如天后与关帝即是闽粤籍客家在葛亮留下的庙宇。不仅如此，这些形象各异的神灵在空间上也超出了葛亮一隅，如孟获庙则是出于"梦境"和现实的需要从八江搬迁而来的。然而，这些在不同时空中汇聚到葛亮的神灵，都通过葛亮的种种传说与习俗，以及仪式专家的创造与解释，成了人们生活中的一部分。人们也通过信仰活动，将原本难以沟通的各种文化符号，杂糅在了一起，通过再解释与再创造，生产出复合性的文化系统。这不仅成了该区域内多元信仰的信仰秩序，也转化为人们日常生活中必须遵循的生活逻辑，成了人们头脑中的"真实"。葛亮是一个很特别的地方，他的特别就在于我们通过它可以清晰地看见文化的叠加过程，看到人们如何通过再解释与再创造将不同文化进行整合，又如何通过仪式实践将这种层加的文化展演出来。在这个意义上，区域对于葛亮人群而言，不仅只是市场或婚姻所联结的实际空间范围，同时也是观念层面可以加以改造和沟通的意义系统，正是通过对汇聚葛亮的象征符号进行再诠释与再创造，原本极具差异的人群，能动性地生产出了共享的区域意涵。

第三节　若隐若现的三王庙

与葛亮保留在人们记忆中的众神并列的情况相反，在如今商业移民后裔居住的富禄,有关神灵的记忆与传说反而较为模糊。汉人在平日里只向堂屋中的祖先神龛烧香,也在家屋门口的右下角焚香,为的是祭祀天地。居住在富禄侗寨的人们在有心愿未了之时才去萨坛祭拜,或者家中有红白喜事时也会祭拜,而平日里都由专人代为照料村中的"萨岁"。然而,在特别的时间,如每年三月三花炮节之时,"三王"的名字会被人们再度提起。"三王"源自曾经存在于富禄的"三王庙",它不仅仅存在于富禄,也存在于富禄上下游的若干村寨之中。然而时至今日,三王庙在都柳江上下游不同的人群、不同的村寨中,说法极具差异。苏棠棣曾关注到清代以来湘西三王信仰之下的多元叙事,提出神灵与信仰不仅区隔人群,也能够整合一个地区的"次官方政治"(sub-official politics)。苏棠棣将三王信仰置于湘西苗疆复杂的社会历史过程之中,梳理了神灵传说因不同的社会划分而各异的缘由,其目的并不在于还原具体人群范畴的叙事文本,而在于探讨不同身份的群体如何借由三王信仰与相关传说再造秩序与关系。① 在此启发之下,笔者在本节对三王的描述与讨论,意不在为"三王"追本溯源,而希望通过在都柳江下游有关三王的遗存与人们的记忆,去厘清"三王"在区域中"暧昧不清"背后的文化内涵差异与社会历史原因。

一 "无人认领"的富禄三王庙

曾有一座"三王庙"坐落在富禄,其修建于光绪初年,位置就在今天的富禄小学,也是富禄侗寨的领域。在民国时期三王庙的地盘就被用来办学校,但是庙宇没有被拆除,而在新中国成立后的历次社会变动中,庙宇才被拆去。现在富禄的老人们还能回忆起庙

---

① 〔美〕苏棠棣:《族群边缘的神话缔造:湘西的白帝天王信仰(1715~1996)》,申晓虎译,《民族学刊》2013年第3期,第1页。

江河、商镇与山寨：都柳江下游的人群互动与区域结构过程

宇曾经的样子，他们说之前三王庙的地盘有400多平方米，但是其规模和精致程度都不及葛亮寨的天后宫，三王庙中供奉着10尊菩萨，但是人们早已不记得那些菩萨的尊容和称号。关于三王庙究竟由何人所建，在富禄不同人群的回应都不大相同。在商业移民后裔的记忆中，三王庙是由富禄侗寨所建，主导修建的人群是侗寨的廖姓人氏，由于廖氏族谱上所说自己由湘黔交会处的铜仁迁来，如果这一迁徙历史果如其然的话，那么可以猜想的是，廖氏来到富禄之后，将自己的信仰从湘黔交界处移植到了富禄，[①] 开始在富禄侗寨修建三王庙并进行祭祀活动。可是，当笔者向廖氏寻求答案时，如今的廖氏后裔头脑中已经完全没有三王的记忆了，是三王庙消失太久以至于廖氏后代遗忘了这段历史，还是三王庙并非廖氏所建，如今成了富禄三王庙一个未解的问题。

不过移民后裔始终坚持，三王庙并非是移民所带来的信仰，从县志关于三王庙的描述中也可以看出，三王庙始终被划为"夷俗之祀"。当地人的观点倾向于认为三王并非是外来的神灵，而是都柳江流域的地方神，民国县志甚至将其列为淫祀。

这种说法在富禄的体现，则是三王庙的管理者从来都不是闽粤籍移民。不过，如今移民后裔也向笔者强调，三王庙是从贵州传过来的，"我们既然来到了别个的地方，就要入乡随俗，也要信别个的神"，而这个"别个"指的就是生活在都柳江流域的苗侗当地人。令人惊异的是，富禄的移民不仅仅信了"别个的神"，甚至将三王庙于1938年移入了五省会馆之中。由前文可知，五省会馆是闽粤籍客家移民从葛亮搬迁富禄之后所修建起来

---

① 三王庙亦称为"白帝天王庙"，白帝天王亦称"竹王三郎神"或"三侯神"，在湘西苗疆境内曾被朝廷敕封为地方神，集中分布于湘黔边界，白帝天王庙一般都供奉着白帝天王三兄弟。三王庙相关研究参见谢晓辉《苗疆的开发与地方神祇的重塑——兼与苏堂栋讨论白帝天王传说变迁的历史情境》，《历史人类学学刊》第6卷第1、2期合刊，2008年。

第四章 交错的庙宇空间

的商业性会馆。继闽粤会馆之后,市场的扩大和私人关系网络的增加,使客家人意识到,闽粤二省的力量已不足以让他们获得更多的市场资源,于是,包括闽、粤、湘、黔、桂在内的五省会馆在今天市场的位置被修建起来。可是,让人感到有趣的是,客家人并没有将葛亮的天后迁移到五省会馆之中,而是将汉人口中的"别个的神"移入了五省会馆。

将三王庙移入五省会馆的理由至今尚无人可以说清。然而结合特定的历史时期,我们大概可以对当时的情境做出一些推断。闽粤移民搬迁到富禄的原因有两个,一是葛亮匪患严重,二是由于富禄北岸市场的发展,让盘踞葛亮的闽粤籍商人感到有被边缘化的危险,从而移居富禄。关于葛亮的匪患本书在第一章中就做过交代,富禄北岸市场的发展则是指富禄侗寨的廖氏在地方上崭露头角,廖氏如第二章所说,通过参与木材贸易获得了不少资本,成为在富禄开铺的第一家侗寨人家,且也是侗寨第一家和唯一一家修建了祠堂的姓氏。不难想象,搬迁至富禄的闽粤籍商人需要与廖氏保持良好的关系才能在地方市场上与之角逐。不仅仅是廖氏,实际上富禄侗寨的吴姓也逐渐参与了地方市场。通过放排、挑货,富禄侗寨的人群也逐渐建立起自己在市场中的人脉关系,开始独当一面。从葛亮迁来的闽粤籍客家人需要重新审视自己与富禄侗寨的关系,也许将三王庙移入五省会馆是他们之间微妙关系的一种体现。

如今人们似乎已经忘记了如此复杂和纷繁的历史,笔者也需要通过大量的材料和叙述才可将过去的情境拼凑起来,进而一探究竟。今天的三王对于人们来说只是空间的记忆和传说故事,以及花炮节上若隐若现的祭拜对象。问及三王,人们说得最多的就是从前人们在三王庙面前抢花炮的地方,至今侗族还喊那个地方叫"开崖",意味抢炮的田。赖守基老人告诉了笔者一个三王的传说。从前,一个婴儿被遗弃在一个竹桶里扔到柳江河中,就在

江河、商镇与山寨：都柳江下游的人群互动与区域结构过程

贵州那边被人从江中捡到之后赋予"竹"姓。小孩长大了以后很厉害，被地方推举为国王，后来汉朝皇帝也来册封他为夜郎国国王，所以他死后就为其立了一个庙，又因为他是第三子所以就被称为三王庙。然而，人们叙述的故事并不相同，有人又说最早的三王庙实际上是在老堡，民国时期老堡的三王庙被毁掉之后，各地为了纪念三王才修建起三王庙来。

值得一提的是，自从三王庙被移入了五省会馆之后，原先只祭祀妈祖与关帝的花炮节又增添了第三炮，即三王炮。如今的花炮节上，由于要突出"少数民族传统节日"的民族特色，无论官方还是民间，都弱化了妈祖和关帝在花炮节上的角色，强调自己祭祀的对象为三王。2006年富禄在侗寨与居委交界处修建了一栋花炮陈列馆，这座全实木的房子占地200平方米左右，官方的宣传为少数民族特色文化的展览馆，然而在三月三花炮节当天，它却是人们供奉三王的临时庙宇。在三月三前几天，原本空空如也的展馆一楼厅堂里会被人们贴上一张大红纸，上面写着一个"神"字，虽然没有特指，但是老人们都说这个神字就是写的三王。三月三当天，展馆里也摆放了三个神坛以祭拜三王，龛台前面摆放了3个猪头和3份粑粑，前来参加仪式的官方代表和地方贤达都要祭拜三王，分别往每一个龛台前面敬香。在三月三节日过去之后，展馆里的龛台虽然被撤去，然而写着"神"字的红纸被留在展馆的大厅内，以此种模糊的形式彰显着三王的存在。

因为有了三王，在富禄"三"这个数字便被赋予了特殊的意义，凡是与"三"相关的便是吉祥的与好的。不知是不是和农历三月三是三王的重要节日之一有关系，① 特别是在富禄花炮节中，

---

① 农历三月三是三王的重要节日之一，被称为"娘娘戴花"。其余两个与三王有关的节日为六月初一"王爷开神门"，与七月初七"娘娘诞"。参见谢晓辉《苗疆的开发与地方神祇的重塑——兼与苏棠棣讨论白帝天王传说变迁的历史情境》，《历史人类学学刊》第6卷第1、2期，2008年，第115页。

228

由富禄居委组织的"花炮委员会"所设计的花炮旗帜上的各种象征都要与三相契合,如旗帜要有三边,要代表苗、侗、汉三个民族,每一面旗帜上的标志物都要是三个等。

由此可见,人们已经无法说清三王究竟是"夷俗之祀"抑或背后究竟是否为湖南人,且在记忆中,人们对三王为何会出现在五省会馆里也说不清道不明。当我们把三王放到特定的时间之下去观察,则可对其背后的人群关系略窥一二。不论三王是谁的神,重要的是,移民认为信仰三王是自己本土化过程中的必要手段,当三王被移民当作"别个的神"来信仰以达到"入乡随俗"的目的时,文化的相互采借与互动就在这一过程中展现出来,从而形成我们今天看到的人们头脑中对于三王的认识。也许正是因为这一过程当中人群关系的复杂性和多元性,才造就了如今三王在富禄也呈现不甚明朗的情况。

二 稳住"船头"的三王

如今富禄的三王已成了人们记忆中的神灵,只在特定的时间与仪式中才隐约出现,却没有具体的空间位置。这样的情况实际并不仅限于富禄,笔者在富禄上游的西山支流中的西山坪寨与陡寨,都发现了保存在人们记忆中的三王踪迹。西山镇所在地位于顶洞河与翠里河两条河流交汇处,交汇之后的西山河则是都柳江的一条支流,在大河边的平厘村入都柳江主航道。西山的地理位置较为重要,曾经设有"西山阳洞长官司",后于雍正年间被撤掉。如今,西山共有16个村,坪寨与陡寨是离镇上最近的两个村子。

坪寨总共有15个小组300多户,主要姓氏有杨和吴,其他姓氏有石家、赵家和韦家,几家户数不等,寨中有一座原本修建于清朝中期的鼓楼。坪寨的杨家分为3类,每一个杨家的字辈都不一样,他们来的时间也不一样,最先来的叫大杨,是从江西吉安府白米街来的,已经不记得来了多少代了;后来的叫小杨,说是从江浙

江河、商镇与山寨：都柳江下游的人群互动与区域结构过程

过来的；最后来的叫高嘎，嘎的意思是汉人，"高嘎"的意思是晚到的汉人。陡寨现在也有300多户，主要姓氏为石姓和赵姓，石姓占大多数，其他姓氏有张、潘、滚等。石家是先到陡寨的人，在石丕林写下的一个材料中，说石家在清朝初年来此定居，是以开垦荒坡种植土烟为生的烟农，苗族称其为"故应"，意思是种植烟土的侗家。但是张大爷说，其实石家最开始来到陡寨，都是给岑杠的苗家种烟叶的，后来久了以后才慢慢有了田地在此定居。关于白帝庙究竟是何人组织修建的，西山已无人可以说出一二，甚至生长在西山的老人们也无法说清白帝究竟是个怎样的人物，他们记忆中的白帝，是一种与空间密切相关的若隐若现的神祇。

在坪寨与陡寨，曾经都各有一个白帝庙。坪寨的白帝庙建在翠里河边村头的一片稻田中，修建于清代道光年间，当时还请了师傅在白帝庙顶放了两条龙，庙门斜对着翠里河的下游。今年80多岁的鬼师[①]说，坪寨这个地方是个船形，这边是寨头，那边是寨尾，当时建白帝庙的时候，就是因为需要修建一个庙将船头这里稳住，这样子船才不会翻，寨子也才会好起来。在今天，仍旧可以看到白帝庙的那块空地，乍看是个平的土包包，上面长满了草，但因为它是曾经庙的空间，所以人们都不敢在那里修建任何东西；人们也不敢在那里便溺，据说这样子会得罪白帝。鬼师说白帝喜欢洗澡，在节日的时候人们要把塑像拿到河里去清洗，再放回去。这个仪式过程似乎也并不是特别的神圣，因为他们还是小孩子的时候，夏天去河里游泳的时候，一帮小孩就把白帝像拿上，去河里给他洗澡，他们天天去河里游泳，也就天天给他洗澡。后来街上的人搞烤烟的时候，不小心着了火，把白帝庙全烧了，自那以后白帝庙就在坪寨消失了，而白帝庙的空间位置却仍作为一种记忆与禁忌，使白帝在坪寨仍然有一种存在感。

---

① 侗族社会对男性仪式专家的称呼。

可见，西山的白帝仍旧是一种记忆中的神灵，而在当下只存在于特定的空间之中，人们通过对空间的传说与隐喻，将白帝的记忆沿袭至今。西山的白帝与水有着相当紧密的关系，修建白帝庙的初衷是将村寨比喻成船，而庙宇的作用是镇住船头，保佑寨上不会"翻船"带来灾难。白帝庙的门向上游开还是向下游开有着特别的讲究，最初坪寨的白帝庙门开向下游，后来有人说下游那边的"老虎"爱吃人，村寨上也出现了几次居民横死的事件，因此白帝庙门改向上游开，逐渐也就好了起来。另外，白帝爱去河里洗澡的说法也颇为有趣。这些与水相关的白帝传说至今仍在西山流传，笔者猜想，这与西山河曾经作为都柳江上木材流动的重要支流不无关系。今天在西山河口平厘村宽广的河滩之上，我们还能看见一根根木头被扎成宽大的木排，静候在河面上准备被送往下游。在过去依靠水道运输的日子里，西山更是一个木材集散的重要地点，给西山带来了很多往昔的美好记忆，如今西山的很多故事也与曾经的这段历史有关。

三　萨坛中的三王

与富禄和西山只存在于记忆中的三王不一样的是新民村的三王庙宇，今天当汽车行进在321国道上，经过新民村时会瞥见路边有一座木制的亭子，亭曰"三王亭"，也正是这一"三王亭"吸引了笔者来到新民村一探究竟。

新民村原名拉拢，新中国成立后取新民，今天当地人仍称为拉拢。新民有20个村民小组，分为上寨、中寨、下寨、平等、沈口和朱目，沈口又有两个自然屯。拉拢主要姓氏为吴姓，吴姓于雍正年间迁徙至此，当地人认为其祖籍是江西吉安府太阳镇下塘，自搬迁至拉拢已有11代，第一代只有两个兄弟——吴太白和吴忠勇，从江西一路颠簸，其中一个兄弟来到贵州，而另一个兄弟去往都柳江下游西江沿岸梧州九用这个地方。至今拉拢村与梧州九用两地关系往来仍非常密切，每次重阳节都要去梧州九用参加吹芦笙的活动。

图 4-7　三江县梅林乡新民三王亭

拉拢地方祭祀三王年代已久，拉拢最早的三王庙是光绪十二年（1886）吴家修建的，最初的三王庙已经在岁月中毁掉了，如今的三王亭是在 2010 年由拉拢村共同集资修建起来的供三王停落的庙宇。和其他地方传说三王是三个神仙不一样，拉拢认为三王爷就是一个神，当地人称为"三王爷爷"。实际上，拉拢的三王是当地人从贵州庆云接来的，三王具体的形象是一块一米宽的大石头。拉拢的三王爷爷传说，与都柳江下游出现的"竹姓"三王并不相同，不仅如此，拉拢的三王亭与普通庙宇形制也有较大差异。三王亭从外观来看就是一座普通的凉亭，位于拉拢东面的半坡上，三王亭面向东南方向，加上门口的台阶总占地面积不超过 100 平方米。虽然称为"亭"，然而三王亭并无供人休憩的地方，三王亭的一扇门平日里总是紧锁着。若打开亭门，则可见正中有一土包，土包上种

第四章 交错的庙宇空间

植着一株万年青，万年青下还摆放着三只酒杯。正当笔者疑惑这与萨坛的形制高度相似时，管三王亭的吴姓人告诉笔者，萨岁奶奶与三王爷爷其实都住在这株万年青下，每逢初一与十五，人们都会一起祭拜萨岁与三王。因此，这一匾额上写着"三王亭"的空间中，实际上是萨岁与三王合二为一。

在拉拢，与三王相关的节日叫东古节，时间即是重阳那一天，因此也称重阳节，每五年过一次，中间隔四年，节日当天会在河边沙坝上吹芦笙，除此之外还会在三王亭踩歌堂、多耶，老人家要穿长袍、披毛毯，还要盖头跳舞。到那天会先祭拜三王亭，然后就从亭子出来一路放炮串寨，一直到河边。

除了在拉拢三王与萨岁共享同一个信仰空间，在高坡的岑胖侗寨中，笔者也发现了三王与萨岁同时出现的情况。当地人将一块形状异样的石头，称为村寨的萨岁，萨岁四周用水泥护栏围绕起来，而三王存在于萨坛边上。当地人在一块石碑上右边刻着"泰山石敢当"，左边刻着"三王"。人们来祭祀萨的同时，也会祭拜三王。据当地人回忆，从前岑胖是有一个三王庙的，但是后来被拆了，人们将从三王庙拆下的石头保存于神圣空间之中，并作为三王神继续祭祀。当地人认为，虽然庙宇没有了，但是这块三王碑仍可保护整个寨子，特别是庇护寨子不受灾害侵害。三王的保寨解释，实际与当地人对萨的理解较为类似。从这些不同神灵分享同一神圣空间的现象中，我们可以看到有关三王信仰的诠释，在都柳江流域差异颇大，这种差异来自不同文化流动之下的文化逻辑差异，也来自具体文化内涵随着时间被不同人群创造与再创造，从而形成了与各自文化相结合的既有分歧又具共性的文化内容。虽然关于三王的记忆十分模糊，但是与三王信仰相关的文化意义仍然以不同形式在区域内延续并变化。如今，三王以什么形制出现对当地人而言似乎并不重要，重要的是，人们仍认为"三王"存在于村寨空间之中，仍在人们信仰秩序中占据着一席之地。同时，围绕这一民间信仰，地方社会可以继续通过节日活动、仪式实践维系着彼此之间甚至是跨村寨、跨族群身份的社会联系与文化联系，这也许就是三王存在于当地的意义。

四 四海共安康、五族同清泰：八洛码头三王庙

从前的八洛街市上还有很多能被人们忆起的标识，其中最为重要的，就是位于码头正前方的三王庙。码头正对的是上文所提到的旧三王宫，它的规模比今天的三王宫大很多，由三个殿堂纵向依次排列而成，每个殿堂供奉着一个传说中的夜郎国王之子，统称"三王"。来来往往的人们都会来拜拜三王庙，特别是闽粤籍商人会向三王庙求生意兴隆，甚至连从广西来八洛交易的外地老板也会亲自去拜三王。据人们回忆，当时坐落在码头前方的庙宇是整个村落中最为突出的建筑，连同八洛码头那片倾斜度不大的山坡，是村落中最重要的公共空间，那棵至今还长在码头上的大榕树是村民们碰头、交易、交换信息的地方。实际上说起三王庙，如今的八洛人对于它的记忆并不多。今天在八洛，有一座后来新建成的三王庙，而这一新的三王庙与商业贸易就没有什么关联了，它的意义功能类似于村落土地庙，平时当地人求个顺利祈个平安，老人初一十五去拜拜，别无其他。在八洛、富禄乃至和里，都将竹王传说与三王庙相对应。竹王，也称夜郎王，有记载称：

> 有竹王者兴于遁水，有一女浣于水滨，有三节大竹流入女子足间，推之不肯去，闻有儿声，取持归破之，得一男儿，长养有武才，遂雄夷濮。氏以竹为姓，捐所破竹于野，成竹林，今竹王三郎神也。[①]

[①] 谢晓辉：《苗疆的开发与地方神祇的重塑——兼与苏棠棣讨论白帝天王传说变迁的历史情境》，《历史人类学学刊》第6卷第1、2期合刊，2008年。

第四章 交错的庙宇空间

关于三王的信仰,学者们已做过很多研究。研究显示,湘西地方社会是三王信仰最核心的地区。民族学家凌纯声和芮逸夫认为白帝天王即竹王,是苗族的神。然而,"苗疆对白帝天王的崇拜超越了苗、土家与汉的族群界限,不同的族群通过参与创造与叙述白帝天王起源及其传说的故事,来表达自我认同与竞争关系"。[①] 可以看出,三王同时被苗、土家与汉人广为崇拜,在都柳江下游区域,我们也能看到三王庙零星地沿河分布,从八洛向下游的和里、南寨附近的良口、孟龙、老堡等村也有三王庙。传说这几个三王庙中,最早的一个建于明嘉靖年间,原建在浔、榕两江交汇处的老堡。传说明朝隆庆六年(1572),怀远(即今天的广西三江县)各族人民抗暴斗争杀死知县马希武,明王朝派兵镇压杀害了大批起义者,于是这一带群众为了逃难而人走家迁,三王庙也随之迁到和里村。

如今我们已经无法得知八洛的老三王庙究竟是何人建于何处,也会诧异于这样一个对夜郎国王的崇拜如何会出现在以闽粤籍移民为主的八洛村中,但是发生在道光年间的八洛浪泡(八洛隔江而对的侗族村寨)釐局之争也许会为我们的猜测提供些许线索。由于闽粤籍商人最初并非在八洛街落脚定居,而是居住在离八洛不远的新民村,因此八洛街的位置原先实际上是由浪泡侗族村民居住,只是后来闽粤籍赖姓看上了八洛这块地方得天独厚的地理优势,联合将广西的釐局迁至八洛处占领了原先的浪泡,即今天的八洛街。由于有这样的背景,我们不免猜测,八洛码头的三王庙是否本是浪泡侗寨所建之庙宇?闽粤籍赖姓商人来到八洛以后,如同富禄闽粤籍商家一样,在长期的与地方社会人群互动中开始参与三王庙的祭祀活动,同时,也为三王庙赋予了一些新的内涵,从而成为一个八洛、浪泡甚至来往船夫都可以拜祭的对象,最终将三王庙变成了

[①] 谢晓辉:《苗疆的开发与地方神祇的重塑——兼与苏棠棣讨论白帝天王传说变迁的历史情境》,《历史人类学学刊》第6卷第1、2期合刊,2008年。

"八洛的庙",实际囊括了生活在八洛的不同人群。

今天,八洛三王庙仍然存在,但是位置已经发生了变化,原来的庙宇已经被毁掉。2006年从柳州来的赖姓人氏与从江县政府一起出资,修建了新的三王庙。庙的位置从码头搬迁到了半山坡,从三王庙到山脚的路都被铺成了水泥台阶,山脚处还有一块2006年建庙的碑。从碑文来看这个三王庙最大的捐资人是广西柳州的赖姓人氏,而据了解,柳州的赖姓人氏和村中的赖姓并无亲戚关系,且虽然村中的居民也都多多少少捐了钱,但是他们似乎并不认为这座庙的修建和自己有太大的关系,而总说"这个庙是广西来的老板修的"。

图4-8 贵州从江县八洛村三王庙

爬上八洛南边村口、都柳江岸边的山坡,就可以看到八洛三王庙,宫门口上联写着"保瑶苗侗壮汉五族同清泰",下联写着"佑闽粤桂湘黔四海共安康"。庙空间不大,充其量只能容纳四五人,虽然三王庙供奉的应是夜郎国王三子,但这里的神坛上除了三子外供奉的神像还有弥勒佛、太上老君、关帝,可见如今的三王庙原有的内涵和意义已经渐渐模糊了，人们对竹王崇拜的内涵也再难以记忆清楚。虽然我们如今无法再去梳理八洛三王庙背后的内容与逻辑，但仅仅是这样的变化本身依然可以反映出关于区域社会内的变化。八洛三王庙前的这副对联让笔者不自觉联想起富禄五省会馆的对联。与富禄五省会馆中的三王庙类似，八洛三王庙也将三王与"四海""五族"这样的概念联系起来，成为不同人群共同祭拜的对象，三王庙成了一种可以运用的象征符号，能够将不同族群统合在同一套象征话语之下，让八洛、富禄区域中这些在商业化进程中发展出来的市场商镇，能够在不同人群之间形成共享的文化，成为共同的地方认同标识。

五 夜郎传说与和里三王宫

和里村位于富禄下游，处在都柳江与浔江的交汇处，亦属广西三江县良口乡，距县城古宜镇约23公里，沿着321国道线向东行驶，就能到达和里。和里也被写作"河鲤"，或被称为"五百和里"，这一名称来自古代侗族地区自治性基层款组织。"五百和里"具体包括和里、欧阳、南寨、寨贡、高王、寨稿以及归斗、良柳等村寨，后来由于行政区划的设置，"五百和里"被设置为和里、南寨、归斗等行政村。其中，和里村辖和里、欧阳、莽俄等自然屯；南寨村辖上南、下南、高王、寨贡、寨稿等自然屯；归斗村辖归斗、良柳等自然屯。和里、南寨两村因相距不足2公里，语言相同，习俗相近，且互为姻亲，至今仍然沿袭旧俗将和里、南寨两村统称为"五百和里"。如今"五百和里"坐落在浔、榕两江汇合处的开阔田园上，交通位置非常重要。

在和里，有着整个都柳江流域最大的一座三王宫，就在321国道旁，每每乘车在国道上行驶，总能被三王宫颇具气势的庙宇所吸引。2012年10月，笔者来到和里，试图凭运气能够更多地了解三王的故事。当地一些老人说，"三王宫"据传说是为祭祀夜郎国第三王子而建，在今天我们所见到的三王宫庙宇之前，南寨溪与和里溪汇合处就

江河、商镇与山寨：都柳江下游的人群互动与区域结构过程

有一座木质的"三王庙"。清朝乾隆年间，和里村民开始募集资金修建庙宇，道光二十四年（1844）又再一次进行大规模修整，才有了今天恢宏的庙宇。而关于三王的传说，当地人是这样记录的：

> 传说在汉朝初期，西南地区少数民族自然领袖竹多同德智超群，为人厚道，受到百姓的尊敬和爱戴，众民一致推举他统管民族政务。后来竹的儿子，皆德才兼备、智勇双全。汉武帝南征时，竹家父子晓明时务，为武帝统一大业和民族团结立下功勋。武帝赐印绶，封竹家父子为夜郎侯。竹在任职中，正直无私，为民做了好事。当竹逝世后，群众怀其德政而立庙雕像祭祀。明朝（1463）郝皇统军南下平乱，走楚去粤、路过此地，袭用汉武帝的办法，敕竹多同为竹王，封三子为三王，因此而建"三王宫"为其立传。

图 4-9　广西三江县良口乡和里三王庙

第四章 交错的庙宇空间

　　这样的传说如今被当地人写在了庙宇之中，如今的和里三王庙虽历时已久、庙宇屡改但至今仍保存有红墙碧瓦。庙的大门以大青石作门枋，门上镶有一块青石板，刻有"三王宫"三个大字。进大门内，即穿过木楼戏台，两边均有回廊延伸，廊下安立石碑，碑上刻有捐献资助者芳名、三王历史传说、宫宇创建记载碑文以及山水风景诗赋。此外，也有若干块刻有三王故事的碑刻，这些文字是在2012年翻修三王宫时所刻的，当地人依然沿袭了这种古老的方式记载与三王有关的传说（详见附录一），在这些地方传说中，三王、竹王以及夜郎国相互联系起来，而和里三王宫正是竹王自己选择的住所。另有一块碑记录了1995年重建三王宫的缘由（详见附录二）。三王宫占地面积1700平方米，为砖木结构建筑，共有三座神宫，分别供奉着神像，神宫大柱由4头石雕大象作为底座。从三王宫庙门出来有一座面积颇大的风雨桥（因其石质桥基上刻有"人和桥"三字，也被人们称为人和桥），横卧宫前和里、南寨两村双溪汇合处。该桥始建于清光绪二十四年（1898），1916年维修过一次，桥头矗立着几块石碑，讲述着三王宫的修建故事（详见附录三）。

　　农历二月初五是和里、南寨两村民间传统"三王宫"庙会日，按当地习俗，每逢此日，两村男女老少都要到村前的"三王宫"内举行庆典活动，以特有的方式来缅怀"夜郎侯"三王父子。传说二月初五是三王爷爷的诞辰日，当地村民特意选择该日纪念其诞辰。庙会从何时开始举办已经无法确定，但是庙会祭拜仪式的诸多相对固定的程序和内容都保留了下来，并随着地方历史、人群关系等因素在时间中发生着变化。① 三王宫庙会采取轮值制度，和里、

---

① 有关和里三王庙仪式变迁相关问题的讨论，参见黄瑜《广西三江和里三王"神诞"仪式形成与传承研究》，《广西民族大学学报》（哲学社会科学版）2017年第2期，第31页。

江河、商镇与山寨：都柳江下游的人群互动与区域结构过程

南寨两村分为六个甲，各甲按天干地支的顺序轮流负责组织当年的祭拜活动等相关事宜。据说各甲是通过抓阄和仪式来确定其举办日期的。当地人把庙会称为"会期"，会期的举办又因年份的不同而有大期和小期之分。大期之年较小期之年活动内容更丰富多彩，活动时间持续得更为长久。据老人们回忆，解放前些年，各地很多村民都来观看庙会，有些还以侗族独特的社交方式——"月也"来与和里、南寨村共同庆祝三王爷爷的诞辰，并进行多耶、唱戏、吹芦笙等多项侗族民间娱乐，活动时间长达七天七夜。

从上述几地的三王庙形制与三王庙祭祀来看，似乎三王信仰在都柳江流域存在着很大差异，而对于三王庙的疑惑始终贯穿了笔者的整个田野过程。三王在都柳江流域似乎是隐隐约约而又暧昧不清的，它更多留在人们的记忆之中，却无人认领，在县志上也被作为不值一提的"淫祠"，更加增添了它在都柳江下游所扮演角色的神秘。在富禄，三王庙背后的人群始终是不清晰的，但清晰的是自三王庙被移入五省会馆之后，三王在花炮节中成了商人移民与侗寨共同祭拜的神灵，地位甚至超过了闽粤籍移民所带来的天后信仰。另外，新民三王亭将三王与萨岁共同祭祀，又是另一种三王的形象，而三王的来历又将上游沿岸的贵州八洛、丙妹，以及八洛河流域的庆云联系在一起，形成了类似信仰圈的图景。再有，西山的白帝天王以村落船形隐喻的风水故事出现在我们视野之中。相较而言，下游和里三王庙拥有更为完整的历史记忆故事与民间传说，清代时期当地人仿照科举时间安排三王祭祀的传统，又似乎是五百和里士绅们与三王庙关系紧密的表现。

虽然三王以不同的名称、不同的形态出现在都柳江下游流域，似乎我们得到的是一些与之相关的碎片化信息，但是三王的确以不同形式存在于都柳江流域不同人群的文化图像之中。如果以三王信仰在都柳江的分布来看，它的确可以被视作一个祭祀系统，或者说形成了以三王信仰为中心的"信仰圈"。然而，它与我们所理解的

信仰圈不同的是，关于三王的阐释、仪式甚至庙宇的形制在各个地方都以独特的方式呈现出来，似乎看不到一个统一的且有共识的三王信仰。实际上，三王信仰所表现的多义性和差异性，正是都柳江流域人群互动与文化流动的结果。如同上述所描述的那样，富禄移民接受了三王信仰，将其放置于五省会馆中强调其整合社会的功能。新民三王信仰与萨岁信仰相结合伫立在亭宇之中，不同人群虽然都接受了三王信仰，却也运用着自身文化中的要素将三王进行改造。改造后的三王文化，虽呈现差异显著的意义分歧，但是三王这一文化符号却被区域内的不同人群所共享。对于具有多元人群和多重文化系统的"区域"而言，"区域"文化并不是如马赛克似的简单拼接，而是具有能动性的人群经过文化的再解释与再创造，将各自文化形成和而不同、具有高度复合性的"区域"文化。

小　结

对于一个多族群和多元文化的复杂社会而言，人们精神世界的归属大概是对其生活的地方最为本初和直接的感受。在本章笔者试图提出的问题是当都柳江流域航道疏浚，不同的人群涌入地方之后，经过人群的相互接触和互动，外来移民与当地人的不同文化系统如何相互影响？当富禄因人与物的流动带来不可阻挡的观念的流动与碰撞时，文化层面如何发生变化？人们如何运用象征性符号来彼此沟通？区域文化又如何形成？

在本章中，笔者选取了葛亮进行讨论。葛亮寨如今存在着诸多庙宇，包括天后宫、孔明庙、关帝庙、孟获庙，还有侗族的萨岁，这些庙宇都是不同人群在不同时期的活动过程中所建立起来的文化符号与记忆，沿着它们出现在葛亮的时间脉络，我们也可以捕捉到最初由不同人群所带来的多样文化被重新改造和创造的过程。人们通过传说、再解释与深入日常生活的行为规范，将不

江河、商镇与山寨：都柳江下游的人群互动与区域结构过程

同的神灵纳入自己的精神世界之中，文化经过处理，既保持了各自的特性，又相互联系和统一起来。今天葛亮诸神圣空间，成了一种历史沉积，一层层地罗列在葛亮。不仅如此，当地人通过对各种隐喻与传说进行再解释，给诸神符号都赋予了特别的意义，也将自己的信仰与仪式实践，加入相关的祭祀活动之中，改造了原有的"天后"形象。正是这样一种文化的生命力与适应力，区域才得以真正在不同人群的心态上得以建构，并不断随着地方的境遇发生变化。

三王庙是笔者选取的第二个讨论重点。都柳江两岸的村落中，三王庙是最为常见的庙宇，但不仅其形制有所差异，且不同的人群对三王庙的诠释也有所不同。三王以其独特的姿态，摇曳在都柳江流域，似乎有种"只可远观，不可近玩"的意思，也正因为如此，笔者在田野之中，对三王的了解总感到有些隔靴搔痒、不得其意。不过，透过三王极具差异的视角，我们还是能够看到因文化的流动所带来的文化采借与文化创造。三王信仰在都柳江两岸广泛分布，形成了类似"信仰圈"的地域网络，虽然我们无法对三王信仰的起源和历史一探究竟，但是三王所表现的不同形制和传说故事，正是人们基于三王形象进行文化改造的结果，这既保持了三王信仰内涵的一致，又融合了不同文化的特性，背后则是人们头脑中的由三王以及三王故事联系起来的地方和人群。就好像我们从三王中所体悟到的那样，区域从来都不是清晰的，内部充满了创造力与弹性，它的不清晰性来自生活在其间的人们活生生的文化生命力，来自文化沟通过程中的选择、摒弃、改造、焦虑与模糊。

人群相遇与文明接触一直是人类学长期关注的问题，在中国"你中有我，我中有你"的多元一体格局中，学者们尤其关注跨民族、跨文明的关系。黄淑聘、龚佩华曾梳理了从宋以来黔东南地区民族接触和文化交融的历史过程，看到了交融演变过程中复杂的身

份、诸语言混合现象，①而"民族走廊"的提出，更是试图细致探讨"分"与"合"、"多"与"一"的历史共生关系，在此框架下形成了有关族群文化互动的丰富成果。②也有学者从国家力量介入着手，探讨区域族群关系与文化传统变迁。③台湾学界长期关注汉人与台湾本土族群之间的历史往来与文化接触，在"族群""社群"的概念之下，关注具体历史情境中的身份认同、族群观念、文化习俗之变迁。④近年来，西方学术世界开始审视人类学长久以来的将文化视为自主整体的概念，萨林斯旗帜鲜明地批判了此种孤立的文化观，强调文化相互依存的关系，认为要在更为长远的相互关照与参照中探讨文化脉动。⑤其他学者也开始在西南研究的基础之上、在不同社会共同体的内在结构与外在社会实体的相互联系中考察文化的复合性，探讨文化交错影响之下文化内部的多元性。⑥台湾学者也围绕文化再创造开展研究，试图突破传统研究中窄化的研究对象与范围，在历史过程中呈现多族群、多文化乃至多元政经

---

① 黄淑聘、龚佩华：《试以黔东南民族文化变迁论民族文化交融的过程和条件》，《广西民族研究》1992年第4期，第58~63页。
② 可参见刘秀丽《从四大民瑶看明清以来"南岭走廊"的族群互动与文化共生》，《中南民族大学学报》（人文社会科学版）2010年第2期，第44~48页；袁晓文《藏彝走廊的族群互动研究：汉彝文化边缘的冕宁多续藏族》，《西南民族大学学报》（人文社科版）2012年第12期，第7~13页。
③ 可参见唐晓涛《三界神形象的演变与明清西江中游地域社会的转型》，《历史人类学学刊》第6卷第1、2期合刊，2008年；谢晓辉《苗疆的开发与地方神祇的重塑——兼与苏堂棣讨论白帝天王传说变迁的历史情境》，《历史人类学学刊》第6卷第1、2期合刊，2008年；黄瑜《国家观念与族群认同——以广西北部"三王"形象演变为中心的考察》，《历史人类学学刊》第13卷第2期，2015年。
④ 可参见陈文德《"族群"与历史——以一个卑南族"部落"的形成为例》，《东台湾研究》1999年第4期，第123~158页；赖淑娟《历史过程中的族群实践——宜兰、花莲边界的族群流动与交叠》，《东台湾研究》2012年第18期，第3~49页。
⑤ 萨林斯：《整体即部分——秩序与变迁的跨文化政治》，刘永华译，《中国人类学评论》第9辑，世界图书出版公司，2009，第27~139页。
⑥ 王铭铭等：《文化复合性——西南地区的仪式、人物与交换》，北京联合出版公司，2015。

江河、商镇与山寨：都柳江下游的人群互动与区域结构过程

力量竞争与联结关系。① 如何将上述思考具体到不同田野和不同人群之中，如何在区域性和历史场景中进行跨文化探讨，成了大家共同关注的问题。

上述思考也同样贯穿在笔者的田野过程。在葛亮，国家对苗疆的开发促使了相对大规模的移民迁徙，移民的到来、市场交易内容和规模的扩大、土著社会的变迁、社会秩序的重组无一不是造就我们当下地方社会形态的种种条件，从而在事实上形成了"分而未裂、融而不合"的交互关系和共生状态。这也是为什么，今天当我们试图区分人群时，"苗""侗""高坡人""山下人""客家"这些身份标签在实际社会历史场景中总显得晦涩而不能穷尽人群自我识别的内在逻辑。这种多族群共生状态也以非常生动的形式呈现在当地的民间信仰之中，多元的神灵信仰并非简单的移植与相加，不同神灵背后实则是不同人群的世界观与宇宙观，而有趣的是，富禄人群创造性地将诸多神灵整合为一个有差异、有分化的信仰体系，在节日、仪式乃至日常生活的不同情境中信仰之、仪式中实践之。这一象征层面上加以创造、改造的过程，恰好提供了一个梳理文化脉动、探讨多元文化并置对接的有趣视角。正如葛亮诸神信仰，他们从出现在葛亮的那一刻起无一不是在人群关系变迁、文化的流变之中悄然变化，从"外来"神祇到"地方"神祇，从背后有不同人群支撑的单一神灵到当下我们所观察到的诸神阵列，葛亮信仰生活的多元与混杂，不仅为我们提供了一个从微观上理解都柳江诸人群在历史化过程中如何借由文化手段应对不同力量杂糅拉扯的视角，也为我们对"地方文化"的历史化研究过程打开了一扇窗，看到了在"文化融合"这一略显笼统的学术关键词之下文化

---

① 参见黄应贵《区域的再结构与文化的再创造》，《人类学的视野》，第 164 页；王梅霞《从"交换"看族群互动与文化再创造——日治初期苗栗地区泰雅族的研究》，《考古人类学刊》第 71 期，2009 年，第 93~144 页。

第四章 交错的庙宇空间

如何在时间中并置对接的具体经过。

富禄位处都柳江河畔,河流赋予了地方人群文化以流动性,在这一多样人群交会的地点上,文化的丰富性是能够被观察和被触摸的,出现在葛亮寨的"萨岁"、"天后"、"关帝"、"孔明"和"孟获"与地方社会历史文化过程紧密相关,其背后是不同人群在富禄互动、碰撞的区域历史,其文化也因不同文化相互碰撞、采借产生出杂糅的地方文化特质。如果我们不是将文化看成彼此孤立、封闭的单体,而是将其视作与其他文化不断接触与互动的过程,我们就会真正重视其地方文化内部的复杂与暧昧,以及文化体系之间的互嵌性和关联性。

诚然,文化的转化变迁是借由群体得以发生的,然而在此过程中,具有能动性的个体往往会具有关键的推动作用。利奇就曾关注到个体野心对社会产生的能动影响,而王铭铭在对溪村的研究发现,在地方象征与仪式中,起作用的不是显眼的表现形式,而是具有隐秘性的人物及他们相关的文化创造、表达与传递过程。[1] 赖锦秋作为仪式专家,其人生经历、与诸神的关系以及对神祇的理解,正是发生于这种流变之下,她原是闽粤籍移民的后裔,具有管理天后、关帝庙宇的身份合理性,但她的身份中更重要的,是地方多元文化的实践者和翻译者。她所述说的奇幻身世、对诸神灵动的演绎,凸显了不同文化之间经由文化创造进而相互采借、转译的可能性。赖锦秋的个人诠释看似主观的和暧昧的,但其通过"梦"与诸神的沟通却是深深根植于地方文化逻辑之中,她将自己的多元文化认知与生命历程结合起来,完成了个体对世界与意义体系的探索,同时通过仪式实践传输自己的独特见解,改造诸神融入葛亮人的生活世界,赋予诸信仰新的时代生命。

巴斯曾将"文化"理解为"一套人们赖以理解与应对他们自己及他们所处之地的观念",如果我们将所研究的人群或村寨

---

[1] 王铭铭:《人生史与人类学》,生活·读书·新知三联书店,2010,第137页。

江河、商镇与山寨：都柳江下游的人群互动与区域结构过程

放到更广阔的区域观照与时间观照之下，则可看到因人群的交互所接触到的文化实则是多类型的，并且不同人群从临近的群体反观自身，也借着不同的文化模式来改变自己的生活与观念，如此，我们才能将"地方"或"地方文化"置于动态过程中加以理解和超越。

第五章 "区域的再结构"
——以对富禄花炮节的观察为中心

富禄复杂的人群构成为地方带来了多元的文化,不同文化事项和文化内涵被人们改造和再解释,隐入人们的日常生活与行为逻辑之中。笔者通过对区域历史中不同信仰人群的观察和探讨,试图说明不同人群在面对区域结构过程中所产生的文化交流与创造,而这些存在于富禄的文化象征符号并非相互独立、毫无交集的,也并非只散乱零落在人们的头脑中,在富禄,人们创造性地通过花炮节这一地方性节日,不断诠释、增添花炮节的意义与内容,从而将不同文化和不同人群共同维系在节日之中。笔者在本章中将呈现花炮节在富禄的演变与内涵变化,探讨不同文化背景中的人群如何对节日进行意义改造,从而创造出既整合又具多样性的地方节日。

清朝雍乾时期都柳江河道的疏浚与治理,吸引了来自闽粤的客家移民来到广西富禄定居经商。富禄"三月三"花炮节原本是闽粤籍客家人所带来的与天后信仰相契合的节日,却因为不同时期移民境遇及人群关系的嬗变,逐渐衍生为在三个不同时空举行的花炮节,并在长期的文化互动过程中形成了不同人群共同参与的地方盛典。本章通过对花炮节演变的大致历程的梳理,记录三个花炮节中人们的活动与实践,着重分析节日内涵的流变,特别是不同时空下花炮的意义,进而探析地方文化创造的动态过程。

第一节 一个妈祖诞与三个花炮节

"花炮节"是富禄一年当中最为热闹的节日,如今在富禄大码

江河、商镇与山寨：都柳江下游的人群互动与区域结构过程

头上所举办的"花炮节"也被当地人称作"三月三"，"三月三"是如今广西全地区范围内的重要节日之一，然而对于不同地域、不同人群而言，"三月三"的节日形式、内容以及内涵都存在着较大的差异，实际是各地文化风俗的不同呈现。在本节中，笔者以富禄"花炮节"为例，梳理基于地方历史脉络中的节日流变过程。

"花炮节"得名于节日中最为精彩的"抢花炮"环节。然而，当追溯富禄花炮节的过去时就会发现，这一节日原本在富禄的名称并非如此，且节日的形式与时间与今天的"花炮节"也大相径庭。富禄花炮节的前身为闽粤籍移民所举办的"妈祖诞"，而原本一年一次的妈祖诞又因为市场的发展、闽粤籍移民在不同空间的活动轨迹，逐渐从一年一次变为一年三次，分别在不同的地点和时间举行，"妈祖诞"的名字也在节日中逐渐被隐去，从而演变为今天我们所见到的三个花炮节。从一个妈祖诞到三个花炮节的过程，并不只是空间与时间的流转，它不仅反映了人群间相互关系变化与特定历史时期下市场环境变化的动态过程，也隐含了不同的区域观如何通过文化的展演得以建构的问题。

葛亮是闽粤籍移民最初定居的地方，因此最初的花炮节只限于葛亮一隅，在每年的农历三月廿三举办，但随着时间的推移，如今三个花炮节所举办的时间都发生了改变。如今葛亮花炮节依旧在农历三月廿三举办，受到官方推崇的"三月三"则专指富禄乡上所举办的花炮节，而"二月二"花炮节则在八百街举办。如今提到的"富禄花炮节"多指的是"三月三"花炮节，作为地方最负盛名的节日，富禄"三月三"得到的关注与吸引到的游客最多，葛亮三月廿三则很少为外地人所知晓，而八百街二月二的痕迹更是似乎正在慢慢从富禄淡去。

富禄花炮节如今是当地人最为自豪和乐于谈论的地方节庆，今天的花炮节以"民族和谐"为主题，强调花炮节是富禄地方各民族共同庆贺的区域性节日。追溯花炮节兴起的时间，可发现它的前

第五章 "区域的再结构"

身是在清道光年间闽粤会馆天后宫在葛亮修建之后,闽粤籍赖氏每年农历三月廿三在葛亮举办的"妈祖诞"。最初人们对花炮节的称呼为"赶庙会""赶会期",在此期间葛亮会举行隆重的酬神仪式,对象为天后娘娘和关帝,敬神仪式之后还伴随唱戏和商会聚餐,而整个庙会活动中最精彩的部分当属放花炮。[①] 由于放花炮是整个节日的高潮部分,"妈祖诞"的名称也渐渐被"花炮节"所代替。

在闽粤籍移民尚未迁出葛亮的这段时间里,举行"妈祖诞"时所供奉的花炮共有两枚,分别供奉的是妈祖和关帝。由于人们相信花炮与神灵之间有特殊的联系,因而也相信神灵会附着在花炮之上被抢夺到花炮的人带回家。在这一时期,抢夺花炮的人群主要是闽粤籍移民,抢到供奉天后的那枚花炮,则代表天后将会庇佑那些从事木材生意的商家水路平安,而抢到关帝炮则将会保佑商家生意兴隆,因此移民商家们对这两炮向来青睐有加。据人们回忆,每次妈祖诞抢花炮环节,商家们都会组织一帮年轻人帮自己抢夺花炮,这些年轻人一般都是老板的帮手,其中不乏富禄周边的当地人,即如今的苗族和侗族。除了年轻人帮助商家老板抢夺花炮以外,每年妈祖诞闽粤籍的商人们在闽粤会馆内进行聚餐时,也会宴请周边寨子的侗族寨老一同进餐,以加强彼此间的联系,趁节日的氛围拉近彼此的关系。另外,每年庙会期间,河滩上都会出现一个较为大型的临时市集,周边的侗民、苗民都会来市场进行交易,甚至那些并不到富禄集市赶场的人也会来到富禄河滩卖东西,或者买东西和游玩。但是总体来看,抢花炮到家中供奉的仍以移民商家为主,共享花炮意义的人也是移民,从这个层面上来说,当地人当时的参与度较为有限,他们的参与仅限于可以借节日热闹气氛请外寨的亲戚来

---

① 放花炮,即人们清晨先将一枚银牌供奉在庙宇之内,再汇集到河滩上,随着铁炮爆炸,一个用红线缠绕的铁圈被发射到空中,坠落后谁若抢得,便可将庙中供奉的银牌请往自己家中,且相信神灵会对家庭进行专属庇佑。

江河、商镇与山寨：都柳江下游的人群互动与区域结构过程

家里"做玩"，而年轻人可尽情玩耍一番，在节日中呼朋引伴，或姑娘小伙互动，甚至在节日中识得意中人。

由上文所示，富禄花炮节原与移民文化诉求下的习俗息息相关，抢花炮实为"三月廿三"妈祖诞中的一个环节。天后宫、关帝庙一方面为移民的精神世界提供了寄托和支持，另一方面又是世俗层面汉人移民进行整合的文化手段。这一时期汉人商家依靠的主要力量还是商家之间的相互帮衬，通婚也主要是在商人家庭之间进行，而其他人群对花炮内涵并不理解，对天后信仰背后的意义也不甚明了。

如本书第一章所示，葛亮地方之所以适合商家定居，主要因为葛亮河滩地势优越，放排泊船极为方便，然而这一优势并没有成为商家就此盘踞葛亮的理由，尤其是来自闽粤的大商家们，大约于咸同年间搬离了葛亮移居富禄。他们离开的原因是同治年间以葛亮为据点的"苗乱"，对商家造成了不小的冲击。同时随着贸易的扩大，地方土著也开始在富禄市场中扮演重要的角色，有的人跟随广东老板打工多年，受到老板赏识后开始负责木材中介的任务，从中赚取资本；有的侗家房子常租赁给商家作商铺或旅馆，与老板熟悉之后，上游拱洞、大年、平卯等地的木材就放卖给房东，房东转卖赚取差价。如前文所提到的富禄侗寨的廖氏家族在这一时期的木材贸易中赚取了可观的资本，在地方上的力量越来越不可小觑，加之来富禄经商的外地人越来越多，这些商家大多居住在江北岸的富禄，闽粤籍商家们面临这一趋势也开始寻求一些改变以对自身来进行重新定位。

闽粤籍移民意识到要在富禄长久经营，靠闽粤二省移民的力量远远不够。于是光绪初年，商家们在都柳江北岸的富禄，修建起了"五省会馆"，包括粤、桂、湘、黔、闽五省。会馆在1927年富禄商会成立之前，实则发挥着商会的功能，虽然表面上"五省会馆"集合了不同背景的人群，但是从会馆历任理事名单来

看,还是以赖姓为主导。然而,商家们并没有将天后请到富禄,也没有迁移到五省会馆之中,而是于1928年在五省会馆之中设立了三王庙。

虽然如今无法清晰呈现富禄三王庙背后的人群,但是三王庙为富禄侗寨廖姓所主导修建,其庙宇空间也位于富禄侗寨的位置,可见三王庙与富禄侗寨的渊源。不得不说,将三王庙移入五省会馆,不仅意味着富禄侗族在地方社会力量的不容小觑,同时,也意味着闽粤籍赖姓在面临更为复杂的市场环境时所做出的妥协。据商业移民后裔们的说法,之所以将三王庙移入五省会馆,是因为"我们既然来到了别个的地方,就要入乡随俗,也信别个的神"。三王庙与五省会馆的结合,无疑是侗族在地方社会和市场贸易中权力的显现,尤其是与富禄侗寨廖氏在地方事务中的影响力有关。在富禄举办的第一个花炮节中,共同理事就包括了富禄侗寨的几个吴姓,花炮节不仅是汉人们唱主角,侗族在节日中也加入了很多与自身文化相关的内容,如邀请周边侗寨的人前来赛芦笙、"做众客"。[①] 人们回忆,在富禄最初过花炮节的时候,就是一个和侗家联合举办的活动。在节日中,会出现侗族吹芦笙比赛的节目,还有侗族拿鸟枪比赛的节目,而客家人会去融安请人来唱桂戏,桂戏有时一唱就是一个月,侗戏也会成为其中的节目。而五省会馆修建之后,最重要的变化,就体现在花炮节之中,首先是花炮节的时间,从三月廿三变成了三月三;其次花炮节在以往两个花炮的基础上又加入了第三炮——三王炮,其确立过程充满了戏剧性。

自闽粤籍商人搬到富禄之后,妈祖诞本仍在葛亮举行,只是每年举行妈祖诞时,富禄的商家要渡河去葛亮举办和参与。后来某一年商人们在葛亮这边抢得了一个炮,按照规矩,抢得炮的商家第二

---

① 做众客,即一个寨子邀请另一寨子全体成员来做客。

江河、商镇与山寨：都柳江下游的人群互动与区域结构过程

年必须将银牌归还，[1] 意义才可被延续，可就在这一年，富禄商家不仅拒绝归还，还于第二年抢在三月三这一天在富禄举办了花炮节，并将两个花炮改成了三个花炮，第一炮和第二炮仍是敬妈祖与关帝，而第三炮则敬三王。人们都说，之所以在三月三这个日子办花炮节就是富禄想抢在葛亮前面举办，以显示富禄的重要性。这种说法不无道理，但三月三这个日期的选择，据笔者猜测也与三王的节日不无关系。[2] 富禄商家抢夺银牌的事件发生之后，葛亮的侗族以及少数留在葛亮的商家虽感到很恼火，但是也无能为力，足见商家搬离葛亮之后，葛亮在地方渐渐处于弱势。事后经过协商，葛亮与富禄共同规定从此以后富禄过三月三花炮节，而葛亮则过三月廿三花炮节。

实际上，葛亮试图保持花炮节的传统也是值得我们去思考的问题。闽粤籍商家搬迁至富禄之后，葛亮的居民以苗侗人群为主，其中虽有几家留在葛亮的商家，但人们回忆其经济实力无法与迁走的几大商家相较量。葛亮沿袭妈祖诞的节日习俗似乎说明葛亮侗民也开始对天后信仰有了一些认同，但与其说是对天后的认同，不如说是对花炮含义的认同，虽然葛亮的居民也许不如闽粤籍客家人那般明了天后信仰与妈祖诞的内涵，然而却笃信花炮所带来的天后、关帝的庇佑功能。另外，葛亮的人群将天后与葛亮地方联系在一起，形成了天后专属于葛亮的印象，继续举办妈祖诞对于葛亮来说也是其巩固原有关系和彰显自己在地方社会地位的一个途径。时至今日，葛亮人一直都强调在葛亮举行的"三月廿三"才是最为"正

---

[1] 传统花炮中，每只花炮都附有一银牌，虽然花炮会每年重新制作，然而银牌是不会被更换的，抢夺花炮的人家需在次年将银牌归还天后宫，再随着新花炮进入新的获胜人家，以此流动并延续下去。

[2] 农历三月三是三王的重要节日之一，被称为"娘娘戴花"。其余两个与三王有关的节日为六月初一"王爷开神门"，与七月初七"娘娘诞"。参见谢晓辉《苗疆的开发与地方神祇的重塑——兼与苏堂棣讨论白帝天王传说变迁的历史情境》，《历史人类学学刊》第 6 卷第 1、2 期合刊，2008 年，第 115 页。

第五章 "区域的再结构"

宗"的一个花炮节,也强调葛亮的花炮比"三月三"的花炮更灵。

自葛亮花炮节日期改变之后,葛亮对花炮的解释也有了新的内容,在原本两个炮之外也增加了第三炮,名曰"孔明炮",专门祭祀孔明。前文已述,孔明一直作为一种传说存在于葛亮,而孔明炮的创造也伴随着民间传说。不可否认,孔明炮出现的一部分原因是葛亮为了应对富禄的三个花炮而产生,为了在花炮数量上与富禄相平衡,葛亮将流传已久的孔明传说变成了一种可以运用的符号,使之出现在葛亮,而文化的再创造与再解释就在这样一个过程中产生了。

除了葛亮"三月廿三"与富禄"三月三"之外,还有"二月二"花炮节,在被称为"八百街"的空间内举办。八百街花炮节在三个花炮节中最为语焉不详,大概是八百街地势低洼并遭过几次大水,居住格局多次变动的缘故,且居民陆续迁出,花炮节习俗也逐渐式微,如今已变成五年一次,人们对花炮节的热情消退,甚至对花炮节的记忆也变得模糊起来。另外八百街居住的人群也较为复杂,原先广东籍赖姓在此开铺,之后在此定居的人主要是从周边少数民族村寨前来富禄做生意的人,主要为侗民,他们既不属于大商家,也没有土地,只是做饮食生意、贩卖些零星的商品。

由闽粤籍大商家们的居住空间我们得知,八百街是商人们从葛亮搬至富禄后最先聚居的地方,而之所以八百街后来也有花炮节传统,正是因为当时居住在此的客家商人们主持举办过花炮节。后来商人们又因八百街大水频发的缘故搬到了今天富禄和平街、复兴街等街道的位置,而花炮节则被留在八百街的小商民们再次延续,并选择了"二月二"这一日期。当地人解释说,二月二日期的选择是因为八百街是富禄商业的前哨,所以我们应该比富禄与葛亮都早过节,既然富禄选了三月三,那我们就再比它早些,在二月二抢先过。当富禄与葛亮依次增加了第三炮之后,八百街也不甘示弱地增

江河、商镇与山寨：都柳江下游的人群互动与区域结构过程

加了一炮，然而八百街实际上并无其他寺庙，没有神灵符号可以加诸之上，于是人们便将土地庙算在了第三炮之中。从此以后，八百街花炮节的前两个花炮依旧是祭祀妈祖和关帝，但第三炮则是祭祀土地公。近年来由于人口迁出，难以筹备充足的资金，八百街花炮节已不再举办，最近一次举办花炮节还是2004年的事情。实际上，过去主持张罗八百街花炮节的仍旧是富禄闽粤籍客家移民后代，如富禄居委的客家后代张桑忠、王仁生等贤达们，在八百街举办花炮节时，也要前往参加并组织花炮节的流程。值得关注的是，如今富禄居委闽粤籍客家移民的后代，均认为自己实际上也是八百街的人，他们说，虽然现在八百街只有十几户人家，但是富禄居委有1/3的人是从八百街搬去的，"我们都是从八百街过来的，所以也是八百街的人"。

八百街二月二所拜祭的是土地公，但是没有庙宇，八百街的居民也向笔者反复强调，八百街这里的土地庙在这一带是最为灵验的。所谓这一带，指的是从八百街往北一直延伸到贵州的村落，如登晒、龙额等地。人们也强调贵州那边来的人最信的还是八百街的这个土地庙。

从一个花炮节到三个花炮节，再到人们建构起"第三炮"新含义的过程，看似充满了不可言说的隐喻，实际上可以理解为不同人群在互动过程中对自身身份进行重新定位的过程。最初的三月廿三，是闽粤籍客家商人在地方移植自己的文化信仰、修建天后宫和举办妈祖诞的结果，而从一个花炮节到三个花炮节的演变，则是这批客家商人在面临不同的历史境遇而更换居住空间，并在不同空间中所留下的历史痕迹，这当中当然也包括了与闽粤籍人群同处在一个空间中的其他人群，如侗民、苗民以及其他地方的汉人。无论今天富禄的花炮节呈现怎样的面貌，我们通过三个花炮节的展演、不同人群的表述以及狂欢的氛围，所触及的都是有关区域的历史，而这种历史并非人们通过线性的故事所表述出来的，也非专属某一人

群的历史与记忆，人们通过花炮节这一年度性的周而复始的节庆，表述出来的是一个"地方"的概念，通过重新演绎的花炮节，人们既分享共同的文化意义，又透过民间信仰将地方族群认同表现出来，进行文化再创造，在千差万别的意义之下，不同的人群在同样的节日中表达不同的文化诉求与和利益诉求。

第二节 花炮节：仪式与过程

作为一个当下的研究者，虽然我们非常希望将某个仪式的前因后果、细枝末节都了然于心，但实际上只能与同一时代的人群一起经历与参与，关注这些活生生的人在节日中所关注的，感受他者之感受。花炮节与当初闽粤籍人群的妈祖诞有密不可分的关系，笔者所关注的，是参与花炮节的人群通过节日在关心什么？为何对花炮节如此重视？他们在节日中讨论、争论什么？正如我们今天所见，富禄、葛亮的花炮节实际上呈现的是完全不一样的面貌，在花炮节中人们所处的语境也不尽相同，笔者将通过今天能够观察到的花炮节节日展演，去观察花炮节受到当下不同语境的影响，又发生了哪些变化，从而真正将其置于"过程之中"，以避免当我们真正得知了花炮节的前世今生之后产生一些误解，即以为文化的互动与象征符号的变迁业已完成，在今天我们的所见所闻上画上句号，过去终究导致了现在等。如果对当下的花炮节仔细观察，我们得到的结论将是：一切还未完成。

一 民族团结：官方话语下的富禄花炮节筹办

在未亲自参与花炮节之前，笔者听到的都是人们回忆过去花炮节的情景，当地人常常说的一句话是："现在都不比以前热闹了。"人们回忆称，在解放之前，每当花炮节即将来临的二月二十七八的时候，从柳州、融安那边就有很多经营小生意的人来到富禄，因为

江河、商镇与山寨：都柳江下游的人群互动与区域结构过程

花炮节所汇聚的人群能够为他们带来丰厚的利润。从外地纷纷赶来的小商贩在富禄的空地上搭棚子、开粉摊、设赌场、办茶馆。而差不多同时，富禄的商会就会从柳州或者融安请来桂戏班子唱戏，这一唱就是一个多月，一直唱到三月廿三，轮到葛亮那边过花炮节的时候，葛亮又会将这个桂戏班子接过去继续唱。因此严格算来，花炮节并非只是"三月三"和"三月廿三"两个孤立的时间点，而是几乎贯穿了整个农历三月。人们说，那时家家都住满了亲戚，如果不提前几天就来富禄亲戚家住着，那几天就只能睡路边了。花炮节那几天，是侗族姑娘最美的时候，每一家的妈妈都把压箱底的最好的银饰拿出来给闺女们穿戴上，做得异常精美的侗衣也在节日里被姑娘们穿在身上。在人们的记忆中，漂亮的姑娘在前面边走边玩，妈妈跟在身后不停地帮姑娘整理衣衫，是节日期间最为亮眼的场景，如果机会适合，适龄的男青年们在节日上也许能找到自己心仪的对象。

在过去，每一个年龄段的人都能在花炮节中找到自己的位置与娱乐方式，关于过去花炮节的述说与记忆萦绕在笔者的脑海里，迫不及待地希望参加花炮节，甚至除了研究目的之外，似乎笔者也在等待一个可以玩乐和狂欢的节日，可以从日常的田野状态中得以放松，抑或在等待一个"集体欢腾"。然而接近花炮节时，笔者差一点连落脚的地方都没有了，原因是花炮节前后，到富禄走亲访友或是玩乐的人突然多起来。随着近年来的旅游宣传，外地的游客以及电视台等媒体也接踵而至，平日那个安静的富禄小镇，突然有了一种"文艺"气息，那些平日里无人问津的小街道也突然架起了摄像机，主持人信步于此展示着富禄的细节，整个富禄都处于一种"被展演"的状态之中。

富禄居委的贤达们在这个时候都活跃了起来，几乎每天都有不同的学者、电视台、报纸采访他们，他们也向前来探访的人一遍遍地述说着抢花炮的"民族传统"。有趣的是，富禄贤达们虽然都是

第五章 "区域的再结构"

闽粤籍移民后裔,但是在临近花炮节时,都穿戴上了侗衣,至少戴上了侗族男性使用的头巾,成为地方文化的代言者以面对记者与媒体。可见,花炮节使得不同人群真正达到了象征意义上的"交融",在节日特定的时间和空间之中,不同人群跨越了族群界限,而身份成了一种在具体情境下富有能动性的灵活选择。如今,富禄乡上的花炮节被视作"少数民族传统节日",一方面它与地方人群交会的历史相结合,另一方面也与官方民族团结的话语相契合,更因为以这样的方式,富禄可以吸引到更多的媒体和游客,同时也能产生经济效益。如今花炮节的举办与往时最大的不同就在于花炮节的资金不再由富禄商会自行筹集,而是由政府拨款支持举行,而政府对于花炮节的支持考虑更多的是政治上与经济上的功用,花炮节与民族和谐、共生共荣等概念结合在了一起,可以起到推广的作用,也具有政治上的合法性。

对于富禄的贤达而言,花炮节是他们能够对地方发挥权威的时间和集会,因此他们也选择了更能被接受的形象与身份出现在人们的视野之中,而头戴侗帽、身着侗衣最能够受到媒体的青睐。贤达们通过展示自己在地方的威望与地位,通过在节日中向他人解释花炮节的历史与意义,同时也是在继续创造和改造着花炮节的内涵,而且,他们也会因为言说对象的不同而调整自己的表述方式,对当地人、对游客、对记者、对镜头或是对笔者这样一个刨根问底的学生,他们都清楚自己如何选择表达的内容,或者隐藏的内容。

在节日前的一个星期,笔者有机会参与了花炮的制作过程。实际上人们所抢的花炮,与人们供奉的花炮是不同的两个部分,所抢的花炮就是用红线包裹的铁圈,铁圈被人抢到之后,则会领得另一个"花炮"抬到家中供奉,而这一花炮则由彩纸制作而成,形状好似一座楼台亭阁。富禄花炮的制作总是由朱明先老人负责,他说由他制作这个东西,已经快三十年了,制作花炮的现场就在他家的堂屋,堂屋的墙上挂着老人在往届花炮节上的照片,照片上可以看

江河、商镇与山寨：都柳江下游的人群互动与区域结构过程

图 5-1　花炮制作

到老人在花炮节的会场上愉快地笑着，其中几张照片上老人的胸前挂着花炮节传承人的牌子，堂屋中的花炮还在制作过程之中。还未装饰彩纸的花炮竹制框架挂在堂屋墙上，这三个花炮长得形状各异，其中一个是财炮，一个是求子炮，一个是顺利炮，财炮对应关帝，求子炮对应天后，而顺利炮对应三王。如今，富禄花炮中的功用价值已经大于其背后的神义，老人们在对其进行表述时，也不再提起它背后隐藏的神灵。在三个花炮中，财炮工序最为复杂也最大，形状好像是将一个戏台和阁楼集为一身，朱大爷解释说，财炮的样子是按照鼓楼来制作的；顺利炮次之，形状像一座庙宇，是按照原来的五省会馆制作的；而求子炮最小，只有一个小门，在朱明先的解释中，这个门代表的是青龙。于是，鼓楼、五省会馆、青龙就这样被糅合在了花炮之中，成了今天花炮的意涵，朱明先老人强调说："三个花炮有苗有侗又有汉，所以我们花炮节是民族和谐共生的节日。"

三个花炮上还贴有不同的对联，第一炮财炮上的对联是"春风轻柔拂大地，笙歌动地震云霄"；第二炮求子炮上对联是"传统

第五章 "区域的再结构"

图 5-2 富禄花炮节三个花炮

体育夺魁首,民族佳节庆丰收";第三炮顺利炮上写着"百花争艳阳春丽,万马奔腾国顺利"。当时做花炮的人除了朱姓老人以外,还有他的夫人以及几个妇女在一旁帮忙。妇女们做的主要是裁剪的工作,如做装饰花炮用的纸花和剪彩纸之类的活儿,看见笔者在此无所事事,她们也热情地邀请笔者参与进来一起制作。由此看来,做花炮并无特别禁忌之处,首要的原则即是复杂的美观。

到了花炮节那一天,游行的队伍会到朱明先家中来接这三个炮,由于富禄已没有了庙宇,所以如今朱明先老人家在三月三那天就成了临时性的庙宇,在节日之中,老人家中也有了临时的神圣性,就好像以前人们去庙里面请花炮一样。在他堂屋正面的墙上,他告诉笔者有着三个神仙,具体是哪三个,老人也不能描述得十分清楚,只提到"龙女""青龙"。实际上,朱明先老人对花炮的过往并不熟悉,他只是知道富禄花炮的背后有着一个三王,但通过表述,则成了"三个神仙"。

朱明先老人对 2012 年的花炮节很期待,他认为此次花炮节的

江河、商镇与山寨：都柳江下游的人群互动与区域结构过程

规模必定很大，因为该年的资金很充足，当地政府出资十万元，连柳州市的市长也给了钱，还说市长当天也许会来。当问到做一个这样的炮要多少钱时，他说每一个炮要500元。葛亮那边的花炮也是由他来做的，但是因为是在农村，就只要400元一个，而且葛亮的规矩是，如果今年你抢到了花炮，明年做花炮的钱就得你家来出，而富禄居委则没有这样的规矩。富禄居委的资金来源，一是政府支持，二是富禄居委与富禄侗寨居民共同筹款。2012年富禄花炮节，镇政府从柳州市政府申请了大约十万元的资金，除了专门的经费以外，还有一部分是由广西三江县的各部门捐助的资金，如民政局、林业局、档案馆等，为了调配这些资金，富禄还成立了自己的"三月三花炮组委会"。组委会的主任为赖诗毫，而富禄近十年的花炮节都由他组织，然而，虽然组委会有特别的办公室，但是办公室里通常见不到人，因为大家早就忙得不见人影。由于富禄花炮节上有歌舞晚会表演，人们需要在河滩上搭建舞台、拉横幅、接电力设备，为即将到来的花炮节做准备。在与富禄居委正对的河南岸，人们将挂起巨型横幅，上面写着"恭候您光临三江富禄，中国花炮之乡！""'三月三'民族花炮节欢迎您的到来"。

实际上富禄花炮节的策划举办和传统花炮节相比已经产生了很大的变化，最大的差异是，花炮节的重点并非在于抢花炮环节，而在于花炮节当晚举办的文艺晚会，这场文艺晚会被"组委会"精心安排，甚至效仿歌舞晚会一般印出了节目单在当晚派发。在文艺晚会中，"民族和谐"依然是主题，不仅有侗族歌舞表演，也有当下流行的各种节目。无论是资金来源、歌舞晚会主题还是"三月三花炮组委会"，如今富禄花炮节节日筹办，都深深地受到官方话语宣传的影响。

三月初一，富禄已经开始了花炮节的相关仪式，富禄贤达们在都柳江河滩上举行升旗仪式，不过"升旗仪式"只是一种现代的说法，用老人们的话来说，就是要告诉祖先和神灵，我们要过花炮节了，希

第五章 "区域的再结构"

图 5-3 代表侗族的芦笙图案花炮旗

望保佑我们过节顺利,人畜均安。参加仪式的老人都是富禄乡上威望较高的男性,大多数是富禄的移民后裔,这些老人家统一身着侗服,而关于在仪式中穿侗衣,老人们对这一点看法并不统一,有的老人家认为自己没有侗服,平日不穿今天也不穿,而有的老人家则认为我们本就是移民和侗家组合家庭的后裔,穿侗衣也无不妥。

图 5-4 代表"三月三"的花炮旗

江河、商镇与山寨：都柳江下游的人群互动与区域结构过程

图 5-5　代表苗族的鱼与稻穗花炮旗

到了上午十点，由老人们两人合抬一大鼓，后面一人敲着鼓，还有几人打着锣，从码头走下来。到了河边旗杆处，便放下大鼓，开始挂旗，中间的那面旗是三环旗，下方用艺术体写着"三月三"，象征着"民族体育"；南边的那面旗上是一只芦笙，象征吹芦笙的侗族；而北边的旗上画着鱼和稻穗，象征着苗族。旗子边长是三尺，取"三"之意。老人们开始在旗下烧纸烧香，并且集体拿着香站成一排，对着河的下游（南面）拜三拜，最后再把香插在旗下，并且把酒杯里的酒斟满，围在一起吆喝着将酒喝掉，与此同时，燃放了几挂鞭炮，并且还放了三枚响炮。喝罢酒，他们又围绕着中间的旗杆转了三圈，标志着花炮节正式启动。在这一系列仪式之中，非常讲究的是"三"这一数字，每一个细节都必须按照"三"来开展。

当这一仪式结束后，老人们又抬上鼓敲着锣，一路上了大码头，走向篮球场的陈列馆。这个陈列馆是 2010 年才在富禄乡修建起来的。2008 年，当花炮节被列入广西壮族自治区非物质文化遗产保护名录之后，地方以更好的传承、保护和弘扬传统节日为由，从县里面申请了专项资金 32 万元建立了富禄三月三花炮节陈列馆。

第五章 "区域的再结构"

陈列馆位于富禄曾经的仓库位置,根据计划,陈列馆将用来展示与三月三花炮节有关的文字记载、民族服饰、花炮的实物和当地的农用产品等。

当然,陈列馆最为重要的作用,还是在三月三花炮节中作为临时性的节日空间。由于整个陈列馆为侗族建筑风格,因此展馆一楼的大厅非常宽阔,临近花炮节时,大厅中央的正墙上出现了一张大红纸,红纸上用黑色的笔迹写着"神"字,在特定的节日时空之中,陈列馆就是富禄临时性的神圣空间,富禄花炮节的仪式都将在这里举行。还有当地人说,陈列馆本来就修建在原来三王庙所在的位置附近,修建陈列馆的背后仍旧是希望彰显三王的存在。人们将这样的想法与发展旅游和建立民族特色文化的意图进行了结合,并通过陈列馆的修建得以达成。

到了陈列馆,老人们迅速在正堂里摆上三个盆,开始祭拜,而祭拜的对象就是三王。老人们也解释说,刚刚在河滩所进行的仪式,实际也是向三王和祖先们祭拜。在烧纸和作揖之后,又燃放了一挂鞭炮,再放了三枚响炮,花炮节前的启动仪式就算正式结束了。

在离花炮节还有一天的时候,富禄已差不多沸腾起来了,不少小商贩已经驱车来到了富禄,正在为花炮节做准备,其中既有从下游柳州来的商贩,也有从上游从江、黎平等地前来做生意的人。当笔者走到河滩上一看,就想起了人们所描述的从前花炮节中河滩集市的记忆。几乎一夜之间,平日里空旷的河滩遍布小摊贩,河滩上各种小摊铺依次排开,比如塑料圈套金鱼、石头砸瓶子得奖品,还有小吃摊烧烤,爆米花机也不停地运转,一派欣欣向荣的景象。虽然当天还下着不小的雨,河边的人不是很多,但是富禄的小旅馆中,每一个房间都已经满满当当,房价也从平日的40元钱涨到了120元。

在富禄侗寨,人们也在筹备着花炮节的相关事宜,在花炮节开

江河、商镇与山寨：都柳江下游的人群互动与区域结构过程

始的前几天，侗寨的鼓楼边上开设了一家临时性的"民族餐馆"，其中包含侗族特色套餐，以期在富禄游客高峰时期卖出好价钱。侗寨虽然也在三月三的筹备中凑了钱，但是侗寨所期待的花炮节与官方筹办的花炮节又有所不同，侗寨计划在花炮节前一夜邀请贵州龙额、登塞的人们到鼓楼对歌。花炮节前夜，几个寨子的人在鼓楼对歌直到夜里两三点。听在场的年轻人解释，他们对歌的内容除了相互恭维以外，大量的是相互戏谑与打趣，而人们在嬉笑怒骂之中更觉得有趣，村寨之间的关系也在这种你来我往的歌词中得以巩固。每年的花炮节前夜，都是侗寨请周边寨子前来做客的好机会，而侗寨的女性早在花炮节前一个月，就天天在鼓楼边上排练当天要表演的舞蹈，因为除了对歌以外，侗寨的女性和前来做客的女性都要进行舞蹈表演。如今舞蹈表演几乎成了女性参加区域性节日的重要内容，只要有村落之间的联谊活动，女性的舞蹈都是必备节目之一，就如同篮球联赛在村落交往中所起的作用一样，成为今天村落交往的重要方式。

通过富禄花炮节的前期筹备可以看出，虽然三月三花炮节还未到来，但是人们已经从四面八方汇集到富禄，如果说在平日里，区域网络是一种隐入寻常的联系，那么在花炮节期间，区域网络就如同收网一般聚拢起来，在节日中得以集中呈现。与传统花炮节所不同的是，移民后裔在花炮节中所扮演的角色与他们的祖先大不相同，由于经费来源于政府，花炮节也受到政府所倡导的发展旅游经济理念的影响，以"侗族传统节日"为标志举办，而且强调"民族和谐共生"的节日主题。在这样的语境之下，三月三花炮节的筹办不再以祭祀神灵为重心，富禄居民更加重视花炮节所带来的经济效益，而关于花炮背后的神性则需隐藏在仪式操演之下来表达。花炮节从妈祖诞演变至今，似乎已经成为节日习俗被固定下来，被人们所接受，然而，花炮节至今仍旧受到社会环境变化的影响而持续发生变化，而文化仍旧会被再解释与再创造。

二 富禄花炮节

到了花炮节正式的日期，农历三月三上午十点，人们已在球场集中，在花炮节召开之前，会在河滩上举行一个"开幕式"。寨上有威信的老人，例如富禄花炮传承人，以及村主任、乡里面的官员代表都会坐在开幕台上，一一发言，最后宣布开幕。

图 5-6 富禄花炮节临时性神堂

而早在"开幕式"之前，展览楼处活动已经开始了，正墙上已经被贴了一个大大的"神"字，在神字下面的长桌上摆放好了3个猪头、3筐红鸡蛋、粑粑和6桶米酒，地上放着烧香的盆。现在这些东西都是用来敬神的，而当花炮抢完之后，这些东西会成为奖品分发给获奖者，此外奖品还包括一辆摩托车。没有什么预兆的，人们开始吹起芦笙来，这些吹芦笙的都是从其他村寨来的，他们分别来自高安、岑牙、杆洞、归述、广力、刷高、纯德等。过了一段时间，从远处传来敲锣打鼓的声音，一群漂亮的穿侗衣的小姑娘托

江河、商镇与山寨：都柳江下游的人群互动与区域结构过程

着3个花炮过来了，后面还跟着吹唢呐的和锣鼓手，还有两个舞龙队和一个舞狮队，舞龙队是从柳州市的艺术团请过来的，舞狮队则来自融水。

图5-7 2012年富禄花炮节上高岩寨表演的"抬官人"仪式

当舞狮队到来以后，敬神的仪式就开始举行，人们把3个花炮供奉在神坛上，顺序是从左到右摆放，摆放完毕后，乡中贤达还有乡长开始向神进香鞠躬，进香罢了放3个响炮。之后从学校的梯坎上走下来一群装扮得非常奇特的人，他们是高岩的人，所表演的是"抬官人"。据说，其实抬官人这一仪式最初只有石碑会举办，富禄举办花炮节本想请他们过来，但是不知为何他们拒绝了邀请，所以富禄就让高岩这里的人去看石碑们做"抬官人"仪式的录像带，并跟着学习，所以这两三年的表演都是由高岩人承担的。富禄的人告诉笔者，在花炮节上表演抬官人的仪式也是最近两三年才有的事，是一种开发旅游资源之后的节日安排。

抬官人结束后，所有参与表演的人开始游行，走在最前面的是

第五章 "区域的再结构"

侗寨村主任、居委主任、乡长和王仁生老人,跟在这几个人后面的是上了年纪的人,再后面是美丽的姑娘们托着花炮,再后面是龙、狮队,最后面是各个村寨的芦笙队。实际上,人们所游行的路线,只在围绕富禄居委的范围内行走,并没有经过侗寨。当游行队伍来到河边,人们又放了三响炮,就开始抢花炮的环节了。这个时候人们陆陆续续来到德胜门①处报名,参与报名的村寨包括:岑旁、岑广、今洞、牙广、岑牙、高安、大年吉格、贵州登塞、贵州岑同村、贵州黄线村、贵州广力村等。这些村落都分布在富禄上下游及两岸高坡。有意思的是,今天,富禄镇上的人对抢花炮的热情逐渐减退,而周边村寨对于花炮却热衷起来,而前来富禄抢夺花炮,目的是可以获得价值颇丰的花炮奖品——摩托车,以及花炮所代表的"发财""求子""顺利"的意涵。人们以村寨为单位报名参加花炮节,一个村往往是由某一家出面,集合村寨的青壮年一起组队抢夺花炮,若抢到花炮,出面的这一家则需请队员们吃一餐饭,而这一餐饭则是如同过节一般热闹。相比之下,富禄居委与富禄侗寨的居民却对花炮并不重视,问其原因,当地人说"我们富禄要举办花炮节,作为主办方抢了花炮也不好意思"。

在抢花炮环节中,抢花炮的人必须赤膊上阵,并且在腰间拴上由主办方准备的有颜色的腰带,且报名的队伍不会确定抢第几炮,统统一窝蜂上去,谁抢到就归谁。抢到后奖品如何分配,也都由自己队的人相互协商。抢花炮开始之后,随着一声巨响花炮被送入空中,人群立马疯狂起来,抢夺掉落下来的红线圈。在这次花炮节中,最终抢到第一炮是的岑旁村;第二炮与第三炮均被贵州岑同村抢得。抢得花炮的人群高兴地领奖而归,等待他们的则是一场欢乐

---

① 所谓德胜门,是今天人们临时在河滩上搭建的一座拱门,在抢花炮环节中,人们必须持有花炮到"德胜门"处方算胜利。在过去,抢花炮的人必须将花炮拿到三王庙门口,才算抢得花炮,如今,三王庙已经消隐在富禄,因此,人们架起了"德胜门"来代替。

江河、商镇与山寨：都柳江下游的人群互动与区域结构过程

的聚餐。

抢夺花炮环节结束之后，河滩上逐渐冷清下来，由于公路交通的便利，聚集在富禄的人群很快就离开富禄，河滩上的集市也一一收市准备离去。人们回忆，在水路交通时期，由于人群无法很快离去，因此富禄节日的热闹几乎会持续半个月，好不容易汇集在一起的亲朋好友往往会在富禄的人家住上一阵子。当时每一个富禄的人家都住满了人，甚至地板上都挤不下，到了夜里，还没找到住宿的人就直接敲开陌生人家的门，请求住宿，而主人家也会很热情地邀请他们进来。在富禄侗寨，曾经的花炮节也是侗族青年"坐姑娘"的好机会，年轻人到漂亮的姑娘家里与之弹唱情歌，而说不定就可以从中相到婚配对象。今天富禄的人们回忆起这些情境，往往充满了对过去热闹画面的自豪与向往，他们总说，现在的人当天就走完了，节过完了，人也散了，车子方便了，但是哪里比得了过去的热闹。

在富禄镇花炮节仪式的过程中，我们可以更加清晰地看到通过富禄花炮节所聚拢的人群，在节日的时间里，上下游与两岸高坡，平日里不太看得出联系的村村寨寨，全都前往富禄，在共同的区域节日符号之中，参与区域的公共活动，不同人群都通过节日得以巩固彼此之间的关系。然而随着社会环境的变化，人们正在将原本花炮节中的含义进行修改，选择哪些被彰显，哪些被遗忘。今天，发展旅游的概念贯穿了花炮节始末，加上交通条件的便利，前来参加花炮节的不再仅仅是富禄传统社会关系网络所联系起来的人群，三江县城、柳州甚至更远地方的人群，也来到富禄参与到节日之中。虽然暂时无法判断这样的变化会给富禄带来怎样的影响，但是依然可以看到，从妈祖诞到三个花炮节，再到"侗族传统文化节日"，"区域"仍旧在不同的社会境遇之下被构造，而花炮节的内涵也在不停地被创造和修改。

三 "灵验"——葛亮花炮节

和富禄花炮节相比，居住在葛亮的人们对于花炮节的理解和表达显得更为清晰，花炮所蕴含的神圣性和习俗的操演更具有延续性，至今葛亮仍保存着天后宫，节日当天在庙宇中会进行严格的酬神仪式，更为重要的是，花炮节背后的一整套意义不仅在三月廿三当天得以浮现，更是渗透到日常生活的仪式之中。自抢到花炮的那一日开始，葛亮人相信相对应的神灵也会跟随花炮来到家屋中居住，因而需要在日常生活中遵守一些与神灵共处的规则。同时，葛亮也强调他们的花炮在三个花炮节中更"灵"。

虽然花炮节在解放之后曾经一度中断，但是20世纪80年代以后，人们决定恢复花炮节的风俗，于是葛亮寨的罗氏和七八个人一起，去到木叶这个地方，与木叶村进行商量，因为在最后一次举办的花炮节中，是由木叶的人把花炮抢去的，他们此行的目的是说服木叶将上一次花炮节中抢到的花炮还回。其实花炮房子还是其次的，要紧的是挂在花炮里面的一块银牌子，这块银牌原本随节日周期在抢得花炮的人之间流转，只有还回那块银牌，花炮节才可以继续恢复开展。可是当时木叶的人拒绝归还，最后是在各方寨老、贤达的努力之下，终于讨回银牌，葛亮才得以最终复办花炮节。

在葛亮接触到花炮，主要通过笔者田野所居住的人家。笔者在葛亮田野调查期间，居住在当时葛亮支书梁清海家中，他家中的正屋便安放了一个花炮，这个花炮是2011年花炮节上他请了几十个人帮他一起抢到的，家中的这枚花炮为葛亮花炮节的第一炮，叫关帝炮，剩下的第二炮和第三炮分别叫添丁炮和胜利炮。按照规矩，抢到花炮之后，就得把它供在堂屋里，梁清海家的花炮就被放在堂屋里靠墙中间的位置，而背后那面墙上，贴着毛泽东、十大元帅、邓小平和江泽民的画像，只需一瞥，便立马感到时间在重叠，历史像切水果夹层蛋糕一样呈现在笔者面前。这尊花炮做工精致，外面

江河、商镇与山寨：都柳江下游的人群互动与区域结构过程

看像是一个舞台模型，有柱有顶、内外镂空，里面有一面镜子。据葛亮村民说，富禄的花炮做的是两层，像一栋小楼，但是葛亮的花炮万不可做第二层，因为如果做了第二层就会遭火灾，整个寨子都会遭殃。

葛亮快过花炮节时，笔者常在村里无所事事地到处走走，试图观察人们都在为花炮节忙些什么。天后宫背后的球场正在被布置着，晚上这里将举行一场歌舞表演，来这里演出的有富禄侗寨、贯洞、龙图、黎平、三江、大年、高安和两边坡上的（岑旁、岑牙等）人，在这些地方中，除了高安与岑旁、岑牙等村寨在三月三富禄花炮节时也去参加之外，贯洞、龙图、黎平、大年等地只到葛亮参加花炮节。实际上，富禄花炮节中所联系起来的人群，与葛亮花炮节中所联系的人群并不完全重合。对于富禄来说，从富禄到黎平陆路上所经过的村寨与之交往甚密，如龙额、登塞等村寨；而对于葛亮来说，那些沿河流、支流分布的村落与之联系更为紧密，如贯洞、龙图、大年等。通过参与花炮节的不同人群，我们也得以看出，人们通过同一个节日去维护的关系网络其实并不相同。

本想看看究竟不同地方的人聚集在一起要做些什么，结果到了演出快开始的时候遭遇了一阵瓢泼大雨。操场上的大榕树枝叶纷纷掉落，甚至传来话说有家房顶被风掀开了，不多时整个乡上停了电，陷入了一片漆黑，化好妆的女性都打算回家，预想会取消节目的表演。人们议论说，在葛亮过花炮节的前几天，一定会有一场像今天这样的狂风骤雨，这被看成是神灵显灵的一个例子，如果花炮节前有这么一场暴雨，那么今年的花炮一定非常的灵验，因为神灵都聚在一起了，才会有大风大雨，如果没有下这么一场雨，那么代表神仙们都不太重视，那一年的花炮可能就不会很灵。

大风过后，人们还是兴致很高地开始节目表演，主要是歌舞表演，其中也有侗族姑娘们在城市里打工时所学到的"热舞"以及兔子舞等，看着穿侗衣的女子跳兔子舞成了笔者在葛亮最欢快的回

第五章 "区域的再结构"

忆,其歌词也让人意犹未尽,其中除了英文歌词以外,还穿插着一句"猴皮筋,我会跳,三反运动我知道,反贪污,反浪费,官僚主义也反对",让观看节目的人有着时光交错的幻觉。歌舞表演之后,进入了当地人所称的"通宵午夜场",在午夜场表演的是从贵州龙图请来的侗戏班子。但是在文艺表演结束、侗戏还没有开始前,观众就已经散去了很多,可见现如今侗戏的吸引力,并不那么大了。

作为在2011年已经抢到花炮的梁清海家,此次花炮节任务尤其繁重,因为他们今年打算再抢得一枚花炮,而这就意味着他们在花炮之前就必须做到"诚心诚意",尽到所有对神灵应该有的礼数。在花炮节前几天,梁清海家中去年他抢到的那个花炮旁边,多了一个规模更大的花炮,这就是他家作为去年的胜利者必须在今年应尽到的义务——为次年的花炮节准备花炮,不仅要准备花炮,也要准备例行的奖品,即两簸箕的粑粑。粑粑用糯米制成,用八角沾上红色在粑粑上印上花纹。而这一切的工作,早在花炮节前两天就已完成。

葛亮花炮节当天,即农历三月廿三日,在江北岸的公路上,一队人抬着一座花炮从上游方向走过来,他们居住在贵州平校,离葛亮只有几里路。由于去年他们来葛亮抢到了第三炮孔明炮,所以今天他们把一挑做好的花炮、粑粑、红鸡蛋和猪头带过来"还"。渡船之前,人们先扔一串鞭炮,渡到河对岸后,要再扔一串鞭炮,到了葛亮之后,他们就在岸边停下,必须要等候接花炮的队伍到达才能把花炮接到庙里去,他们此次来葛亮还花炮,同时也希望组队再抢得一个花炮回去,他们希望花炮背后的神灵孔明能够如他们所愿跟随他们再次回家。平校人说,他们三月三的时候也去了富禄抢花炮,但是去富禄抢花炮不是为了别的,就是为了奖品摩托车才去的,并强调如果要说灵验,绝对是葛亮这边的才灵验,可以让人如愿以偿。所以看起来,人们去富禄是为了讨奖品,而来葛亮则是为

江河、商镇与山寨：都柳江下游的人群互动与区域结构过程

了花炮背后所蕴含的意义。

而同样是在早上，葛亮的人们已经开始了祭祀活动，寨中大大小小的神仙都必须被拜到，这样他们才会保佑花炮节可以顺利进行。人们说，只有知会这些神灵之后，他们才会知道要过节了，也才会到场参加，这样我们放的花炮才是灵的。他们所祭祀的顺序是萨坛、土地、天后、关公、孔明、孟获，所用的祭祀品都是一样的，猪头、水煮鸡和酒，每到一个神灵面前，人们都会献上祭品，烧香纸烛，并用侗话与神灵对话，通知神灵有人带了猪头、鸡来敬给他，希望他保佑寨上顺利。

一系列前期准备工作就绪以后，梁清海一家已经在家中等待接花炮的队伍来将花炮接到庙宇中去供奉。他们已经在新的花炮前摆好了猪头、水煮鸡、粑粑、鸡蛋等供品，值得一提的是，人们所准备的猪头嘴里都咬着一个猪尾巴。问到为什么要这么做时，当地人说，因为酬神需要完整的一头猪，但是一头猪花销又太大，所以就将猪尾巴放到猪嘴里，意思是有头有尾，当作完整的献牲。

图 5-8 葛亮花炮节送花炮仪式

第五章 "区域的再结构"

  吃罢饭后,仪式正式开始了。赖锦秋带来7个十岁左右、身着侗衣的小孩(4个女孩和3个男孩),先在梁清海家堂屋里进行仪式舞蹈,此刻唢呐、鼓声加锣镲响起,场面无比热闹,仪式结束后正式将花炮抬起来前往关帝庙。梁清海的妻子更是从花炮入庙那一刻起就守在庙里,照顾着花炮和敬神,以表明她的诚心,一直持续到抢花炮结束为止。

  到了抢花炮的环节,葛亮与富禄抢花炮的流程并无差别,只是葛亮寨中参与抢花炮的热情更高,且每年几乎都是葛亮本寨的人抢到多数的花炮。经过同样激烈的争抢,第一炮被梁清海家抢得,第二炮被寨上吴姓所得,第三炮则被岑同寨的人抢走。有了结果之后,人们又开始了接花炮仪式,从庙里将花炮接到各自家里去安放,接花炮回家的路上,放的鞭炮震耳欲聋,整个寨子都笼罩在浓烈的烟雾之中。接花炮仍旧需要仪式专家赖婆婆去进行,至于抢到花炮的外寨人,则需要将其送到河边,在河边,葛亮寨人和对方握手,交代些敬供花炮的规矩,也就离开了。笔者当时非常吃惊地看到去年抢得第三炮的平校的人也高高兴兴地和岑同寨的人一起坐船离去,疑惑于没有抢到花炮的平校的人为什么也如此喜悦,后来才知,原来他们彼此就是表兄弟,岑同抢得的花炮也可以庇佑一家人。

  虽然葛亮花炮节在三月二十三当天结束,然而与花炮相关的活动却还没有停止。在几天之后,支书家将举办一个花炮油茶,意思是家里抢到了花炮也让大家沾上一点好运气,关键在于,这个油茶所请的亲戚朋友必须都为女性,而这个日子必须由赖婆婆定下来。在葛亮,每个抢到花炮的人家都必须遵循这一规矩,葛亮另一家抢到花炮的人家在花炮节的第二天就举办了花炮油茶。

  所谓花炮油茶,意思是梁清海家抢得花炮后,必须请一餐回报亲朋好友,同时也是好事不要自家人独享,也要让众人沾受一点花炮的恩庇的意思。在农历三月二十八,梁家就在纸上写下了

江河、商镇与山寨：都柳江下游的人群互动与区域结构过程

第二天要请的人，而出现在名单上的都是女性，正式宴请定在二十九，当天，男性还是来了一桌，人们说，其实也可以全家一起来，但如果这家人不全家都来，那就必须派一个女的来。梁家所邀请的人共有36户，他们是梁清海和妻子两边的直系兄弟姐妹和堂亲兄弟姐妹，在他们看来，这些都是最亲近的亲戚。阿嫂说，如果要请大的那种，表亲也要请的话，那简直是一百多双筷子都是不够的，而他们上一次请这种大的是在5年前修新房子的时候。

　　油茶本定在午后两点开始，花炮油茶与侗族日常饮食的油茶有所不同，那就是要用糯米面做"汤圆"，其实当地人口中的汤圆，就是没有馅儿的糯米团，用油茶来煮熟吃，就相当于油茶泡糯米饭了。中午人就陆陆续续来了，且大多数是女性，一时间房子里小孩"泛滥成灾"，哺乳的妇女、拉扯着小孩的、教训着小孩的同时进行，场面热闹非凡，而且来家里的女人们手里都提着一个小篮子，里面装了一篮糯米给支书家，阿嫂接过糯米篮子以后，拿到楼上，将糯米取出，又将水果糖饼干之类的小袋子放进空竹篮里，作为回礼。不仅要送糯米饭，钱也是要送的，平均每家大约50元，连直系的亲属都会给。这样一来，梁清海家为制作花炮以及准备贡品所付出的资金，能够在花炮油茶上得到补偿。从这个角度来说，梁清海家所请的亲戚几乎都为花炮的获得出了一份力，也正是因为如此，他们也获得了花炮背后神灵的庇佑。

　　在葛亮人看来，花炮节是酬神的盛大节日，也是他们在一年中唯一的酬神机会。通过花炮节，不同时间出现在葛亮的象征符号在人们头脑中得以再一次被整合起来，不同的村落也在花炮节中相互交往，巩固着原有的村落关系，且在花炮节日期间，高坡与山下的界线暂时被模糊，无论高坡抑或河边的村寨，都可以前来游玩和抢夺花炮。与富禄花炮节所不同的是，葛亮花炮节由于是葛亮地方自行筹措举办，一方面强调的是与葛亮地方历史相关

的花炮节日内涵；另一方面它的背后是由村落组织、社会秩序作为支撑。从这些意义出发，葛亮村民也因此强调葛亮的花炮节更加"灵"。

实际上，富禄至今仍在举办的两个花炮节，也在暗中较量，相互都不是很服气。富禄花炮节因为有了政府的支持和推广，拥有了更大的名声，因此富禄认为葛亮花炮节是不值得一提的；然而葛亮花炮节却认为富禄花炮节不管名气再大，也比不上地方上对于葛亮花炮的认可。但是富禄花炮节与葛亮花炮节又并非相互对立，毕竟人们所共享的仍是同一套节日习俗，只是随着时间的流逝，节日的内涵被再解释和再创造，富禄花炮节与葛亮花炮节就在这种共生却各异的张力之中，将彼此联系在一起，而富禄与葛亮，又通过节日中所联系的人群，将区域网络交织在花炮节中。

上述葛亮与富禄花炮的记录，就像照片一样定格在当下，今天我们所看到的花炮节，似乎既能让我们触摸到历史的脉络，也让我们感叹世事的变迁。花炮节中所呈现的多元语义让我们费解，不同人群对花炮的理解与表述又是如此不同，然而，正是花炮节中所呈现的种种"暧昧"与"不清晰"，才是花炮节在富禄存在的最大意义。在同一个节日名称之下，不同的人群运用着相同的花炮符号，述说着不同的世界观与价值观，又在这一过程中寻找着彼此的身份界限，不断地调整自己在地方的位置，也是在这一过程中，还包含着不同文化相互接触过程中所产生的世界观的改变。花炮节一直在变，从最初的妈祖诞到三个花炮节，从三个花炮节到如今的两个花炮节，不仅时间上发生着变化，人们选择在花炮节中表达的内容也在变化。然而不变的是，人们通过花炮节的契机进行朋友间的交往、亲戚间的走动以及完成人与神之间的沟通，正是这些与人们休戚相关的内容，不同的人群才根植于地方，不同的文化才得以在同一场域中展演，而区域又再一次展现出它灵动的魅力。

江河、商镇与山寨：都柳江下游的人群互动与区域结构过程

第三节　未完成的花炮节

　　今天的花炮节以节庆的形式述说着区域的历史，从某种意义上说，花炮节可以被看作区域的一种文化展演。通过以花炮节为切入点，我们得以看到原本为闽粤籍移民带来的"妈祖诞"，如何逐渐被当地人所接纳，成为葛亮侗族所接受的地方节日；闽粤籍移民搬迁富禄之后，又如何将三王庙纳入五省会馆之中，创造出花炮节的"第三炮"；而葛亮又如何在原有的两枚花炮中增添孔明炮。通过对花炮节的历史过程进行梳理，我们也得以看到人们如何通过文化的创造将区域构织在一起的过程。在这一过程中，人们逐渐地将不同的信仰和文化要素一层层地加到花炮节中去，也将不同的文化经过改造纳入自己的精神世界之中。花炮节背后的意义一直在变化，而人群之间的相互关系也同样在改变。

　　当我们将花炮节放置于一个动态的过程中时，今天在富禄花炮节中所出现的种种现象便容易被理解了。如今富禄花炮节虽然规模甚大，也吸引了不少外地游客，但是老人们其实怀有诸多的抱怨。他们首先抱怨的是举办花炮节的资金问题，政府并没有承诺每年固定给多少钱用于举办花炮节，每年到了农历二月以后，老人和主持者就要开始与政府博弈，有些年份多些，有些年份又少些，所以每年等资金到位的时候，距离三月三就只有十几天了，那个时候组委会才根据要到的钱的多少决定花炮节的内容和规模。因此老人们抱怨准备的时间不充分，且有"看菜吃饭"的感觉，让花炮节的举办不能自由发挥。而如果只依靠富禄居委与富禄侗寨的人进行集资，又会资金欠缺，如今居住在居委的商家们由于离公路较远，实际上只能做一些小本买卖，贩卖些日用品，因此手头资金并不充裕，而大多数居委的房子都空了出来，有谋生本领的人都已离开了富禄，去到更大的地方定居。而富禄侗寨虽然生意做得好些，但是

毕竟花炮节是由富禄居委所组织安排的,侗寨所能支持的资金也并不多。

因此举办花炮节的资金问题被认为是难以应对的。在2012年的这次花炮节上,虽然政府给了较多的资金支持,但是人们仍旧比较担心,组织花炮节的人说资金虽然比往年多了,但是以物价上涨的幅度来看,其实也并不比前些年更多。实际上,今天的富禄花炮节,其经济上的意义对地方更为重要,在资金充裕的情况下,花炮节举办得越热闹,则可以吸引越多的人前来玩耍,并在富禄进行消费,居住富禄开店的商家们,几乎没有人有时间去河滩参加花炮节,人们搭起粉铺和各种小食摊,紧抓花炮节所带来的商业契机。花炮节在水道交通没落的今天,为富禄创造了新的市场机会,也正是因为如此,发展旅游的概念才会深入人们心中,以旅行者喜闻乐见的"少数民族传统"来对花炮节内涵进行改造和解释。

另一个主要的抱怨来自没有年轻人的参与,在当下的打工浪潮下,年轻人大多到大城市打工,因此花炮节期间的筹备与表演成了一个难题,富禄的老人们深感今天人们对于花炮节的热情在下降,出节目也缺人手,在富禄花炮节前夕的晚会中,富禄不得不从县里或更远的地方请人来表演。年轻人不仅仅只在筹备节目中扮演重要的角色,他们在参与环节的角色缺失也使得节日无法热闹起来。参与花炮之中的多是怀抱小孩的妇女,几乎难以见到适婚的姑娘,而单身男性也总是骑着摩托来去匆匆,似乎花炮节对其吸引力并不强烈。这些年轻男性告诉笔者,他们有的本来是在外打工的,但是到了花炮节,就请假回来玩一个星期,节日过后又会走掉。在葛亮,人们也向笔者表达了适婚女性缺失的困惑,人们说这里的年轻男人要找一个女人挺困难的,他们村很奇怪本来生男崽的就多,而女的出去打工的更多,这样一来地方男性越发找不到婚配对象。

交通的变革对花炮节也产生了影响。当公路交通便捷起来后,

江河、商镇与山寨：都柳江下游的人群互动与区域结构过程

花炮节当天下午五点左右，原本富禄拥挤的人群就统统散去了，这种冷冷清清的局面和以前每一户都住满人的局面形成了鲜明的对比。上述的这些落差都使得村里的老人们对花炮节有很多失落，而他们最为失落的，是现在的人们忽视了花炮中的神义，虽然富禄贤达在三月三当天也会进行祭神活动，但祭祀的对象已被模糊化为一张写着"神"字的红纸。老人们认为现在人们之所以抢花炮，多是为了附加的物质奖品，以至于花炮节组委会不得不提高奖品价值以保证人们参与的积极性。20世纪90年代时，奖品为电视机，而后慢慢地，电视不再是人们眼中的稀缺品，因此又将奖品价值提高，改为摩托车，老人们困惑地表示，看来今天摩托车都不再稀奇了，不知道以后要拿什么作奖品。

以上老人们的困惑，虽然带着怀旧的色彩，然而却是对当下社会环境变化最直接的剖白，这些针对花炮节的担忧，也在影响着富禄社会的方方面面，同时塑造着富禄社会。即便在今日，花炮节的内涵仍在变化，由于发展旅游经济的需要，富禄更愿意突出花炮节是"少数民族文化传统节日"，如今在官方推崇的"三月三"花炮节仪式中，逐渐模糊了闽粤移民曾经在节日中所扮演的角色，并隐藏了花炮背后的神义。如今花炮具有相比神义而言更为通俗的内涵，人们赋予了花炮"送子"、"发财"和"顺利"的意义，也不再争辩哪个花炮节才是正宗，而是讨论哪一个花炮节的花炮更"灵"。对于花炮节的含义来说，富禄花炮节最大的变化则是加上了"民族和谐"的概念，成了官方和民间共同打造的"侗族文化传统节日"，在节日当天增加了很多少数民族表演。这些新赋予的概念成了当下富禄新的资源，尤其对已经丧失了水运交通优势的富禄来说，有了新的经济意义。

当我们将花炮节放置于时间的线索之中，可以看到它似乎从来没有停止过变化。富禄的人群通过花炮节相互联系起来，又在花炮节中不断进行文化再解释与再创造，借以表达不同的文化诉求与利

益诉求。花炮节如同"区域"的一种历史展演,将区域的历史层层摆放在我们面前,它既在讲述历史,又在塑造着历史,我们并不知道,今天所建构起来的"侗族传统节日"会不会在人们长期的实践中形成地方的"历史记忆"。花炮节用文化的手段将区域构织成为一个整体,而花炮节中所涵盖的诸多信仰又存在着某种张力,在这种矛盾之下,人们为了在不同的境遇之中重新适应和协调彼此间的关系,从而不断地对花炮节进行再创造与再解释,而"区域"也在这种张力与矛盾之中不断被解构再结构,从这个意义上来说,花炮节从未完成过,而区域也永远处于流变之中。

小 结

本章通过对花炮节的梳理,我们得以看到,不同的象征系统如何在区域的结构过程中进行沟通,而"区域"又如何通过文化的手段联系成一个整体。花炮节在富禄的出现,源于都柳江航道疏浚带来的人与物的流动,在这一历史背景之下,不同的文化在富禄相互碰撞,天后信仰伴随闽粤移民出现在富禄,进入当地人的视野之中,而经过长期的文化交流,天后信仰逐渐被当地人所接纳,成为葛亮的神灵,而妈祖诞中的文化符号也被当地人所运用,最终成为区域中不同人群的共同习俗——花炮节。今天通过三个不同时间和时空的花炮节,居住在富禄的人群在共同的节日规范和安排之下,既诠释了被改造后的不同花炮含义,又通过节日联系为一个整体。花炮节以年为周期在富禄和葛亮举行,人们也年复一年地通过花炮仪式强化彼此之间的联系。这些通过文化表达出来的既整合又具差异的"区域"观念,今天已经渗透到了人们精神世界之中并成为人们日常生活的一部分。

虽然通过花炮习俗将人们在特定时间中整合在一起,然而,我们在花炮节中解读到的花炮含义又是如此不同。花炮节从过去到现

江河、商镇与山寨：都柳江下游的人群互动与区域结构过程

在，我们可以看到人们不断将不同的信仰往花炮节仪式中叠加的过程，且在富禄与葛亮，人们所赋予花炮的意义又存在着差异，这种差异性一方面是人们在不同的社会境遇中所做出的选择，人们选择哪种文化意义需要被强调，哪些意义需要被遗忘，而另一方面，则是不同人群之间的文化差异性。

这种文化的叠加，实际上可以看作一种有关"区域"的历史和文化表述，一种深藏在"层垒结构"中的历史的"堆积层"，就是这样层层相积的文化过程，塑造了今天的富禄社会，以及我们从富禄和花炮节中所观察到的"区域"。即使在今天，区域的这种动态结构过程仍旧在继续，人们在花炮节中所运用的话语与符号，依旧是人们在当下社会境遇中所做出的选择，当富禄花炮节不再提闽粤移民的历史，而是贴上侗族传统节日的标签时，我们得以亲自参与到历史被创造和改造的过程之中。

本章通过对富禄花炮节的变迁进行回顾，讨论今天被视作"地方传统"的文化习俗，是如何在不同时间和空间中得以确立，而这一确立的过程又伴随着怎样的人群活动和心态变化。一方面，这一历史过程为研究者提供了一个视角，得以从文化层面去深刻理解与重构乡村的历史，与其说某一"共时态"中所见之乡村庙宇的相互关系，反映的是特定地域支配关系的"空间结构"，还不如将其视为一个复杂互动的、长期的历史过程的"结晶"和"缩影"；[①] 而另一方面，也提醒我们注意文化本身所具有的历史化性质。

随着雍正年间都柳江河道的疏浚和区域开发，富禄汉人的到来为都柳江下游区域带来新的冲击。在初期，对拥有市场资源却身在异乡的客家移民来说，有效地进行移民社会整合与建立自身文化标

[①] 陈春声：《信仰空间与社区历史的演变——以樟林的神庙系统为例》，《清史研究》1999 年第 2 期。

示至关重要,它在生存层面和精神层面为移民提供了庇护。然而随着市场的成熟与土客互动的增加,新的社会关系和社会秩序在不断被建构,侗族与汉人围绕着花炮节这一文化符号进行文化再创造,通过赋予其新的意义建立新的象征性沟通方式。

另外,闽粤移民与少数民族在互动过程中所带来的变化不仅限于我们通常理解的市场、社会关系、社会秩序等要素,透过文化习俗体现的二者世界观的变化更需要研究者继续讨论,因为它不仅关系到今天我们所能观察到的文化传统是如何在特定的时空之下被建构起来的,更关系到不同人群如何从观念上共同树立起对"地方"的认识。

结 论

本书通过对都柳江下游富禄的过去与现在，及区域的结构过程进行分析，同时也由此再度思考和理解"区域"概念。笔者所探讨的不只是"区域"这一具有空间含义的地理范围，更关注区域背后的人群关系、社会网络的建构以及文化的交流，从而讨论区域如何被人所构织，又如何被人感知和呈现。在全书的写作过程中，笔者力图避免从研究者的立场圈画区域，而尽量从当地人的视角以及人的活动出发去诠释区域，目的也并非为"区域"勾勒边界，而是探讨"区域"这一概念在当地人头脑中原本就具有的复杂性和弹性。在这个意义上，与其说本书所描述的是"区域"故事，不如说是"人"的故事。

笔者所选取的都柳江下游富禄正是这个颇有"故事"的地方。雍正时期，由于国家开辟新疆域之需，清王朝对都柳江航道进行了疏浚，打通了都柳江与柳江、西江直至珠江的水路连接。水路的畅通对富禄地方产生了极大的影响，商品从下往上流动，而其中木材与盐的贸易为富禄赢来了商机。顺着水路，从广东、福建两省迁徙而来的商人先在柳州、长安等地市场开铺经营，又逐步在上游开设分铺赚取利润，就在这一过程中，闽粤籍商人来到了富禄，并最终定居下来。富禄位置之所以特别，是因为它既临江方便交通，又有水路和陆路可通贵州以及湖南，于是富禄成了商家汇集与物品流转之宝地。

航道疏浚对原本居住在富禄地方的人来说，是一个刺激性的事件。都柳江流域的木材得以通过水路销往外地，今天被称为苗、侗

结　论

的当地人将木材伐下，卖给沿河收木材的商家，商家再将木材扎成排运往下游。随着市场的繁荣，有的当地人开始为老板打工，守铺、放排甚至种田和当佣，有的则从事挑工在富禄码头等待生意，这些做工的当地人并非仅限于富禄本地，也包括了富禄周边地区。笔者之所以选取了清代的航道疏浚为时间的起点，一方面是因为这是当地人可以较为清晰地追溯到的时间，而另一方面，则是因为以此为始，人与物开始在都柳江流域快速流动起来，原来的社会生态被这种流动性所打破，原本的社会网络也因为陌生人的加入和市场的兴起而产生改变。可以说，正是在这样一个时间起点上，我们观察区域的再构建才成为可能，而也正是这一变化，文化的再生产过程才得以被探讨和分析。

当我们在进行区域研究时，需要被一个问题所考验，那就是"区域"由谁来界定？由政府的行政区划，由市场网络中的主导人群，抑或按研究问题的需要划分？当笔者站在黔桂交界处的都柳江河畔，看着那些沿江分布的小村寨和在崇山峻岭之中若隐若现的村落，突然对这样一个基本的问题产生了兴趣。对于那些溯江而上的闽粤籍商业移民来说，市场是他们生存的依托，也是生活的重心所在。对他们来说，"区域"是其所整合的移民社会，也是通过市场所维系的私人关系网络。如本书第二章所呈现的那样，闽粤籍的商业移民来到富禄之后，通过修建众墓来加强彼此间的认同，创造了"尖头赖"与"平头赖"的传说拟建出赖姓之间的宗亲关系，以及共同修建"天后宫""闽粤会馆"对移民自身进行整合。除了运用文化的手段之外，富禄移民通过市场与都柳江支流腹地的商人相互往来，如贵州水口、八洛、贯洞等地，关系也从生意上深入为私人友谊，其婚姻的对象往往也在这一关系网络里产生。可以说，在这一时期，商业移民头脑中的"区域"即是和市场相关的人和地方。

然而，虽然富禄的闽粤籍人群在地方拥有主导权力，但是依他

江河、商镇与山寨：都柳江下游的人群互动与区域结构过程

们所构成的关系网络体系是否就可以界定"区域"呢？抑或他们只是构成"区域"的一部分？在富禄这样一个多元族群和多重文化系统的地方，生活着的其他人群眼中的"区域"又是什么？不同的人群虽然生活在同样的地区，然而他们的生活圈是否重叠？而"区域"又是否真的是整齐划一的呢？通过与富禄周边人群的接触，笔者得以了解到，居住在高坡与河边的人群实际上对于"区域"有着不同的理解，而这种理解并非通过人们的述说和真实的界线来得以划分，而是通过禁忌、传说等方式进行表达。高坡人用风水、报应的说法将自己固定在山上，认为下山定居会遭受劫难，当他们必须下山时，则需要通过与山下人拜把兄弟或投靠家族等行为来突破这种障碍。因此，高坡与山下居住的人所构织的区域并非是完全重合的，其中充满了文化的张力。

这种区别并非一种经笔者判断后的分类，包括富禄在内的周边地区，一直存在着"九域山、十段河"的说法，在这种说法中，就包含着当地人自己对居住高坡与河边的人群的分类。从老者们所大致勾勒的"九域山、十段河"的范围来看，山上与河边分别涵盖的是不同的空间范围，同时也是人们不同的婚姻圈和交往圈。虽然今天这种说法未必能被年轻人知晓，但是"九域山、十段河"所规定下来的"兄弟寨"的村落联盟，依然在当下发挥着作用，当村落之间发生利益冲突时，"九域山、十段河"中所形成的秩序和传统，仍旧是人们选择利用的工具。

笔者意非过度强调高坡人与山下人的区隔，实际上，富禄地方的高坡人与山下人也交往颇多，例如无论是过去还是现在，市场与贸易的确是他们发生联系的媒介。施坚雅曾从市场网络出发，提出六边形市场模型[①]对"区域"进行解释。而之后的学者又纷纷对其

---

① 参见〔美〕施坚雅《中国农村的市场和社会结构》，史建云译，中国社会科学出版社，1998。

结 论

理论提出反思与补充，认为仅仅从市场出发的区域研究忽视了人本身的历史经验与文化价值。① 当笔者通过富禄地方不同人群对地方理解差异，希望表达的是，也许"区域"并非一个能够被整齐划一的空间概念。在富禄这样一个具有族群多样性的地方，"区域"甚至不是由某一人群进行界定的，不同人群所依赖和理解的"区域"是不尽相同的。在笔者看来，"区域"是一个具有弹性的概念，这种弹性来自生活其间不同人群间的文化张力，也来自人们在不同时间面临不同境遇之下所做出的灵活选择，而并非一个可清晰勾勒的地理空间范围。另外，"区域"之中也是充满了张力的，它有的时候表现为整合，而有的时候则是通过冲突的方式表现。文中富禄与高安的迁坟事件，以及对双方通婚的诅咒，甚至"七百"兄弟寨与青旗的冲突，实际上都是区域的一种呈现方式。正是在这些无法逃避又无法调和的张力之上，我们才能够去解读使区域不得不联系起来的那些强有力的关系与联系。

基层市场体系理论虽然为我们提供了一个具有启发性的研究视野和方法，但当我们真正从当地人的角度出发，深入到琐碎而复杂的地方生活之中时，反而会发现"区域"并非呈现扁平状，它实际上更为立体，既包含了空间上不同的社会网络，又因时间的流逝而发生着改变。正如有学者所提醒的那样，"如果仅从外在客观结构来探讨，很容易陷入演绎式、命定式的论点。即使是'地域'这个因素，也必须放置在'社群观'的架构下来看，它不完全是外在客观的决定条件，它即是'实质的'（physical），也是'想象

---

① 萧凤霞与科大卫在反思施坚雅的市场理论时，认为施坚雅实际上在诸多关系层面上将时间与空间概念化了，假设人人都是理性与利己的，然而这样的构建模式是很困难的，因为区域发展的动力不仅仅来自单维的经济发展。人是有历史经验、文化价值观和想象力的，一旦从真实的人的角度出发，看到人与国家话语及其制度形成的想象与互动，"区域"就构成了一幅多层面的、有意识的图景。参见萧凤霞、包弼德等《结构·区域·秩序——历史学与人类学的对话》，刘平等整理，《文史哲》2005 年第 5 期。

江河、商镇与山寨：都柳江下游的人群互动与区域结构过程

的'(imaginary)"。[①]

如果说"实质的"区域是我们可以观察到的社会关系网络、通婚圈以及市场等区域网络的话，那么"想象的"部分则是文化在发挥作用。借由都柳江水道，我们得以呈现具有文化差异的各类人群因相互接触而发生的冲突、调适、交融及关系的重构，进而追问，流行于不同地理单位中的宇宙观在相互碰撞的过程中，如何在保持自身独特性的同时，经由汇集于一地的多方人群的创造性实践加以整合，从而将地理空间中"与世隔绝"的单位，带到更为广泛而复杂的联系之中。我们只有通过出现在地方的象征性系统、民间传说以及仪式实践，才可以看到区域如何在当地人的观念中被建构起来。"想象的"区域之所以重要，是因为即使是在当地人头脑中的区域，也并不是清晰的，其中充满了晦涩与暧昧，而这些部分正是通过文化的手段去进行处理的。

在富禄这样一个多样人群交会的地点，文化的丰富性是能够被观察和被触摸的，从葛亮寨的"萨岁"、"天后"、"关帝"、"孔明"和"孟获"和谐并存的神灵阵列中，我们可以感受到不同的文化在富禄相互碰撞、发生意义交叠、相互采借的过程。葛亮的人群通过象征性手段与闽粤籍移民进行沟通，运用传说和习俗对彼此的观念世界进行改造，文化的再创造打破了人群间原有的文化隔阂，最后形成基于共同历史记忆的地方认同。也许我们可以说，正是有了文化的再解释和再创造，"区域"才拥有了它的生命力和弹性，而正是在"区域"构织起来的过程中，文化才有了再创造和再生产的土壤。

在富禄，正是有了不同人群间的文化交流，才有了今天散落在都柳江沿岸的形态各异的"三王"，而正是有了文化的再解释与再生产，闽粤籍移民最初带来的妈祖诞才渐渐演变成区域中不同人群

[①] 陈文德、黄应贵主编《"社群"研究的省思》，台北：中研院民族研究所，2002。

的共同习俗——花炮节。今天通过三个不同时间和空间的花炮节，居住在富禄的人群在共同的节日之中，既诠释了被改造后的不同花炮含义，又通过节日联系为一个整体，周而复始地通过仪式进行强化。这些通过文化表达出来的既复合又具意义分歧的"区域"观念，今天已经渗透到了人们精神世界之中并成为人们日常生活的一部分。在这个意义上，也许我们可以补充说，"区域"不仅仅是"实质的"，也是"想象的"与"文化的"。

台湾的"祭祀圈"与"信仰圈"研究很早就关注到区域的象征性机制，学者们研究人们如何用信仰的形式来表达社会联结性（social solidarity）的传统，进而通过分析地域性民间信仰来探讨台湾汉人移民社会。但是，当我们把时间因素放置其中就会发现，实际上祭祀圈或信仰圈中人们所共享的意义并非是一成不变的。在富禄地方，由于清代以来的河道疏浚带来了人口与物品的流动，同时也带来了文化的流动，在区域再结构的过程中，信仰被传递的同时也被不同的文化体系所改造，或是根据不同境遇下人们的实际需要进行重新解释，从而使相同的信仰以不同的形式呈现出来。

在第四章中所描绘的三王庙，则正是这样一个例子。三王是都柳江沿岸较为常见的神祇，然而今天人们对于三王的解释却相差甚远，甚至三王庙的形制也各不相同。在富禄它曾经与五省会馆共存；在上游新民，它却与萨岁居住在同一亭宇之下；在支流西山河之中，三王庙又被称为白帝庙，在村落风水传说中扮演着重要角色。看起来，三王庙的含义似乎暧昧不清，它背后的人群也若隐若现，难以追寻，然而它正是都柳江下游人的流动和文化流动的结果。随着时间的流逝，不同地方的人们选择记忆三王信仰中的一部分，而遗忘另一部分，在不同的时间和不同的情境中进行筛选与创造。因此，如果我们将区域看成包含时间因素在内的结构过程，并且考虑到这一过程之中的文化再创造，那么可以意识到，在祭祀圈与信仰圈所形成的"区域"之中，人们在共享意义的同时，也改

江河、商镇与山寨：都柳江下游的人群互动与区域结构过程

造着意义。

在富禄花炮节中可以看到，花炮节用文化作为手段将不同人群整合在一起，而不同的人群又在花炮节中表达着不同的利益诉求与文化诉求。在花炮节期间，区域网络好似收网一般将各个人群汇集在富禄，每个人都是花炮节中的一部分，但是人们对三个花炮节的仪式操演和理解又如此不同，而这些差异的背后，是人们通过节日和仪式所表达的对于区域历史的不同诠释，从这个意义上说，花炮节可以看作区域历史的一种展演。从一个花炮节到三个花炮节，笔者梳理的不仅仅是节日本身的内涵流变，更是它背后所体现的区域如何被构造、历史如何被创造的诸议题。

今天的花炮节仍旧发生着改变，水道交通的落寞、公路交通的兴起又继续改变和形塑着"区域"，而打工潮中年轻人的出走，也对区域之中人群间的交往与联系形成挑战。花炮节从过去到现在，实际上可以被看作一种有关"区域"的历史和文化表述，一种深藏在"层垒结构"中的历史的"堆积层"，就是这样层层相积的文化过程，塑造了今天的富禄社会，以及我们从富禄所观察到的"区域"。即使在今天，区域的这种动态结构过程仍旧在继续，人们在花炮节中所运用的话语与符号，依旧是人们在当下社会境遇中所做出的选择，当富禄花炮节不再提闽粤籍移民的历史，而是贴上侗族传统节日的标签时，我们得以亲自参与到历史被创造和改造的过程之中。

实际上，在施坚雅的研究之后，区域研究的取向重心逐渐从着重区域经济和社会分工与整合，向区域身份和意识的建构转移。萧凤霞曾提出"结构过程"（structuring）以强调，个人通过他们有目的的行动，织造了关系和意义（结构）的网络，这网络又进一步帮助或限制他们做出某些行动，而这将是一个永无止境的过程。[①] 而她

---

① 萧凤霞：《廿载华南研究之旅》，《清华社会学评论》2001 年第 1 期。

结 论

在研究广东中山小榄菊花会传统时,也强调在区域政治经济发展的过程中,地方精英如何创造本地文化,以确立自己的社会地位和文化身份。[①] 这些更关注局内人的文化认同和主观意识的探讨,都迫使我们对"区域"这个概念本身进行重新思考。人作为一个"整体"生活的行动者,多重意义不断在社会互动中交错、浮现及隐退,在不同的社会处境中,某些意义会选择隐蔽,某些意义会选择显现。笔者不能完全认定,"区域"就是人们一种情境式选择的观念,但是,人会在不同的社会结构以及文化的碰撞间,对自我有不同的认识与界定,会选择不同属性的界限以捍卫自己的价值,也就在这些力量显与隐的浮光交错间,"区域"一再被结构再解构、解构再结构,地方从未"完成",而总是处于流变之中。

台湾学者黄应贵在《区域的再结构与文化再创造》一文中,强调"区域"的界定不是依自然地理环境来划分的区域范围,而是由人、物、知识以及资金的流动作为切入点,探讨人们日常生活各种领域的变化,以及社会秩序与世界观的在区域结构过程中所产生的变化。他强调,只有把客观的区域结构和地方文化传统的创造与流变结合起来,进行主客观的结构联结,才能真正去挑战既有的区域概念。[②] 而本书,正是在这样一个理论关怀之下去讨论"区域"概念的一个尝试。通过当地人所叙述的富禄从清代后期航道疏浚以来的地方历史,以及今天不同人群共同生活其中的富禄社会,笔者希望借此说明,"区域"并不只是指地理上的划定,更有其想象性与历史过程的意义。自清雍正年间航道疏浚之后至今,随着不同人群的迁入,与苗侗长期的混居、有限的通婚,以及信仰、市场的影响,人群间建立起复杂的关系网络,而其头脑中的"观

---

① 萧凤霞:《传统的循环再生——小榄菊花会的文化、历史与政治经济》,《历史人类学学刊》第1卷第1期,2003年。
② 黄应贵:《人类学的视野》,第194页。

江河、商镇与山寨：都柳江下游的人群互动与区域结构过程

念"也会随之改变。上述各种客观条件铭刻在当地人身上，当地人又用不同的诠释与想象方式，反过来形塑这些客观结构，而文化就在这样一个想象的过程之中被再创造和再生产，成为人们日常生活中最灵动的部分。

同时，笔者也在本书中借助"区域再结构"的思考，进一步对过去移民研究所强调的移民在某区域的开发进行反思。正是为了避免"区域开发"这一表述背后充满汉人文化中心主义的观点，笔者运用田野材料所呈现的，是更具弹性、立体且多维度的"区域"面貌。我们只有将"区域"放置在动态过程之中，将其视为区域再结构，"才可能把汉人征服前的人类活动纳入其中，看到更多元人群与文化的互动、采借、结合与创造和再创造"。[①]

行文至此，关于"区域"仍旧留下了很多尚未解决和值得继续思考的问题，而经过对文中所呈现"区域"的再次审视，笔者反而对"区域"这一概念产生了一种更加难以捕捉的感觉，当"区域"不再被视作一个地理空间范围，而加入了不同时间下不同人群的活动时，它变得复杂和丰富起来，而笔者的"难以捕捉"的感觉，正是"人"本身所具有的复杂性和丰富性所带来的迷惑感。只有通过人们层层叠叠的记忆、实实在在的生活与灵动的文化活动，我们才得以接近与诠释"区域"，从而看到人们都是如何看待自己和认识历史的。

也正是因为上述原因，笔者并没有选取线性时间为线索安排全书结构，而是以区域的各个面向去探讨之，以问题为导向，在过去与当下的相互关照中行进，这种尝试，意图展示一个更为立体的"区域"，而避免自己在线性时间的梳理中遗漏"区域"概念的生动之处。历史虽不是以线性的形式出现在文本之中，然而却在今天

[①] 黄应贵：《人类学的视野》，第215页。

我们看到的人群活动中无处不在。笔者最初进入富禄,试图了解当地人头脑中的"区域历史"时,当地人讲述的却是那些碎片化的片段、多义的传说和隐喻的故事,然而,如果我们所面对的并非研究者的"区域",而是"他者"世代生活的"区域"的话,这大概就是"区域"的呈现方式。

附 录

一 夜郎文化之三王父子简介

《西南夷传》记载,有夜郎部落诸侯国,国王竹多同乃古之云南贵州广西牂牁河畔(又名豚水,今北盘江)施州歌罗寨人氏(今遵义竹县)。在湘桂黔三省区的侗族民间都有这样的传说:很久很久以前,歌罗寨有一村妇在豚水浣沙,正逢涨水,有三节大竹流入足间,闻其中有号声,拿回家剖开得一蛙状小男孩,皮脱掉后跑到村妇怀中不住地叫妈妈,村妇如是把蛙郎抚养成人。"蛙"侗壮语叫"夜",故称夜郎,因靠竹筒得生就以竹为姓。待到长大成人,文可治国,武可安邦,自立国王之后,广施仁政,普兴教育,引进中原先进生产技术,使刀耕火种落后的生产方式得以更新,子民无不钦佩崇敬。

竹王有三子二女,一个个都是才智过人,文武双全。汉武帝元鼎六年,平南夷为牂牁郡,派吴霸为太守。夜郎王迎降,被汉武帝怀疑有叛汉之举而诛杀;后发觉误杀,派唐蒙出使夜郎,对其子的待遇是厚赐,封竹兴继承夜郎王位。三王为统一大业不主张为父报仇,不兴兵伐汉,夜郎国子民免去一场兵灾,子民安居乐业。后来西南边民为了纪念竹王父子治理夜郎国有功,竹王宫、三王宫、三王庙就此建立起来,三王神话的传说也就应运而广为传播,人们立庙祭之有求必应,十分灵验,真是香火不断,宫灯长明!

关于三王宫的传说:四百年前,和里有一樵夫梦中遇见竹王父子,问曰:此地何名?樵夫言归六归宾双溪口。三王说:此处古树参天，环境优雅，风景宜人，可惜没有龙泉水饮。竹王手提铁杖便把大块崖石戳穿，泉水从石缝中源源不断地涌出来，众人用上清凉爽口的泉水，竹王就在此地投宿。其三子沿河而下，直到和里南寨双溪汇口处停步，三兄弟商量这里比归六归宾更为宽阔，好地方！好地方！三王说，二月初五日前七天七夜要天昏地暗，本王要在此地修建宫殿云云。樵夫醒来记忆犹新，第二天到归六归宾观之，崖石中果出一股清泉，梦中应验，急传开。正月廿八，大地真是昏暗七天七夜，晴朗时三王宫出现在双溪口边，从此人们络绎不绝，顶礼谟拜，有求必应，十分灵验。到了清代乾隆年间，五百和里众生加上四面八方善士集资扩建，留下现在规模，成为三江县境内独一无二的古建筑物之一。

（该碑文录于广西三江良口乡和里三王庙）

二　维修三王宫代序

谚云：疏文则昧，忘史则蜕，失德则悖。建庙立祠，乃崇文重史倡德之形表，诚为泱泱华夏古朴民风悠久文化之一脉，非纯属迷信之举。纵观四海，是处有关帝岳王武侯文丞相诸庙，盖因人佩感关羽之义薄云天，岳飞之精忠报国，诸葛亮之鞠躬尽瘁，文天祥之浩然正气也。山海关设姜女庙，为旌孟姜女千里寻夫之一片冰心；蜀中立堰祖庙，为彪李冰父子修都江堰之万古宏益；赣皖豫鄂普建药王庙，为彰李时珍踏千山尝百草著纲目增寿万民之垂世功德；湘桂黔多处造三郎庙、三王宫，为昭夜郎王竹氏多同所生三子施仁政倡革新兴文教富黎民之风范节操。举凡为圣贤豪杰设坛立位，一祠即一座丰碑，一庙当一部史册。缅怀英烈弘扬求真向善，乃古人建庙初衷，修身治国者应导向圣洁，慎勿厚非焉！诚然迷信愚民者有

江河、商镇与山寨：都柳江下游的人群互动与区域结构过程

之，比如本庙附设之天帝相公神位，实为太平天国借以号召民众之精神偶像，昔翼王石达开屯兵宜州，游白龙洞有"毁佛崇天帝，移民复古风"之诗句可佐证。天帝者，玉皇大帝也，天帝虚乌有之，造神妄说，亦可窥见天国义旗影响之深远也。天帝即为附设，则可推知其在建庙承祀三王之千百年后，而黔桂百族为竹氏父子立庙，当早在三国两晋之前。即以本庙稽考据，地方志记载唐宋间原建于浔榕两江汇合之老堡口，明末因毁于兵燹，始移建于斯，其后经乾隆道光光绪直至民纪，多次修缮方具此宏大规模。若以夜郎遗迹视之，纵踏遍牂牁豚水古城已凤毛麟角；就民族建筑艺术而论，则如此奇特景观尤为珍贵且罕见者矣。何谓奇特，一陇三庙，一溪三桥，一桥三顶，庙桥形成体系，庙因桥而居地利，桥因庙而占人和，座王端而望天鹅，吐八溪而守国道，此一奇也；庙分二殿，双院两廊，三千六百石板铺就，三十六级台阶导引，东西山墙如风帆飘游沧海，如锐戟直刺蓝天，南北中三道屋脊或虬龙翘首，或巨鳖腾空，或鸾凤朝阳，精雕细刻，浑然天成，此二奇也；桥体上木下石，重檐叠翅，巍亭幽廊，累千石以成弯弓，无需灰浆钩连而负千钧重力，刨万木以构框架，无铁钉定榫而蕴汲万变玄机，包容赵州桥之伟岸沉雄，程阳桥之奇巧壮丽，此三奇也。廿世纪末叶癸酉，文化局旅游局颁文将此处庙桥列为三江县重点文物保护单位，诚乃慧眼识珠。于是乘改革开放之天时，乡之贤达辄倡集资修葺，以抢救国家文物。幸赖政府撑持，各界人士纷纷解囊，使如此浩繁工程指日可就，而今而后望桑梓后生据交通之博便，借古迹之余辉，广开财路，富我乡民，普升文德，造福子孙，则侗族先民之智慧，乡邑父老热心公益之传统，戮力建设者之盛情，历史文物之价值，皆不枉矣！

赞曰：庙政商学社，沧桑又百年，明珠重焕彩，钟鼓颂尧天。

（公元一九九五年十二月吉日立）
（该碑文录于广西三江良口乡和里三王庙）

三　增修碑记

乾坤献瑞，构阴阳之和，积元气之英，发祥于施州，钟灵于豚水，时有李氏在兹浣纱，流大竹节于足间，回萦环绕，闻声呱呱，氏拾剖而视之，得一婴儿，抚育成人，以竹为姓，长生三子，作述相承，有孝有德，才武并著，有翼有严，汉武帝时，策立华勋，帝赐印绶，称夜郎侯于恳元，元民心悦，服及其逝矣，土人立庙于施州，父子配食歌罗寨，越至宋朝。

崇宁皇帝立惠庙，以祀之父若子，其神之在天下也，如水之在地中，无所往而不在也，即如在天鹅岭，父谓子曰，旷观胜地，其中合流水口，三处可享祭祀，其一名曰，祖庙翠峰合流水口，其二名曰，河鲤南寨合流水口，其三名曰，老堡浔榕合流水口，余居翠峰，林木峻耸，三子居下二处，七年享以大牢，三子曰，唯唯其水亦犹讹传也，而王之精诚，古人梦见以相告盖王之灵犀，式凭有求则必应。

大明郝皇永历之南串也，去楚，走粤，至军听潭而封之，敕父为竹王，敕子为三王，名愈高而德愈普，屏蒙边土，物阜人安，但世远年□，屡改庙宇，王之创造旧积一石□之□尚在，留于阁楼中，以历年所，于人之共识，而天帝相公，厥声赫赫，霖雨苍生，在上洋洋光昭德泽，殿居其右，两庙排连，栋梁虽固，煤烟积尘，须当补葺，窃□堂前浅狭，骏奔维艰，是以欲创两廊，砌墙围抱，戏楼在上，大门居中，壮其观瞻，功程浩大，一木难支，乃敢置簿倡捐，特向善人君子，乐解囊箧，共力厥成，集腋成裘，同为盛举，业已落成，杨首事之竭力，谢诸君子之捐资，均泐于石，永著芳名。

缘首

河鲤：吴登云　吴玉元　杨士英　杨植高

江河、商镇与山寨：都柳江下游的人群互动与区域结构过程

  南寨：杨传芳 杨尚金 杨尚良 杨尚青
  欧阳：梁士凤 曹千保 杨仁和
  府学生员杨华 撰 靖州箫成明 刊
  丑年未月乙亥日丁丑时动土发墨
  丙申月辛丑未日癸巳时笠柱上梁
  大清道光廿四年发次甲辰仲夏立

      （该碑文录于广西三江良口乡和里三王庙）

参考文献

一 文献资料

贵州省从江县志编纂委员会编《从江县志》，贵州人民出版社，1999。

贵州省榕江县地方志编纂委员会编《榕江县志》，贵州人民出版社，1999。

《清高宗实录》，华文书局，1970。

三江侗族自治县地方志编纂委员会翻印《三江县志》（民国35年），2002。

三江侗族自治县志编纂委员会编《三江侗族自治县志》，中央民族学院出版社，1992。

三江侗族自治县民族事务委员会编《三江侗族自治县民族志》，广西人民出版社，1989。

王锦编纂《柳州府志》，出版者不详，1956。

魏任重、姜玉笙纂《三江县志》，台北：成文出版社有限公司，1964。

吴振械：《黔语》，贵州人民出版社，1992。

政协三江侗族自治县委员会编《三江文史资料》，1992～2007。

二 著作

〔英〕埃德蒙·R. 利奇：《缅甸高地诸政治体系》，杨春宇、周歆红译,商务印书馆,2010。

〔英〕布罗尼斯拉夫·马林诺夫斯基:《西太平洋的航海者》,张云江译,中国社会科学出版社,2009。

曹树基:《中国移民史》,福建人民出版社,1997。

陈春声:《市场机制与社会变迁——18世纪广东米价分析》,中山大学出版社,1994。

陈文德、黄应贵主编《"社群"研究的再省思》,台北:中研院民族学研究所,2002。

程美宝:《地域文化与国家认同——晚清以来广东文化观的形成》,生活·读书·新知三联书店,2006。

陈贤波:《土司政治与族群历史——明代以后贵州都柳江上游地区研究》,生活·读书·新知三联书店,2011。

陈志明:《迁徙、家乡与认同——文化比较视野下的海外华人研究》,段颖、巫达译,商务印书馆,2012。

〔美〕杜赞奇:《文化、权力与国家——1900～1942年的华北农村》,王福明译,江苏人民出版社,2010。

费孝通:《江村经济》,江苏人民出版社,1986。

费孝通:《乡土中国》,北京大学出版社,1998。

〔英〕弗里德曼:《中国东南的宗族组织》,刘晓春译,上海人民出版社,2000年。

〔美〕格尔兹:《尼加拉:十九世纪巴厘剧场国家》,赵丙祥译,上海人民出版社,1999。

〔美〕韩书瑞、罗友枝:《十八世纪的中国社会》,陈仲丹译,江苏人民出版社,2008。

黄应贵:《人类学的视野》,台北:群学出版有限公司,2006。

〔英〕拉德克利夫·布朗:《社会人类学方法》,夏建中译,华夏出版社,2002。

李正华:《乡村集市与近代社会——20世纪前半期华北乡村集

市研究》，当代中国出版社，1998。

〔美〕孔飞力：《叫魂——1768年中国妖术大恐慌》，陈兼、刘昶译，上海三联书店，1999。

〔美〕柯文：《在中国发现历史》，林同奇译，中华书局，1989。

廖迪生：《地方认同的塑造：香港天后崇拜的文化诠释》，《诸神嘉年华——香港宗教研究》，牛津大学出版社，2002。

林耀华：《金翼——中国家族制度的社会学研究》，生活·读书·新知三联书店，1989。

林耀华：《义序的宗族研究》，生活·读书·新知三联书店，2000。

梁肇庭：《中国历史上的移民与族群性——客家人、棚民及其邻居》，冷剑波、周云水译，社会科学文献出版社，2013。

刘志伟：《在国家与社会之间——明清广东里甲赋役制度研究》，中国人民大学出版社，2010。

刘志伟：《南岭历史地理研究丛书》，广东人民出版社，2016。

麻国庆：《家与中国社会结构》，文物出版社，1999。

〔美〕萨林斯：《历史之岛》，蓝达居等译，上海人民出版社，2003。

〔日〕山田贤：《移民的秩序——清代四川地域社会史研究》，曲建文译，中央编译出版社，2011。

〔美〕施坚雅：《中华帝国晚期的城市》，叶光庭译，中华书局，2000。

〔美〕施坚雅：《中国农村的市场和社会结构》，史建云译，中国社会科学出版社，1998。

王赓武：《华人与中国》，上海人民出版社，2013。

王鹤鸣等编《中国谱牒研究》，上海古籍出版社，1999。

王明珂：《华夏边缘：历史记忆与族群认同》，社会科学文献出版社，2006。

王明珂：《羌在汉藏之间：川西羌族的历史人类学研究》，中华书局，2008。

王铭铭：《社会人类学与中国研究》，生活·读书·新知三联书店，1997。

王铭铭：《社区的历程：溪村汉人家族的个案研究》，天津人民出版社，1997。

王铭铭等：《文化复合性——西南地区的仪式、人物与交换》，北京联合出版公司，2015。

王铭铭：《人生史与人类学》，生活·读书·新知三联书店，2010。

〔英〕王斯福：《帝国的隐喻》，赵旭东译，江苏人民出版社，2009。

王振忠：《明清徽商与淮扬社会变迁》，生活·读书·新知三联书店，1996。

朱慧珍：《富禄百年——客家人与少数民族共生共荣关系考析》，广西民族出版社，2007。

赵敏、廖迪生主编《云贵高原的"坝子社会"——历史人类学视野下的西南边疆》，云南大学出版社，2015。

〔美〕詹姆士·斯科特：《逃避统治的艺术》，王晓毅译，生活·读书·新知三联书店，2016。

张应强：《木材的流动——清代清水江下游地区的市场、权力与社会》，生活·读书·新知三联书店，2006。

赵世瑜：《小历史与大历史——区域社会史的理念、方法与实践》，生活·读书·新知三联书店，2006。

郑振满：《明清福建家族组织与社会变迁》，湖南教育出版社，1992。

庄英章：《林圮埔——一个台湾市镇的社会经济发展史》，上海人民出版社,2000。

Anthony Giddens, *Central Problems in Social Theory: Action, Structure and Contradiction in Social Analysis* (Berkeley and Los Angeles: University of California Press, 1979).

Arthur Wolf, *Gods, Ghosts and Ancestors* (Stanford: Stanford University Press, 1974).

Fredrik Barth, *Ethnic Groups and Boundaries* (Introduction. Oslo: Universitetsforlaget, 1969).

F. Barth, "Boundaries and connections" in *Signifying Identities: Anthropological Perspectives on Boundaries and Contested Values* (London: Routledge, 2000).

Lowrance Crissman, *Marketing on the Changhua Plain, Taiwan, Economic Organization in Chinese Societ* (Stanford: Stanford University Press, 1972).

David Faure & Helen F. Siu, eds., *Down to Earth: The Territorial bond in South China* (Stanford: Stanford University Press, 1995).

Helen Siu, *Agents and Victims in South China* (New haven: Yale University Press, 1989).

James L. Watson & Evelyn S. Rawski, *Death Ritual in Late Imperial and Modern China* (Berkeley: University of California Press, 1988).

Clifford Geertz, *Agricultural Involution: The Processes of Ecological Chage in Indonesia* (Berkeley: University of California Press).

Linda Cooke Johnson, *Cities of Jiangnan in Late Imperial China* (New York: State University of New York Press, 1993).

Redfield Robert, *The Little Community, and Peasant Society and Culture* (Chicago: The University of Chicago).

Richard P. Werbner, ed., *Regional Cults* (New York: Academic Press, 1991).

江河、商镇与山寨：都柳江下游的人群互动与区域结构过程

Steven B. Miles, *Upriver Journeys: Diaspora and Empire in South China, 1570 – 1850* (Harvard University Asia Center, 2017).

三 论文

安克努森：《二元历史：一个地中海问题》，〔丹麦〕海斯翠普编《他者的历史：社会人类学与历史制作》，贾士蘅译，中国人民大学出版社，2010。

陈春声：《韩江流域的社会空间与族群观念》，《"区域再结构与文化再创造：一个跨学科的整合研究"学术讨论会论文》，台北：中研院民族学研究所，2005。

陈春声：《三山国王信仰与清代粤人迁台——以乡村与国家的关系为中心》，周天游主编《地域社会与传统中国》，西北大学出版社，1995。

陈春声：《走向历史现场》，《历史田野丛书总序》，生活·读书·新知三联书店，2007。

陈春声：《社神崇拜与社区地域关系——樟林三山国王的研究》，《中山大学史学集刊》第2辑，广东人民出版社，1994。

陈文德：《"族群"与历史——以一个卑南族"部落"的形成为例》，《东台湾研究》1999年第4期。

程美宝：《区域研究取向的探索——评杨念群著〈儒学地域化的近代形态〉》，《历史研究》2001年第1期。

段颖：《diaspora（离散）——概念演变与理论解析》，《民族研究》2013年第2期。

黄国信、温春来、吴滔：《历史人类学与近代区域社会史研究》，《近代史研究》2006年第5期。

何良俊：《清季民国时期长安市镇商人类型及其网络关系》，《北方民族大学学报》（哲学社会科学版）2012年第2期。

黄淑聘、龚佩华：《试以黔东南民族文化变迁论民族文化交融

的过程和条件》，《广西民族研究》1992年第4期。

黄瑜：《国家观念与族群认同——以广西北部"三王"形象演变为中心的考察》，《历史人类学》第13卷第2期，2015年。

罗康隆：《清水江流域木材贸易中的族际经济结构分析》，《原生态民族文化学刊》2012年第4期。

罗美芳：《清水江流域航道开辟及其社会发展》，《原生态民族文化学刊》2009年第1期。

林美容：《由祭祀圈到信仰圈——台湾民间社会的地域构成与发展》，《第三届中国海洋发展史研讨会论文集》，台北：中研院三民主义研究所，1988。

赖淑娟：《历史过程中的族群实践——宜兰、花莲边界的族群流动与交叠》，《东台湾研究》2012年第18期。

刘秀丽：《从四大民瑶看明清以来"南岭走廊"的族群互动与文化共生》，《中南民族大学学报》（人文社会科学版）2010年第2期。

刘志刚：《跨越"区域"的困惑》，《黑龙江史志》2008年第10期。

刘志伟：《神明的正统性与地方化——关于珠江三角洲地区北帝崇拜的一个解释》，《中山大学史学集刊》第2辑，广东人民出版社，1994。

刘志伟：《南岭与客家：从客家历史看山地区域的整合》，《客家研究辑刊》2016年第1期。

麻国庆：《全球化文化的生产与族群认同》，中南民族大学民族学与社会学学院编《族群与族际交流》，民族出版社，2003。

麻国庆：《作为方法的华南：中心和周边的时空转换》，《思想战线》2006年第4期。

麻国庆：《文化、族群与社会——环南中国海区域研究发凡》，《民族研究》2012年第2期。

江河、商镇与山寨：都柳江下游的人群互动与区域结构过程

麻国庆：《南岭民族走廊的人类学定位及意义》，《广西民族大学学报》（哲学社会科学版）2013年第3期。

苏弈如、黄宣卫：《文化建构视角下的Sakizaya正名运动》，《考古人类学刊》2008年第68期。

施振民：《祭祀圈与社会组织——彰化平原聚落发展模式的探讨》，《中央研究院民族学研究所集刊》第36期，1973年。

萨林斯：《整体即部分——秩序与变迁的跨文化政治》，刘永华译，《中国人类学评论》第9辑，世界图书出版公司，2009。

唐晓涛：《三界神形象的演变与明清西江中游地域社会的转型》，《历史人类学学刊》第6卷，2008年。

萧凤霞：《传统的循环再生——小榄菊花会的文化、历史与政治经济》，《历史人类学学刊》第1卷第1期，2003年。

萧凤霞：《廿载华南研究之旅》，《清华社会学评论》2001年第1期。

萧凤霞、包弼德等：《结构·区域·秩序——历史学与人类学的对话》，《文史哲》2005年第5期。

王梅霞：《从"交换"看族群互动与文化再创造——日治初期苗栗地区泰雅族的研究》，《考古人类学刊》第71期，2009年。

谢晓辉：《苗疆的开发与地方神祇的重塑——兼与苏棠棣讨论白帝天王传说变迁的历史情境》，《历史人类学学刊》第6卷，2008。

许嘉明：《彰化平原福佬客的地域组织》，《中央研究院民族学集刊》第36期，1973年。

袁晓文：《藏彝走廊的族群互动研究：汉彝文化边缘的冕宁多续藏族》，《西南民族大学学报》（人文社科版）2012年第12期。

张俊峰、殷俊玲：《首届区域社会史比较研究中青年学者学术讨论会综述》，《历史研究》2005年第1期。

朱晴晴：《清代西南乡村集市与区域社会——以贵州黔东南小江

为例》,《广西民族大学学报》(哲学社会科学版) 2011 年第 6 期。

朱晴晴:《江西街——清水江下游一个移民村落的形成》,《原生态民族文化学刊》2011 年第 2 期。

张应强:《边墙兴废与明清苗疆社会》,《中山大学学报》2001 年第 2 期。

赵世瑜:《国家正祀与民间信仰的互动——以明清北京的"顶"和东岳庙的个案研究》,《北京师范大学学报》1998 年第 6 期。

赵旭东:《适应性、族群迁徙与现代的文化认同》,《广西民族大学学报》(哲学社会科学版) 2012 年第 3 期

周永明:《道路研究与"路学"》,《二十一世纪》2010 年 8 月号 (总第 120 期)。

David Faure, "The Lineage as a Cultural Invention: the case of the Pearl River Delta," *Modern China*, *15*, No. 1 (1989).

Kirsten Hastup, "Fieldwork among friends," in A. Jackson (ed.), *Anthropology at Home*, ASA Monograph 25 (London: Tavistock, 1987).

后　记

　　也许只是受浪漫的召唤，2008年，我走进人类学系，成了一名初学者。就在这年暑假，我第一次跟随张应强老师与本科实习生一起走进田野，接受了人类学真正意义上的"洗礼"。人生中的第一次田野，我就去了都柳江。

　　才入人类学系，张应强老师就跟我说，历史系那边正好有个历史人类学研讨班，我可以去旁听。我去了，一个字都听不懂，只记得学者们相互发问、回应、争吵，可是吵完了他们还很高兴。当时的我是一个刚刚从国际关系专业毕业的本科生，就像每个人都有一个 culture identity 一样，我想每个人也许也有 major identity。国际关系本身很有意思，可是在求学期间，我却一直对"国家"这样一个简单的概念不太满足，我很想知道隐藏在"国家"背后多样的人群、认同、宗教、文化究竟是怎样的。在天空俯瞰地球不适合我，我想了解的是真实的生活世界。后来，我才慢慢懂得了，历史人类学对于"中国社会"的关怀同样是出于对"中国历史"不满意的追问，比如讨论明清社会是怎样的。这样的历史，包括了地方社会上的各种势力以及人群，如何在认同自身特性历史的同时，将地方社会整合到大一统的文化的历史，具体的人群又如何安身立命。在这些研究中所看到的不再是自上而下的整齐划一的历史表述，而是复杂的细枝末节的生动的祭祀活动、宗族祖先追溯、市场贸易、地方神祇的故事以及乡村仪式。后来我又陆续参加了这些学术活动，这种跨越边界的学术体验激发着我，也曾追星族一般追随着刘志伟老师、程美宝老师、黄应贵老师等，了解他们的学术见解

后 记

甚至人生经历,并感受着种种问题的刺激。

等我自己要开展研究的时候,张老师说:"人类学研究要找到感觉。"为了让我找到感觉,张老师与师母亲自带领我跑了很多田野点。可是什么是"感觉"?我一直很着急地想找到这个我不知道的东西。当我在田野中看见震慑灵魂的满天繁星,或者伴着稻香捕捉到一只萤火虫时,我想这可能就是感觉吧;当我在田野与当地人过着日常生活,最后和他们依依惜别时,我想这应该就是感觉了;当我发现经过专业训练与知识积累,思考的某个问题逐渐活跃起来的时候,我对自己说这次绝对就是感觉了;而当我只身一人在田野与蛇虫鼠蚁为伴而孤独绝望的时候,我又意识到这也许也是感觉的一部分。

最后,我还是回到了都柳江。

自此,我后来的研究都跟这条江分不开了。都柳江在清代中期得以疏浚,这一河道随着中央王朝对苗疆腹地的征服,成了连接珠江流域甚至沿海的重要通道,同时也带来了人与物的流动,在沿江形成了一些重要的商业集镇,我硕士研究在贵州从江县八洛的田野点就是这样一个地方。我最初关注商业移民,关注既定时间中苗疆社会经都柳江河道与更广泛社会的联系,广东、福建人从下游带来粤盐,又将上游的木材收购到下游转卖,经过几代人的沉淀定居下来,与沿岸苗民侗民发生了很多有趣的故事,我的硕士论文梳理了这一地方社会历史的变迁过程。等完成了硕士研究之后,有一次跟廖迪生老师聊天时,廖老师问了我一个问题,他问如果说施坚雅的基层市场是特定地理条件下一天之内能够达到的市镇,河流的市场、区域有什么不同?我回答说,我不知道。

这个问题在我博士田野中常常出现在我脑子里,倒不是因为我回答不上廖老师的问题,而是博士一年的田野,让我对地方社会有了更多的了解,或者说,田野待得越久,我对这一问题的回答越不那么肯定和清晰了。我住在下游广西三江沿江的一个侗寨木楼里,每天推开窗便是流淌的都柳江水,村中的侗族、隔江相望的客家聚

江河、商镇与山寨：都柳江下游的人群互动与区域结构过程

落、高坡的苗寨，既保持着各自的文化特性与身份，又在日常生活交往中相互交织。历史似乎发生过，走在村寨里，至今仍能看到过去因人群往来流动而遗留在寨子中的诸多错落安置的庙宇，甚至成了当下区域内共同信仰祭拜的对象；历史又像不曾发生，苗侗"款"组织之下的社会构成、人群分类、地方秩序，在变化之时又似乎守着一套"秩序"与"规矩"。我在这些复杂交织又充满张力的故事和关系中游走，在时间中穿梭，试图以我的诚意去了解它。这种诚意便是极其谦虚的田野工作，在热闹的"花炮节"里参与酬神祭祀，坐着摩托车"拉风"地去高坡做客等，通过这些日常的体验，甚至在矮餐桌的把酒言欢里、在人们过去与现在的对照中，"区域""地方"才慢慢突破了那些原有的地方社会想象和人群概念的限制，变得不再清晰，我也才读懂什么是"人的区域"。区域的建构、地方文化的再创造与意义的再生产成了我关注的重点，当区域不再被视为一个地理空间范围，而加入不同时间中不同人群的活动时，它变得复杂和丰富起来。只有通过人们层层叠叠的过去、实实在在的生活与灵动的精神世界，我们才得以接近与诠释区域，从而看到人们如何理解自己和认识历史。

时至今日，我想我还是对"人类学的感觉是什么"朦朦胧胧。在博士田野调查接近尾声时，有一天我如往常一般在夕阳西下时分跳进都柳江中游泳，在温暖的江水中，我突然发现自己已经不再那么急切地想知晓它了——不管它是什么，也无论我是否真正和它接近过，它都已为我带来了丰富的记忆和青春。所以，我想应该感谢人类学缥缈的"感觉"，并感谢张应强老师带领愚钝的我去领悟的整个路途。

其实要致谢的人不胜枚举，在田野归来的很长一段时间里，我的梦境中一直是那片地方和那些人。富禄乡的张燊忠、赖守基、沈葆华、王仁生、吴国强等老人热心地回忆与讲述关于地方的种种故事，虽年事已高却还常常带着我四处走访；葛亮寨的梁清海一家四

后　记

口对我无条件地接纳与关爱使我真正进入了村寨，我甚至也可以依照他们的亲属称谓称呼寨中人，从而在异地他乡找到了一份难能可贵的亲切感；而管理天后宫的赖婆婆与谢婆婆悄悄塞给我好多她们亲手做的红布包，叮嘱我随身携带，使我也真正获得了地方神灵的庇佑。类似的情景和人难以在此一一提及，但当地人对待陌生人的善意和对待生活的诗意，也成了生命意义的一部分，继续滋养着我的人生。

这样一些人生的力量不仅仅来自异地他乡，也同时来自我的周围。回顾在中山大学人类学系求学的五年时间，麻国庆、王建新、张振江、段颖等各位老师用他们谦谨的治学态度影响了我，他们对学生不厌其烦的耐心，不仅是我人生的幸运，也成了我进入教育行业后努力追求的目标。每当回想起各位老师，总是定格在我敲响马丁堂某个办公室门的那一刻，推门进去他们抬眼看到你随即和善微笑的场景，这样的记忆大概在我离开马丁堂之后也再不会消散了。

因为人类学，我幸运地遇到了很多有趣而又不乏情怀的人，有他们相伴我的生活总是丰富的，而我的研究也常常因与他们交谈而变得开阔。孙旭、何良俊、黄瑜与我同在都柳江流域开展研究，他们视角各异的观察和批判给予我诸多启发，同时也感谢邓刚、朱晴晴、刘彦、台文泽、谢景连等好友在我思绪纷乱之时听我天马行空，并在田野困顿之时与我聊天纾解。

在人类学领域之外，虽然我的父母从来不懂人类学是什么，但却从没有用世俗标准要求过他们的女儿，是他们的爱让我拥有了自在的人生，这是一切的前提。

朋友们的帮助与关心也是我前进的动力，他们有的帮助我解决文字技术上的难题，有的帮我抄碑画图，有的则在我田野晒黑回来之后提供美白建议。由于叮嘱我要在后记感谢他（她）的朋友太多，无法一一照顾周全，只好在此表达我的谢意。但是有一人需要在此特别感谢，那就是我的丈夫林柯先生，他总是包容一切，不管我是 be here 或是 be there，他似乎总是在我身边，希望我们的生活如一场不会结束的田野，我们都能从中不断跨越。

不过，直到今日，我仍然相信，人类学带给我最珍贵的，不仅仅是那些学术文本，而是超越自己熟悉世界的体验、难能可贵的个人成长，以及理解和亲近他者的持续信念。人类学之所以迷人，不在于堂吉诃德式的田野豪情，而在于与他人相遇，以及那些在人和人之间发生的平凡但动人的情感交换。田野中的恩情与温暖，已是无法言说。2017 年我回到村中，因为生孩子的缘故，我已两年没有出现，我以为大家已经忘记了我，可是没想到，大家不仅能够说出我儿子的名字、询问他的近况，还替我记得，我生了小娃崽以后，还没有酬谢诸神，带着我买鸡鱼香烛纸，操持仪式。其中感动，无法言说，无以为报。

2019 年 4 月 2 日于重庆嘉陵江畔

图书在版编目(CIP)数据

江河、商镇与山寨：都柳江下游的人群互动与区域结构过程 / 王彦芸著. -- 北京：社会科学文献出版社，2020.4
（清水江研究丛书）
ISBN 978 - 7 - 5201 - 6110 - 7

Ⅰ.①江… Ⅱ.①王… Ⅲ.①社会变迁 - 文化史 - 研究 - 广西 Ⅳ.①K296.7

中国版本图书馆CIP数据核字（2020）第032176号

清水江研究丛书
江河、商镇与山寨：都柳江下游的人群互动与区域结构过程

著　　者 / 王彦芸

出 版 人 / 谢寿光
组稿编辑 / 宋荣欣
责任编辑 / 李丽丽　陈肖寒
文稿编辑 / 胡安义

出　　版 / 社会科学文献出版社·历史学分社（010）59367256
　　　　　 地址：北京市北三环中路甲29号院华龙大厦　邮编：100029
　　　　　 网址：www.ssap.com.cn
发　　行 / 市场营销中心（010）59367081　59367083
印　　装 / 三河市龙林印务有限公司

规　　格 / 开　本：787mm × 1092mm　1/16
　　　　　 印　张：20.5　字　数：275千字
版　　次 / 2020年4月第1版　2020年4月第1次印刷
书　　号 / ISBN 978 - 7 - 5201 - 6110 - 7
定　　价 / 118.00元

本书如有印装质量问题，请与读者服务中心（010 - 59367028）联系

▲ 版权所有 翻印必究